ことばの意味とはなんだろう

ことばの意味とはなんだろう

意味論と語用論の役割

今井邦彦
西山佑司

岩波書店

まえがき

「ことば」と「意味」が無関係だと考える人はいない．それどころか，「ことば」という語を聞けば，「意味」を連想する人がほとんどだと思われる．それほどに「意味」は「ことば」の重要な側面を担っているのだ．

にもかかわらず，言語学，つまりことばを対象とする学問においては，意味の研究が本格化するのは遅かった．言語学者より早く意味論を本格的に取り上げたのは，第2章に見るとおり，哲学者であったが，その研究対象は日本語とか英語などの「自然言語」ではなく，記号論理学という「人工言語」だった．

1932年刊行の平凡社『大百科事典』には「意味論」という独立項目さえなく，1940年発行の『研究社英語學辭典』(この著には当時の言語学一般の研究成果がかなりの程度反映されている) には Semantics (意義學・意味論) という項目はあるものの，そこには次のような記述がある．

(1) Semantics は言語の外形を研究する phonetics (音聲學) と並んで言語研究の基礎をなすべきものであるが，この方面に於ける言語學者の業績は芳しくなく今後の開拓に俟つところが甚だ多い． (p. 916)

1930年代から60年代の初めにかけて有力だった言語理論は，ブルームフィールド (Leonard Bloomfield, 1887-1949) に代表されるアメリカ構造主義言語学 (structural linguistics) であった．アメリカ構造主義は「行動の観察のみが意識，認知などの心的過程を研究する唯一の方法である」とする行動主義と，「科学とは観察に基づく帰納的一般化の集成にほかならない：すべての理論的言明は，究極的には，観察可能なもののみに言及する言明に還元されなければならない」という論理実証主義に基づく，今日考えるとまことに奇妙な，そしてむろん誤った原理に立脚した理論であったのだが，どういうわけか日本 (特に終戦後の) を含む各国の言語学界に大きな影響を与えた．

構造主義言語学に従うと，言語学の主要部分は次の2部からなる．(用語はいくぶん簡略化してある．)

(2) i. 文法的システム：単語の総体とその配列

ii. 音韻的システム：音素の総体とその配列

つまりこの学派では意味に関する研究は言語学プロパーには含まれていないとされた．「意味的システム」とよばれる部門はあることはあったが，これは文法的システムと，直接観察が可能な物理的・社会的世界との関係を扱う，言語学プロパーの内部ではなくその周辺に存在する部門とされた．

1950年代末から60年代初めにかけて構造主義言語学を駆逐し，少なくともある期間，言語研究の主流となった生成文法の最初の公刊本であるChomsky (1957)には意味に関する言及は皆無であるといって過言でなく，Chomsky (1995)になると，次のように，言語における意味論の存在を疑問視するような見解さえ述べられている．

(3) 言語使用に関するわれわれの理解が正しい限りにおいて，指示を基礎とした意味論が成立するとの議論は弱いように私には思える．自然言語というものは，統語論と語用論だけからなるのかもしれない．　(p. 26)

ここで注意すべきはチョムスキーのいう「指示を基礎とした意味論」なるものである．これは意味論に対する近年の有力な考え方で，第1章で述べる真理条件的意味論にほかならない．第1章で詳述するように，本書の著者もそのような真理条件的意味論が成立するとは考えていない．その点でチョムスキーが(3)の前半でいっていることは正しいと思われる．しかし，だからといって，チョムスキーが(3)の後半でいうように，自然言語というものは統語論と語用論だけからなるものであり，意味論なるものは独立に存在しないとまでいえるかどうかについては慎重に検討する必要がある．チョムスキーは何も述べていないが，実は，真理条件的意味論とは別のタイプの意味論が成立する可能性があるのである．むしろ，統語論と語用論がその本来の機能を適切に果たすためにも，そのような(真理条件的意味論とは異なる)意味論が不可欠であることを本書では多くの具体例で論証するつもりである．

一方で意味論の性格づけに混乱をもたらしたのは，語用論(pragmatics)の台頭であった．意味を考究の対象とする，というところまでは意味論と語用論は同じである．ではどの点が違うのか？　当初は，意味論は形式的・論理的な方法で同定しうる意味を扱い，語用論は言語学的主要部分では説明しえない意味を扱う，という「語用論＝ゴミ箱論」をなんとなく抱いている言語学者も皆無

ではなかった．やがて次のようなもう少し筋の通った区分法も現れた．

(4) i. 意味論は文の文字通りの意味を扱う．
    ii. 語用論は，文を用いる脈絡に従う，文字通りでない意味を扱う．

だが文字通りか否か，というのは必ずしも明確な区別ではない．もちろん明確な場合もある．

(5) 雨が降ってきたよ．

という文が，ほぼ「大気中の水蒸気が水滴となって地上に落ち始めた」と言い換えられるような意味で発せられたのならそれは文字通りの意味だが，「(今，われわれが散歩している)代々木公園で雨が降ってきたよ」や「(今，せっかくテレビでウィンブルドン選手権を観戦しているのに)ウィンブルドンのセンターコートで雨が降ってきたよ」ということを伝えるために使われたのなら，それは特定の脈絡に従った，文字通りとはいえない意味である．そればかりでない．(5)が「今日のテニスはやめにしよう」ということを伝えるために使われたのなら，これまた脈絡に左右される，文字通りとはいえない意味である．

しかし，

(6) 私はあのホールが嫌いだ．

はどうだろう？「ホール」は英語の hole, hall という別語に由来するが，日本語としては同音異義語である．(6)の「ホール」が《ゴルフ場の得点孔》を意味するのか，コンサートなどを開く《会場》を指すのかは，たしかに脈絡によって変わってくる．だからといってどちらの意味も「ホール」の文字通りの意味であることに変わりはない．脈絡に左右されるということと，文字通りでない意味で使われているということとは等号で結ばれる関係にはないのである．

意味論・語用論の境界の不明確さを解決する糸口となる契機が1980年代に生じた．関連性理論(Relevance Theory)の誕生である．これは語用論理論であるのだが，それまでの語用論と異なり，発話解釈過程をいわば人間の認知活動に内在する原理を見出していくことにより説明しようとする理論である．(文や，句，語が伝達に用いられると，それらを「発話」とよぶ．)

関連性理論が発達を遂げるにつれて，人間は発話理解に際してどのような手段をどのような制限の許に用いるかがはっきりしてきた．語用論的活動範囲の

広さと制約が明らかになってくれば，それに応じて意味論の守備範囲もおのずと明らかになってくる．

これまで，意味論を論じた書は少なくないが，そのうちのあるものは，語用論的要素を知らず知らずのうちに，あるいは意識的に意味論記述として取り込んでいる．また関連性理論を扱った本も決して数少なくはないが，必ずしも意味論との境界線を明瞭に吟味・詳述しているとは限らない．

本書は，第1-3章(今井担当)で関連性理論の諸原則，発話解釈に用いられる各手段とそれがもつ制約を明確に記述し，語用論のあるべき守備範囲を明らかにしている．第4-6章(西山担当)では第1-3章のほぼ倍の紙数を投じて，意味論の扱うべき意味を詳細に論じている．この根底には，むろん語用論と意味論の境界に関する正しい認識がある．

語用論においては，たとえば(5)が上記のように「今日のテニスはやめにしよう」の意味に解釈されるだけでなく，「洗濯物を取り込みなさい」「傘を持って行けと言ったのに強情を張って持って行かなかったあいつはいい気味だ」等々，状況に応じてさまざまな解釈を許すので，ともすれば語用論的意味には限りがないという誤解を抱く人もいるかもしれない．しかし，そのような語用論的意味であっても，(5)という文形式がもつ意味論的意味から完全に切り離されているわけではない．さらに，上で述べたように，(5)は，脈絡次第では，「ウィンブルドンのセンターコートで雨が降ってきたよ」という語用論的意味を有するのであるが，このタイプの語用論的意味は，(5)という文形式がもつ意味論的意味からさらに強い制約を受けているのである(第6章の6.3節および6.5節を参照のこと)．

このタイプの語用論的意味と文形式がもつ意味論的意味との関係は「絵とデッサン」の関係に喩えることができるであろう．通常，デッサン抜きの絵がないのと同様に，またしっかりしたデッサンが描かれた絵に強い制約を課すのと同様に，文形式がもつ意味論的意味は，可能な語用論的意味にしかるべき制約を課しているのである．したがって，語用論的意味を科学的に捉えるためにも，言語形式自体がもつ意味論的意味がいかなるものであるかをきちんと押さえ，それが語用論的意味の構築にいかなる制約を課しているかを精査しておくことが重要となる．第4, 5章では「意味の曖昧性」を手掛かりにしてこの点を具体的に論証し，そして，第6章では，意味論と語用論の役割がいかなるものであるかを述べ，意味の科学の可能性はどこにあるかを論述する．

21世紀に入り，ことばの意味に関する関心は多方面から高まっている．意味論・語用論の正しい領域区分を前提として，両領域についての up-to-date な知見を豊富に披露している点は本書の特徴であると自負するところであり，この書が一般読者はもとより，この方面の研究を志す学徒にも大いに役立つことを心から願っている．同時に，あるいは頑強に残っているかもしれない不備について読者諸賢の御叱正を期待するのもまた著者の願いである．

　このような形で本書の出版が可能になったのはひとえに岩波書店自然科学書編集部 濱門麻美子氏のおかげである．濱門氏には本書の企画段階から編集・刊行に至るまで，多大なお世話になった．心からお礼を申し上げる．

　　2012 年 9 月

今井邦彦
西山佑司

目 次

まえがき

第1章 ことばの意味 ── 1
- 1.1 同じ文のさまざまな解釈　1
- 1.2 意味論と語用論　2
- 1.3 言語表現と伝達　3
- 1.4 真理条件的意味論　3

第2章 意味はどのように捉えられてきたか ── 11
- 2.1 近世の哲学者たち──記号論理学　11
  - 2.1.1 命題論理　11
  - 2.1.2 述語論理　18
- 2.2 自然言語も対象に　20
  - 2.2.1 オースティンと発話行為理論　20
  - 2.2.2 グライスの語用論と協調の原理　22
- 2.3 近年の言語研究における意味の扱い　27
  - 2.3.1 生成文法　27
  - 2.3.2 認知言語学とメンタル・スペース理論　28
    - 2.3.2.1 認知言語学　28
    - 2.3.2.2 メンタル・スペース理論　30
  - 2.3.3 単語の意味　32
    - 2.3.3.1 意味素性ほか　32
    - 2.3.3.2 生成語彙論　33
    - 2.3.3.3 生成語彙論の問題点　37

2.4 科学の諸相　39
　2.4.1 研究対象の決定　39
　2.4.2 科学の方法　40
　　2.4.2.1 解釈論的方法　40
　　2.4.2.2 演繹と帰納　43
　　2.4.2.3 演繹法則的説明法　46
　　　アブダクション／反証可能性／目的と方法論

注　53

第3章　コミュニケーションと意味
―― 関連性理論（認知語用論） ―――――― 55

3.1 関連性理論（認知語用論）
　　――演繹法則的科学を目指す唯一の語用論　55
　3.1.1 関連性　55
　3.1.2 関連性原理Ⅰと関連性原理Ⅱ　58
　3.1.3 何が伝達されるのか　62
　　3.1.3.1 明意　64
　　　曖昧性除去／飽和／アドホック概念構築／自由補強
　　3.1.3.2 暗意　70
　　3.1.3.3 高次明意　72
　　　アイロニー／転嫁／メタファーとアイロニー

3.2 発話解釈の特性　81
　3.2.1 解釈の手順　81
　3.2.2 亜人格性　82
　3.2.3 心の理論　83

3.3 語彙語用論　84

注　86

第4章　語や句の曖昧性はどこからくるか ―― 89

4.1 曖昧性とは何か　89
4.2 語はどこまで曖昧か　90

4.3　語と語の緊張関係にいかなるものがあるか　94
　4.3.1　指示詞＋名詞　96
　4.3.2　副詞＋の＋名詞　97
　4.3.3　名詞＋の＋名詞　98
　4.3.4　形容詞/形容動詞/動詞＋名詞　106
　4.3.5　連体修飾節＋名詞　107
　　4.3.5.1　内の関係　107
　　4.3.5.2　外の関係　109
　4.3.6　数量詞＋名詞　113
4.4　語と語の緊張関係がもたらす曖昧性　116
　4.4.1　［名詞＋の＋名詞］の曖昧性　116
　4.4.2　「ふざけた男」の曖昧性　123
　4.4.3　「良い椅子」の曖昧性　124
　4.4.4　「花子が知らない理由」の曖昧性　126
　4.4.5　「頭の良くなる本」の曖昧性　129
　4.4.6　「藤田が描いたアトリエ」の曖昧性　132
　4.4.7　「注文の多い料理店」の曖昧性　133
　4.4.8　「8本のバナナ」の曖昧性　139
注　142

第5章　文の曖昧性はどこからくるか ── 145

5.1　文の曖昧性をもたらす要因　145
5.2　文の統語構造が曖昧性をもたらす　146
5.3　要素の力の及ぶ範囲が曖昧性をもたらす　156
　5.3.1　「3個の問題に解答しなかった」の曖昧性　157
　5.3.2　「12月29日まで営業しなかった」の曖昧性　159
　5.3.3　「1日だけの受講が可能」の曖昧性　161

5.4　文中の名詞句の意味機能が曖昧性をもたらす　166
　　5.4.1　意味は同じでも意味機能は異なる　166
　　5.4.2　対象を指示する名詞句　168
　　5.4.3　対象を指示しない名詞句　170
　　　5.4.3.1　属性を表す名詞句：叙述名詞句　170
　　　5.4.3.2　命題関数を表す名詞句：変項名詞句　173
　　5.4.4　「AはBだ」の曖昧性　176
　　　5.4.4.1　措定文と倒置指定文の曖昧性　177
　　　5.4.4.2　"what節＋be＋XP"構文の曖昧性　182
　　　5.4.4.3　措定文と指定文の曖昧性　190
　　5.4.5　存在文の曖昧性　191
　　5.4.6　潜伏疑問文　198
　　5.4.7　変化文の曖昧性　202
　5.5　束縛変項読みと自由変項読み　207
　5.6　because構文の曖昧性　213
　5.7　指示的不透明性と指示的透明性　217
　5.8　変項名詞句と潜伏疑問文の組み合わせ　223
　注　228

第6章　意味をどう科学するか ―― 231

　6.1　表現の意味と話し手の意味　231
　6.2　文の意味はいかにして捉えられるか　235
　6.3　ウナギ文の意味　238
　　6.3.1　ウナギ文と語用論的解釈　239
　　6.3.2　ウナギ文に対する措定文としての解釈　242
　6.4　曖昧性と不明瞭性を区別する基準　247
　　6.4.1　曖昧性判別の古典的なテスト：do soテスト　247
　　6.4.2　do soテストに対する反例　253
　　6.4.3　do soテストと明意　256
　　6.4.4　「良い」の曖昧性と明意　262

6.5 語用論はどこまで意味論から自由であるか　270
　6.5.1 明意構築に働く四つの語用論的操作　270
　6.5.2 措定コピュラ文と叙述名詞句　274
　6.5.3 叙述名詞句と自由補強　275
　6.5.4 予想される反論と応答　278
　6.5.5 対象志向的な概念と自由補強　281
　6.5.6 言語的(意味)決定不十分性のテーゼについて　284
6.6 意味の科学へ向けて　285
注　287

用語解説　289

参考文献　297

索　引　303

第1章　ことばの意味

1.1　同じ文のさまざまな解釈

次の(1)という文の意味は何かと訊かれたとする.

(1)　寿美子のネックレスは高価だ.

読者のなかには，頭のなかに(たまたま)浮かんだコンテクストに照らして，これを(2)のように解釈する人も，(3)と解する人もいることと思う.（本書では，意味や解釈を示すのに《　》を使用する.）

(2)　《寿美子が着けているネックレスは高価だ》
(3)　《寿美子がデザインするネックレスは高価だ》

さらには(4)〜(6)のような解釈も可能だ.

(4)　《寿美子がくれるネックレスは高価だ》
(5)　《寿美子が所有しているネックレスは高価だ》
(6)　《寿美子が欲しがっているネックレスは高価だ》

これはどうしたことなのだろう？　(1)が

(7)　太郎の好きな花子が来た.（《太郎を好いている花子が来た》とも，《太郎が好いている花子が来た》とも解せる.）

のように曖昧な(専門的な用語では「多義的な」)文なのだろうか. 数行あとに述べるとおり，それは当たっていない.

(1)は，文法を用いて単語を適切に組み合わせたもので，これを**言語表現**とよぶ. 実は(2)〜(6)は(1)という言語表現だけを解釈したものではなくて，

(8) 言語表現プラス特定のコンテクスト

を解釈したものなのである．コンテクストは，(2)の場合でいえば，パーティーか何かで寿美子が特定のネックレスをしていて，今まで一緒にいたが，少し離れたグループと話をするために立ち去った(ので寿美子のネックレスの評価を口にしてもさしつかえない)，というようなものであろうし，(3)の場合は寿美子が装飾品のデザイナーだということ，(4)〜(6)の場合はそれぞれ「寿美子はネックレスが好きでよく買うがじきに飽きて私たち友達にくれる」「寿美子はいろいろなネックレスを持っている」「寿美子が欲しがっているネックレスがある」というコンテクストと考えられる．こういうコンテクストが実際に存在する必要はない．(2)〜(6)の解釈をする人はそれぞれのコンテクストが容易に想像できたので，それに基づいた解釈をしたわけである．

これに対して(7)は別に特定のコンテクストを想定しなくても2通りに解釈できる．これは(7)という言語表現が，それ自体で「多義的」だからである．

1.2 意味論と語用論

そうすると「ことばの意味」には2種類あることになる．言語表現(たとえば(1))だけを解釈することによって得られる意味と，言語表現にコンテクストをプラスしたものを対象とした解釈によって得られる意味だ．前者を考究する学問領域を**意味論**(semantics)といい，後者を研究する学問領域を**語用論**(pragmatics)とよぶ．これに応じて「ことばの意味」には

(9) a. 意味論的意味
　　b. 語用論的意味

という2種類があることになる．(1)の語用論的意味については(2)〜(6)に見る例をあげたが，意味論的意味は何だろう？　それは

(10) 《寿美子は，寿美子自身との何らかの関係において，そのネックレスが高価だ》

という，一種奇妙で，抽象的で，かつ不明瞭なものなのである．

1.3 言語表現と伝達

　意味論的意味と語用論的意味の違いについてもう少し付け加えると，前者は他人に何かを伝達しようとする意志とは無関係に存在するものといえる．それに対して後者は話し手(あるいは書き手)が言語表現を使って相手に伝えようとしている内容である．ところが意味論的意味は(10)に例を見るとおり，不明瞭なものであることが多い．そこで聞き手(あるいは読み手)はいろいろ推論をして話し手が伝えようとしていることを突き止めようとし，(2)〜(6)のような解釈を得る．私たちにはそのような推論をしているという意識が普通ないので，読者も不思議に思われるかもしれないが，(1)のなかに「着けている」「デザインする」「くれる」「所有している」「欲しがっている」などの語が入っていないのにもかかわらず(2)〜(6)のような解釈が生まれるのは，聞き手が推論をしている証拠である．

　ものごとを学問的に捉えようとすると，日常的な考え方や用語の用い方から離れた考え方や用語使用をしなければならないことがある．私たちが普通「文の意味」というときは，(9b)，つまり言語表現プラスコンテクストを解釈したものを指す．(2)〜(6)がその例だ．これは，人は「ことばの意味」といえば，そのことばが伝達に使われた場合を意識するものであり，「ことばそのもの」の意味などということはあまり考えないのが通常だからである．「(1)の意味は？」と訊かれて(10)のような一見不思議な答えをイキナリ素人相手に出す人は，言語学者のなかでもかなり変わった人だといえるだろう．

　だから言語学者のなかには，厳密にいえば(9)のような分類法は不正確だ，と考える人がいる．(9a)こそが本当の「ことばの意味」であって，(9b)は「意味」ではなくて「解釈」だというわけだ．それにも一理あるが，(9)のような分け方は便利なので，この本でもときどき使うことがある．

1.4 真理条件的意味論

　ある時期までの意味論のなかで中心的な地位を占めていた考え方は，「文の意味とは，その文の**真理条件**(truth-condition)である」というものだった．(「文(sentence)」は，「犬のしっぽ」のような句(phrase)とか「犬」のような

語(word)と並んで,「言語表現」の一種である.）この立場を正しいとする意味論を**真理条件的意味論**(truth-conditional semantics)とよぶ.ある文の真理条件とは,その文を真とよべるために世界が満たさなければならない条件をいう.たとえば(11)の真理条件は(11′)である.

(11) 山田太郎は毎朝ジョギングをする.
(11′) 山田太郎という特定の個人が存在していて,その人が毎朝ジョギングをするという事実がある.

ただ,そうすると,次の(12)のような文はどういうことになるのか？

(12) 乙姫様は美人だ.

(12)の真理条件は(12′)ということになる.

(12′) 乙姫という特定の人物が存在し,その人が美人という性質を有する.

これについて,ある人々は,乙姫などという人物は現実世界に存在しないのだから,この文の真理条件を問うことは意味のないことだと考えた.またある人々は,真理条件を問うことは無意味ではないが,(12)に代表されるような文,つまり一般的にいえば存在しない人・ものを主題とする文の真理値は常に偽であると考えた.だが,『浦島太郎』を読む子供にとっては,(12)は偽でもないし,いわんや無意味ではない.そこで**可能世界**(possible world)というものを想定する動きが,ことに真理条件的意味論を支持する人々のあいだで広まった.たとえば,(12′)が成り立つような可能世界を想定すれば,(12)は真となるわけだ.

さて,単純に

(13) 文の意味＝その文の真理条件

としてしまうと,困ることが起こる.次の2文を見てみよう.

(14) 杉浦惇史は2001年,日本の首都で生まれた.
(15) 杉浦惇史は2001年,日本の最大都市で生まれた.

現実世界では2001年には日本の首都は東京,日本最大の都市も東京だったから,どちらの文をも真とする条件は,

(16) 杉浦惇史という名の少年が存在し，その子は2001年，東京で生まれた．

になり，(14)と(15)は意味が等しいことになってしまう．だがこれは直観的にいっておかしい．「日本の首都」と「日本の最大都市」が同一であるのは偶然のもたらした同一性であって，何らかの理由で遷都がおこなわれ，2001年には東京が日本の首都ではなかったかもしれないし，第2次関東大震災などというものが起こって，東京の人口が半減し，日本最大の都市は2001年には大阪市であったという可能性もある．このように「可能世界」(たとえば，東京が日本の首都でなかったり，日本最大の都市ではなかったりする世界)では(14)と(15)の真理条件が異なる場合がある．

これに対して，

(17) 山田は眼科医である．
(18) 山田は眼医者である．

という2文は必然的に意味が等しい．つまり一方が正しくて他方が偽であるということはない．このことを

(19) (17)の真理条件と(18)の真理条件は<u>あらゆる可能世界で同一である</u>．

と表現する．もっと一般的にいえば，

(20) 二つの文，S1とS2が同じ意味であるとは，あらゆる可能世界でS1とS2の真理条件が同一であるとき，そしてそのときに限る．

となる．

なお「可能世界」とはいっても，2+3が7であったり，ピタゴラスの定理が成立しないような世界を考えることはない．また「眼科医」と「眼医者」の意味が異なってしまうような「可能世界」を考えることもナンセンスである．そもそも「可能世界」という概念を導入したのは，表現の意味と世界との関係を考えるときに，「世界」の側を現実世界に固定しないで可能な世界にまで広げ，その上で両者の関係を考察するためなのだから，表現の意味の方を変更してしまうのでは可能世界という概念導入の目的が失われてしまう．また「眼科医」と「眼医者」では使用範囲が違うのは事実だ．"ものもらい"ができた幼児に「さあ，眼科医に行こうね」というのはおかしい．ここは「眼医者」を使

わなければ不自然である．しかしこれは，繰り返しになるが，「使用範囲」の違いで，「何を指すか」という「意味」の違いではない．

このように「可能世界」という概念も持ち込むと，真理条件的意味論は成立しそうに見える．しかし実はそうではない．次の2文を見てほしい．

(21) この図形は二等辺三角形だ．
(22) この図形は二等角三角形だ．

この2文の真理条件はあらゆる可能世界で同一である．

(23) 二等辺三角形＝二等角三角形

はあらゆる可能世界で成立する数学的事実だからだ．しかし(21)と(22)の意味は明らかに異なる．可能世界という概念を導入しても，真理条件的意味論は成立しえないのである．

もう一つ例をあげよう．

(24) 偶数の素数＝2

素数(prime number)とは「1かそれ自身に依る以外には割り切れない整数」をいう．13は1か13以外では割り切れないから素数である．奇数には素数であるものもあるが，すべてではなく，たとえば51は3で割り切れるから素数ではない．2以外の偶数はみな2で割り切れるから素数ではない．2は唯一の「偶数でかつ素数である数」だ．(24)はいかなる可能世界でも偽になることがない数学的事実である．だから(25)，(26)はどちらも同じ真理値をもつ．

(25) 山田家の子供の数は2だ．
(26) 山田家の子供の数は偶数の素数だ．

それにもかかわらず，(25)，(26)の意味は明らかに異なる．そのことは(25)，(26)を「5歳の久美子は，〜であることを知っている」の〜部分に埋め込んだ(25′)，(26′)の意味が異なることからわかる．

(25′) 5歳の久美子は，山田家の子供の数は2であることを知っている．
(26′) 5歳の久美子は，山田家の子供の数は偶数の素数であることを知っている．

5歳の子は，健常であれば2という数は知っているから(25′)は真だが，偶数とか素数という概念は知らないだろうから(26′)は偽であろう．ここにも，「可能世界」という概念が真理条件的意味論を救済しえない証拠がある．

　文の意味とはその文の真理条件である，とする考えが正しく当てはまる場合がないわけではない．たとえば

(27) 地球は自転し，かつ公転している．

という文について，小学1年の太郎が自転・公転等のことを正しく説明できれば，太郎には(27)の意味がわかっていると言えるし，3歳の次郎にそれができなかったら，次郎には(27)の意味がわかっていないと言えるからだ．

　また，

(28) あの男はその日その店には現れなかった．

のような文には「あの男」のような代用表現がいくつも使われていて，このままでは真理条件もへったくれもなく，意味論的意味は不明だが，「あの男」「その日」「その店」が誰・いつ・どこを指しているかが聞き手にとってコンテクストから明らかならば，真理条件を，つまり意味を獲得する．この場合の意味は語用論的意味である．

　とは言いながら，真理条件的意味論には別の問題点がある．文のなかには，これまで例にあげたような平叙文以外にも，下の(29)，(30)のような疑問文，(31)のような命令文，(32)のような感嘆文がある．

(29) フォアグラはお好きですか？
(30) 君は何をしているんだ？
(31) 冗談言うなよ．
(32) これはなんと美しい音楽か！

言うまでもなく非平叙文というものは，真理条件をもっていない．「「フォアグラはお好きですか？」という質問は真か偽か」という設問はナンセンスだ．となると非平叙文は意味論の対象から外されることになるのだろうか？

　20世紀も半ばを過ぎてからロス(John Ross, 1938-)という言語学者が**遂行分析**という説を提唱した．これに従うと，(29)〜(32)は，「話し手は〜している」，つまり質問・命令等の行為を「遂行」している(29′)〜(32′)という平叙文を基

礎にもつことになり，したがってその真偽を問うことが可能になる．

　(29′) 話し手は相手がフォアグラを好きかどうか訊いている．
　(30′) 話し手は相手が何をしているかを訊いている．
　(31′) 話し手は相手が冗談を言わないように命じている．
　(32′) 話し手はある音楽の美しさに感動している．

だがこれで解決がつくだろうか？ (29′)〜(32′)に「訊いている」「命じている」等の動詞が意味に加わっているということは，(29)〜(32)がたんなる文ではなくて，伝達のために用いられた発話だということを示している(文や，その他の言語表現を伝達に用いたとき，それは**発話**(utterance)とよばれる)．発話であるとすれば，話し手の意図を抜かして考えることはできない．(別の言い方をすれば，ここで得られる意味は「語用論的意味」だ．「真理条件的意味論」を推奨する人々は意味論・語用論の区別にあまり注意を払っていない．)(29)の話し手は，相手の食べ物の好き嫌いを訊いているだけでなく，「お好きなら注文しますが」という提案も兼ねているのかもしれないし，(30)の話し手は質問をしているのではなく，イキナリ町なかで服を脱ぎ始めた連れの男の異常行為を咎めているのかもしれない．同じように(31)の話し手は会社の部長かなにかで，下役である相手にもっとお世辞(たとえば「部長は，将来の社長ですよ」など)を言ってもらいたいのかもしれないし，(32)はとても音楽とはよべない演奏を聴かされた話し手が皮肉を言っているのかもしれない．

　英語からも少し例をあげよう．

　(33) I'm not happy: I'm ecstatic.

などはどうだろう？ happy は「満足して，幸せで，…」等の意味をもつのだから，ecstatic の意味の一部であるといえる．とすれば，(33)の意味論的意味は矛盾しているといっていいだろう．しかし(33)の happy はその意味を伝えるために「使用」されているのではなく，「言及」されているだけなのだ．つまり(33)を意訳すれば《happy なんて形容詞は私の気持ちを表すには不十分よ．私は ecstatic(有頂天)なんだから》となるのだ．

　(34)はどうか．

　(34) I'm not Bill Clinton's wife: he's my husband.

これを，この原稿の執筆時点でアメリカの国務長官であるヒラリー・クリントンの発話だとしてみよう．ビルがヒラリーの夫であるなら，ヒラリーはビルの妻なわけだから，(33)も矛盾であるといえる．けれどもヒラリーの意図は《いつまでも私を元大統領の夫人扱いにしないでほしい．今や私が主役でビルは傍役なんだから》という趣旨を伝えるところにあるわけだ．もっと甚だしい例として(35)がある．

(35) He was upset, but he wasn't upset.

これは殺人罪に問われた米国フットボールの元花形選手 O. J. シンプソン裁判の証人の証言中にある発話で，二つの he はどちらもシンプソンを指している．これも一見矛盾した文だが，証人は，最初の upset を《怒っていた》というほどの意味で，2 番目の upset を《殺意を抱くほど乱心していた》の意味で使ったのである．つまり証言の趣旨は《被告は怒ってはいたが，殺意を抱くほど乱心してはいなかった》であって，法廷でもこの趣旨で受け取られたという．

　このように見てくると，真理条件的意味論を成立させることは不可能であるといえる．なぜならば，文の真理条件を見ようとすれば，ほとんど例外なしに話し手の意図を考慮しなければならないからである．話し手の意図とは「言語表現プラスコンテクスト」のコンテクストの大きな部分を占める．言語表現プラスコンテクストから読み取られる意味は，この本でいう「意味論的意味」ではない．

第2章　意味はどのように捉えられてきたか

2.1　近世の哲学者たち──記号論理学

　意味論はことばの意味を考究する学問領域なのだから，この領域の研究者は当然初期から言語学者であったろうと思うかもしれないが，意味論に最初に本格的に取り組み始めたのはブール (George Boole, 1815-64)，フレーゲ (Gottlob Frege, 1848-1925)，ラッセル (Bertrand Russell, 1872-1970)，少し遅れてウィトゲンシュタイン (Ludwig Wittgenstein, 1889-1951) などの哲学者・数学者・論理学者だった．

　ただし，彼らの研究対象は日本語，英語，ドイツ語などの「自然言語」ではなく，「人工言語」であった．人工言語というと，エスペラントなどの国際補助言語が思い浮かぶかもしれないが，これらの哲学・数学・論理学者が扱ったのは**記号論理学**だった．フレーゲたちにとって「自然言語というものは，原始的で，曖昧で，非論理的で，混乱したもの」であり，したがって彼らは「人類が科学上の基礎的な概念・主張の"意味"を明白にするためには，記号論理学という明晰な人工言語の考究が必要である」という考え方の持ち主だったのである．(思考の内容を捨象し，推論の形式や法則を追究する学問は「形式論理学」とよばれる．形式論理学はアリストテレスから西洋中世に至る過程で「伝統的論理学」として体系化されたが，19世紀後半，フレーゲによって数学的論理学として新たな展開を見，これが現代形式論理学の主流をなす．「記号論理学」とは，この数学的論理学の別名である．)

2.1.1　命題論理

　記号論理学の要素となるものは，**命題** (proposition) である．命題とは文 (sentence) で表現され，かつ正しいか正しくないかの一方であるもの，言い換えれば真か偽のいずれかの値をもつものをいう．「真か偽のいずれかの値をも

つ」ことを「真理値をもつ」という．次の文は命題を表現している．

　(1)　東京は日本の首都である．
　(2)　仙台は日本の首都である．

(1)は真であり，(2)は偽であることがはっきりしている．つまりどちらも真理値をもつ．それゆえどちらも命題である．これに対して

　(3)　大阪はかなり進歩的な都市だ．

というのは，文で表現されてはいるが，「かなり」というのはどの程度をいうのか，「進歩的な」というのはどういう状態を指すのかが明確ではないので，(3)は真理値をもたない．だから(3)は命題ではない．しいていうなら「不十分な命題」ということになろう．同様に，平叙文以外の文は，次に見るとおり，命題を表すことができない．

　(4)　君は野球が好きですか？（疑問文）
　(5)　もっと勉強をしなさい．（命令文）
　(6)　なんと美しい音楽だろう．（感嘆文）

(4)～(6)のどれをとっても，それが真か偽かを問うのは不可能だ．そこで記号論理学では平叙文以外の文で表されたことは考究の対象とならない．

　命題論理では，命題を要素とした推論の体系を扱う．ただし命題はその内容を示されることなく p, q, r 等の「命題記号」で表され，それらに「論理語」とか「論理演算子」とよばれる ∧, ∨, ¬（それぞれ AND［かつ］, OR［または］, NOT［～でない］を意味する）などが結びつけられる．次が例である．

　(7)　p∧q（p かつ q）
　(8)　p∨q（p または q）

命題を∧や∨で結んだものを**複合命題**といい，∧で結ばれた複合命題を**連言**(conjunction)，∨で結ばれた複合命題を**選言**(disjunction)とよぶ．p をたとえば「東京は日本の首都である」とし，q をたとえば「ロンドンはイギリスの首都である」とすると，(7)は「東京は日本の首都であり，かつロンドンはイギリスの首都である」となり，(8)は「東京が日本の首都であるか，またはロンドンがイギリスの首都である」となる．この「または」の使い方は日常言語か

らすると妙に思えるかもしれない．日常言語では「pまたはq」といえば「p, qの一方が正しく他方は間違っている」ことを表すことが多いからだ．しかし論理学では両方とも正しい場合でも一方だけ正しい場合でも「または」を使うのが普通である．両方とも正しい場合を含む選言を**両立的選言**とよぶ．しいて「一方だけ正しい場合のみpとqの選言が正しい」，つまり**排反的選言**を表したいときは，exclusive(排反的)のexをつけて$p \vee_{ex} q$のように表す．

命題は真理値をもつものだ，と上で言った．まず，(7)の真理値を見てみよう．真理値をはっきり示すには**真理値表**を用いるとわかりやすい．(7′)は(7)の真理値表であり，Tは真(true)，Fは偽(false)を表す．

(7′)

p	q	$p \wedge q$
T	T	T
T	F	F
F	T	F
F	F	F

つまり，$p \wedge q$はpとqの両方が真であるときのみ真で，一方ないし両方が偽なときは偽なのである．(8′)は(8)の真理値表である．

(8′)

p	q	$p \vee q$
T	T	T
T	F	T
F	T	T
F	F	F

これは両立的選言なので，p，qともに正しいときも，一方だけが正しいときも，複合命題は正しく，p，qの両方とも偽なときだけ複合命題が偽になる．

上で¬はNOT(〜でない)を意味すると言った．¬を使った例を見てみよう．

(9)

p	¬p	$p \vee \neg p$
T	F	T
F	T	T

$p \vee \neg p$の例として(10)，(11)があげられる．

(10) 今，雨が降っているか，降っていないかのどちらかだ．

(11) 中大兄皇子は蘇我蝦夷を殺したか，または殺さなかったかである．

p∨¬pというタイプの命題は常に正しい．よって**恒真**(tautology)とよばれる．恒真か否かは(1), (2)のようにこの世の事実関係に照らして決まるわけではない．日本国が東京以外の地に遷都をすれば(1)は偽になってしまうし，遷都先が仙台なら(2)は真になる．しかしp∨¬pはそうではない．中大兄皇子が殺したのは実は蘇我入鹿であり，蝦夷は自殺である．つまり(11)の前半,

(11′) 中大兄皇子は蘇我蝦夷を殺した．

は史実に照らして偽である．にもかかわらず(11)は常に正しいのだ．

「ある命題が成立し，かつそれが成立しない」つまりp∧¬pというのは**矛盾**(contradiction)であり，真理値表(12)に見るとおり，これは常に偽である．

(12)

p	¬p	p∧¬p
T	F	F
F	T	F

だから第1章で(35)としてあげた例(下に(13)として再現)とか(14)の下線部などは，まさしくフレーゲたちが自然言語の「非論理性，混乱」として捉えていたものに相当する．

(13) He was upset, but he wasn't upset.
(14) 門松は　冥土の旅の一里塚　芽出たくもあり芽出たくもなし．

論理語のなかには→というものもある．これは「もし…ならば〜である」という意味をもつ．p→q(pならばqである)の真理値表を見よう．なおこの場合，pを**前件**(antecedent), qを**後件**(consequent)とよぶ．

(15)

p	q	p→q
T	T	T
T	F	F
F	T	T
F	F	T

pを「消費税率引き上げを政策として掲げる」, qを「総選挙で負ける」とすれば，p→qは「消費税率引き上げを政策として掲げると，その党は総選挙で

負ける」ということになる．実際にある党が消費税率引き上げを政策に掲げたら選挙で負けてしまった場合は，(15)の第1行に示してあるとおり，p→qがT(真)であるケースに他ならない．また消費税率引き上げを唱えたにもかかわらず，その党が総選挙で勝ったのであれば，p→qはF(偽)であり，これは(15)の第2行に見るとおりである．さて，消費税率引き上げを唱えなかったが，選挙には負けた，という場合や，消費税率引き上げを唱えなかったところ，選挙には勝った，という場合はどうだろう？ (15)の第3および第4行は，p→qがTであることを示している．これは読者に納得がいくだろうか？

次のように考えてほしい．災害を受けたある地方に匿名で巨額の義捐金を寄せた人があるとする．マスコミの調査で寄付者は α さんという人物と β さんという人物の二人のうち一方か，あるいは二人とも寄付者である，ということが判明したとする．つまりpを「αが寄付者である」とし，qを「βが寄付者である」とすれば，これはp∨qとして表される．ところがやがて α さんは寄付をしていないことがわかった．こうなると人々は「では寄付者はβさんだ」と推論することだろう．つまり¬p→q(α さんが寄付者でなければ β さんが寄付者だ)と考えるわけだ．となると p∨q と ¬p→q はその真偽に関して同等であることになる．さらに，¬p∨q(p でないか q である)は p→q と同等である．なぜなら p∨q と ¬p→q が同等であるなら，¬p∨q は ¬¬p→q と同等であり，¬¬p(pの二重否定)はpにほかならず(後述(21)参照)，したがって¬¬p→qはp→qと同じであり，p→qが¬p∨qと同等であることがわかる．

そこで¬p∨qの真理値表を作ってみると(16)のようになる．(16)の一番右の列の真理値が(15)のそれと同じことから，(15)の第3，4行に見られる一見常識からは肯きがたい真理値が妥当であることが肯けよう．

(16)

p	q	¬p	¬p∨q
T	T	F	T
T	F	F	F
F	T	T	T
F	F	T	T

論理語にはこれまで扱った∧，∨，¬，→のほか，≡というのがある．これは**同値**を表す．たとえば

(17)　p≡q

は，p, q がともに T なときと，両者がともに F なときに T となる．(17) の真理値表は (18) で表される．

(18)
p	q	p≡q
T	T	T
T	F	F
F	T	F
F	F	T

p≡q は p と q が互いに他の必要十分条件になっていることを示している．p と q が互いに他の必要十分条件になっているということは，「p ならば q であり，かつ q ならば p である」，つまり (19) にほかならない．

(19) (p→q)∧(q→p)

(19) の真理値表は (20) である．

(20)
p	q	p→q	q→p	(p→q)∧(q→p)
T	T	T	T	T
T	F	F	T	F
F	T	T	F	F
F	F	T	T	T

これで p≡q の真理値表の「不思議さ」が不思議でなくなったことと思う．
　さて，p∨¬p は恒真であると上に言った．恒真はほかにもたくさんある．恒真はその名のとおり常に正しいのだから，「論理法則」と見なしていい．論理法則のいくつかを見てみよう．

(21) ¬¬p≡p [二重否定の法則]（二重否定は肯定である）

日本語はこの点に関しては論理に忠実(?)で，「～しなければならない」という二重否定が《～すべきである》という肯定を表す例などが無数にある．英語はそうではなく，今日でもいわゆる非標準英語では二重否定が否定を表す例がたくさんある．You do*n't* need to fear *nothing*. は《何も恐れる必要はない》という否定の意味であるし，非標準英語の I have*n't* got *no* food. は《食物がなくはない》ではなく，《食物がない》の意である．それどころか時代をさかのぼると二重・三重否定はむしろ標準的だった．「英詩の父」といわれるチョーサー

(Geoffrey Chaucer, 1340?-1400)は Ther *nas no* man *no* wher so virtuous.（There wasn't no man nowhere so virtuous.），つまり《彼ほど徳の高い男はどこにもいなかった》と『カンタベリー物語』のなかで書いているし，200 年ほど時代を下ったシェイクスピア（William Shakespeare, 1564-1616）は，『十二夜』の登場人物に …*nor* this is *not* my nose *neither*.《それにこれだって私の鼻ではないことになってしまう》と言わせている．

(22) ¬(p∧¬p)［矛盾律］(p であり，かつ非 p であることはない)

「パリはフランスの首都であり，かつフランスの首都ではない」というのは矛盾律に反した言明の例である．一方，自然言語では(13)，(14)のように，矛盾律に反するかに見えることば遣いがおこなわれることがあるのは，上に述べたとおりだ．

(23) (p→q)≡(¬q→¬p)［対偶の法則］(p→q であるなら，q が成立しなければ p も成立しない)

自然言語ではしばしば p→q が成立するならば¬p→¬q も成立するような見方をする．親に「成績が良くなったらご褒美をあげるよ」と言われた子供は，「成績が上がらなかったら褒美はもらえないのだな」と思うのが普通だ．だが「飲酒運転をすると警察に捕まる」というのが正しいからといって，飲酒運転をしなければ警察に捕まらないとは限らない．スピード違反で捕まるということもある．しかし対偶の法則の方は常に正しい．太郎が一斉取り締まりで止められ，呼気検査をされていたが，「はいご苦労様でした．どうぞお気をつけて」という警官の声を後に事なきを得た様子を見ていた人は，「よかった．太郎は飲酒をしていなかったのだ」と結論してよい．

次の**前件肯定式**（modus ponens）と**後件否定式**（modus tollens）も論理法則といえる．

(24) {(p→q)∧p}→q［前件肯定式］(p ならば q で，かつ p が成立するなら，q が成立する)
(25) {(p→q)∧¬q}→¬p［後件否定式］(p ならば q が成立し，かつ q が成立しないなら，p は成立しない)

この具体例は次の「述語論理」の項で示そう．

2.1.2 述語論理

論理学の本では，たいてい，最初の方に(26)の推論が例として出されている．

(26)　　人間はすべて命に限りがある．　　(26′)　p
　　　　ソクラテスは人間である．　　　　　　　　q
　　　　―――――――――――――――　　　　―――
　　　　∴ソクラテスは命に限りがある．　　　∴r

これを命題論理風に(26′)のように表すと推論として成立しない．命題の中身を明らかにし，∀(**全称記号**：すぐあとに説明)を用いて(27)のように表すと(26)の推論が正しく表される．

(27)　　(∀x){Hx→Mx}
　　　　Hs
　　　　―――――――
　　　　∴Ms

Hは「人間である(is a human)」という述語，Mは「命に限りがある(is mortal)」という述語であるとし，sはソクラテスを表すとしよう．(∀x){…}は「すべてのxについて，{…}が成立する」を意味する．そこで(27)の第1行は「すべてのxについて，それが人間ならば，そのxは命に限りがある」を意味し，第2行は「ソクラテスは人間である」を示し，第3行は「ゆえにソクラテスは，その命に限りがある」を表す．そして(27)こそが(24)の前件肯定式の一例なのである．

∀を含んだ後件否定式(=25)の例を見てみよう．

(28)　　(∀x){AMx→L(x, hbg)}
　　　　¬L(jn, hbg)
　　　　――――――――――
　　　　∴¬AMjn

AMを「アメリカ人である(is American)」，Lを「～が好きである」という述語としよう．またhbgをハンバーガー，jnをジョンの略としよう．すると(28)の第1行は「アメリカ人ならば，誰でもハンバーガーが好きだ」，第2行は「ジョンはハンバーガーが好きでない」，第3行は「それゆえジョンはアメリカ人ではない」となる．(28′)はこれを自然言語で表したものである．

(28′)　　アメリカ人は誰でもハンバーガーが好きだ．
　　　　　ジョンはハンバーガーが好きでない．
　　　　　∴ジョンはアメリカ人ではない．

これは事実に関する議論としては奇妙に聞こえるかもしれない．日本人のなかに刺身，寿司が嫌いな人もいるのと同じように，アメリカ人のなかにもハンバーガーが好きでない人もいるはずだ．しかし(28)(=28′)は，その第1前提(=「アメリカ人は誰でもハンバーガーが好きだ」)が事実に反するから生じたもので，(28)は論理的推論としてはあくまでも妥当なのである．

　∀に並んで∃という記号がある．これは**存在記号**とよばれ($\exists x)\{\cdots\}$は「…なxが存在する」という意味になる．たとえばJを「日本人である」という述語，Hateを「〜を嫌う」という述語，natを「納豆」の略としよう．すると

(29)　$(\exists x)\{Jx \wedge Hate(x, nat)\}$

は「日本人であり，かつ納豆を嫌うxが存在する」，つまり「日本人のなかには納豆が嫌いな人がいる」を意味する．英語でいえば

(30)　Some Japanese hate *natto*.

というところか．なお，自然言語ではsomeとか，「〜な人がいる」という表現を使うと「全部ではないが」ということを強く示唆する．しかし，論理的には(30)は(31)と矛盾はしない．何らかの原因で東日本の住民を含むすべての日本人が納豆嫌いになってしまえば，

(31)　$(\forall x)\{Jx \rightarrow Hate(x, nat)\}$（All Japanese hate *natto*.）

という事態になるわけだが，その場合でも(30)は相変わらず正しいのだ．
　また，

(32)　Everybody likes somebody.（誰でも誰かが好きだ．）

は英語・日本語ともに多義的である．つまり(32)は

(32′)　A.《誰にでも好きな相手はいる》
　　　　B.《誰からも好かれる人がいる》

の二つの異なった意味に解釈できる．(32)はこの点曖昧なのである．ところが形式論理ならば，

- (33) A. $(\forall x)(\exists y)\{L(x, y)\}$[どの x にとっても，x が好んでいる相手 y が存在する] = (32′ A)
  B. $(\exists y)(\forall x)\{L(x, y)\}$[どの x によっても好かれる y が存在する] = (32′ B)

のように二つの意味を異なる論理式で表すことができる．フレーゲに代表される形式論理優位論が考えていたことの例がここにもある．

2.2 自然言語も対象に

やがて哲学者のあいだにも，自然言語の意味も考究の対象とすべきであり，そしてそれは可能であるという考え方が生まれてきた．上記ラッセルやウィトゲンシュタインも自然言語の意味研究に手を染めるようになったが，もっと体系的な研究方法を提案したのは，オースティン(John Austin, 1911-60)とグライス(Paul Grice, 1913-88)である．なお，オースティン，グライスもともに哲学者である．

2.2.1 オースティンと発話行為理論

発話(伝達のための言語形式の使用)とは，それ自身がある種の行為を遂行している，と見るのがオースティンの理論である．第 1 章の(29)〜(32)についてロスがこれらの文は同章の(29′)〜(32′)という行為を遂行しているとしたのは，まさしくオースティンのアイディアを借りたものである．オースティンは発話行為を(34)の 3 種に分けた(「発話」と「発語」の差に注意)．

- (34) a. **発語行為**(locutionary act)
  b. **発語内行為**(illocutionary act)
  c. **発語媒介行為**(perlocutionary act)

たとえば，

- (35) I shall always be on your side.(私は常に君の味方をするよ．)

という発話をした人は，(35)という発語行為をおこない，それによって「約束」という発語内行為をおこない，その結果相手を「安心させる」という発語媒介行為をしたことになる(「安心」の程度は聞き手の話し手に関する見方によって「大船に乗った気持ち」から「何も言ってくれなかったよりはましだ」に至る，さまざまな段階にわかれるだろうが)．

　発語内行為によって相手に与えられる効力を**発語内効力**(illocutionary force)という．発語内効力には(35)の「約束」のほか，(36)の「要請」，(37)の「申し出」，(38)の「命名」，(39)の「警告」，(40)の「質問」，さらに勧誘，主張，催促，命令，感謝，感嘆などがある．

(36) Would you refrain from smoking?(タバコはご遠慮願えますか？)

(37) Let me carry your bag.(カバンをお持ちしましょう．)

(38) I name this ship H. J. M. S. Yamato.(本艦を戦艦大和と命名する．)

(39) I warn you not to use that word again.(その語を二度と使わないよう警告する．)

(40) Are you fond of *sushi*?(寿司はお好きですか？)

　オースティンの創始した理論は**発話行為理論**(Speech Act Theory)とよばれる(日本におけるこの理論の支持者のあいだでは「言語行為理論」という名称が使われているが，ここではより一般的な名称を用いる)．この理論では，発話の命題内容が真か偽かということは問題にならず，その発話が適切か不適切かが発話評価の基準となる．

　この理論はやがてサール(John Searle, 1932-)，ヴァンダーヴェーケン(Daniel Vanderveken, 1949-)らに引き継がれ，「すべての発語内効力を少数の**基本要素**(primitives)から**回帰的**(recursive)に定義すること」が目標として掲げられる(「回帰的定義」とは，ここでは「無限のもの——発話や発語内効力は無限である——を定義する方法の一つ」であると理解すればよい[1])．そのために「発語内目的」「達成の様式」「命題内容条件」「予備条件」「誠実条件」「強さの度合い」という6種の構成要素から究極的に「発語内行為」を生み出すという，きわめて複雑なだけでなく実行不可能な理論と化している．発話行為理論に対する批判は今井(2001a)に詳しい．簡単にいえば，発話の適否，その発語内効力は，発話に対して条件を課すことによって決まるものではない．何によって決まるかについては第3章を読んでほしい．

2.2.2 グライスの語用論と協調の原理

グライスは，発話の理解・解釈にあたっては言語表現の「解読」のみでは不十分で，必ず聞き手による**推論**(inference)が必要であることを主張した最初の学者であるといえる．そして記号論理学の¬, ∧, ∨, →, ∀, ∃と，それに対応する自然言語の not, and, or, if...then, all, some との意味上の"ずれ"を，**会話の含意**(conversational implicature)という概念の導入によって説明しようとした点が注目された．

グライス理論の根底には(41)の**協調の原理**(cooperative principle)がある．

(41) 会話における自分の貢献を，それが生ずる場面において自分が参加している話のやり取りのなかで合意されている目的や方向から要求されるものにせよ．

グライスによれば，会話というものは参加者の協調の上に成り立っているものであり，会話への参加者はこの原理を心得ている必要があり，かつ事実(会話への参加を放棄するのでない限り)遵守している，というのである．そして彼はこの原理を支えるものとして次の四つの**格率**(maxims)を立てる．格率とは，「人間が自己自身に課す規則」であると考えてもらっていい．

(42) a. 量の格率：自分の貢献を，要求されている分量に合致したものとすること．要求を超えたり，要求に満たなかったりしてはならない．
b. 質の格率：真でないと自分が知っていることや，真であるという証拠をもたないことを言ってはならない．
c. 関係の格率：関連性のあることを言え．
d. 様態の格率：不明瞭・曖昧な言い方を避け，簡潔で順序立った話し方をせよ．

さて，はたしてわれわれ人間はこれらの格率を遵守しているだろうか？ 次の対話を見てほしい．

(43) 山田：今夜の飲み会に出るかい？
鈴木：明日追試なんだよ．

鈴木君は飲み会に出るとも出ないとも言っていない．つまり(42a)にいう「要

求に満たない」答えしか言っていない．一方，鈴木君は欠席の理由(=翌日の追試への準備)を述べている．この点は要求以上のことを言っていることになる．だからといって(43)の鈴木君の発話は，決して例外的ではなく，至極まともな発話である．(44)にあげるいわゆる「文字通りでない意味」をもつ発話についても似たようなことがいえる．

(44) a. あの男はタヌキだ．［メタファー］
　　　b. 年金からは介護保険料等々が天引きされる．<u>有難い話だ</u>．［反語］
　　　c. 1枚10万円？　<u>悪くない原稿料だね</u>．［緩叙法］
　　　d. あいつは百万遍言って聞かせても競輪をやめない．［誇張法］
　　　e. 花子の顔はひし形だ．［メタファー］
　　　f. 太郎の結婚相手はバツイチらしいよ．［確実な証拠のない言明］

人間がタヌキであることはありえないから(44a)は質の格率に反する．(44b)の下線部のような反語も，(44c)の下線部のような緩叙法(わざと控えめの言い方をして意味を強めること)も，(44d)のような誇張法(この発話の話し手が実際に「あいつ」に忠告した回数は，せいぜい10回くらいだろう)も，(44e)のような一種のメタファー(人の顔は体積をもつが，ひし形は体積をもたない)も，(44f)のような証拠不十分な言明も，すべて質の格率に反する．

「関係の格率」でいわれているのは，原文では Be relevant. だけである．relevant ないし relevance の定義はおろか説明さえないので，これは格率として落第である．「様態の格率」にしても，これに従えば(43)の鈴木君の発話は不明瞭・曖昧の代表になってしまう．「順序立った」話し方が，たとえばある出来事を報告する際にはその出来事が起こった順番に話せ，という趣旨だったら，この格率は妙なものになる．出来事の結末から話し始めることが効果的な場合というのは往々にしてあるからだ．

　グライスが(44)に類する「文字通りでない意味」をもつ発話のうちあるものについてどのような対応策を講じたかを述べる前に，彼の理論のもう一つの特徴を見てみよう．**言われたこと**(what is said)と**含意されたこと**(what is implicated)との区別である．

　「言われたこと」とは，発話に含まれる指示詞(人称代名詞や固有名詞など)について**指示対象付与**(reference assignment)(誰・何を示すかを明らかにすること)をおこない，多義語(二つ以上の意味をもつ語)に**一義化**(disambiguation：曖昧性除去）（どの意味で使われているかを明らかにすること）を施した結果得られる表示である．たとえば，

(45) Bob went to the bank.

では Bob が誰を指すのか，bank が《銀行》《土手》（それぞれを $bank_1$, $bank_2$ としよう）どちらの意味で使われているかがわからない．前者に指示対象付与を施して，町内の鮮魚店のおやじである Bob であることを定め（対象が定まったことを示すために Bob_x と書こう），後者に一義化をおこなって《銀行》であるとしよう．そうすると(46)が得られる．

(46) Bob_x went to the $bank_1$.

(46)が(45)によって「言われたこと」である．

「含意されたこと」はたんに**含意**(implicature)ともよばれ，発話によって伝達されることのうち，「言われたこと」を除くすべてを指す．含意はまず，**規約的含意**(conventional implicature)と**非規約的含意**(non-conventional implicature)に分けられる．規約的含意とは，「言語形式に符号化されている」含意を指す．たとえば，

(47) a. It's midday.
　　 b. The pubs are open.

の a., b. はそれぞれ「言われたこと」である．この二つを but, so, moreover という連結語でつなげた

(48) It's midday, but the pubs are open.
(49) It's midday, so the pubs are open.
(50) It's midday. Moreover, the pubs are open.

は，これらの連結語のおかげでそれぞれ

(48′) (47a)と(47b)は対照をなす．
(49′) (47a)は(47b)を説明する．
(50′) (47b)は(47a)に付加されている．

という規約的含意をもつようになるが，(48)〜(50)がもつ「言われたこと」は

あくまで(47a)と(47b)を合わせたものに過ぎない(その限りで(48)〜(50)の三つは同文である)，というのがグライスの考え方であった．

　非規約的含意は，会話の含意とそれ以外の含意とに分かれる．それ以外の含意とは，上の(42)には含まれていない社会的道徳的含意(「礼儀正しくあれ」などに発する含意)を指す．会話の含意は，**一般的**(generalised)**会話の含意**と**特殊化された**(particularised)**会話の含意**とに区分される．前者は「太郎は背筋をのばした」「花子は足を骨折した」から得られる「それは太郎自身の背筋である」「それは花子自身の足である」のように前後関係に依存しない含意を指す．これに対し，(48)〜(50)からは，

(51) a. この辺では昼間から酒を飲む連中が多いのだな．
　　 b. ちょうどいいから，このパブのどれかで，フィッシュ&チップスか何かで昼飯を済ませておこう．

といった，前後関係に強く依存する「特殊化された会話の含意」も得られる．これらを図示すれば(52)のようになる．

(52)
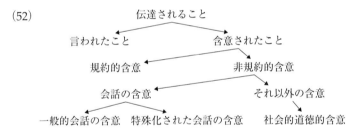

　さてここで，(44)に類する「文字通りでない意味」をもつ発話がグライスによってどのように扱われたかを見よう．彼はこれらの「レトリック的用法」の発話は，話し手が協調の原理は遵守しつつも，四つの格率のいずれか，特に質の格率と関係の格率に，誰にもそれとわかるやり方で違反してみせた場合に生ずる，と考えた．無礼なことを言った相手に That's rather a nice thing to say.(嬉しいことを言ってくれるね)と不機嫌な表情で言った場合，聞き手は話し手が質の格率に意図的に違反したことを察して，文字通りの意味を捨て去り，《That's a wicked thing to say(ひどいことを言うね)》という含意を受け取る，というのである．

だがこの見方は妥当とはいえない．「文字通りの意味を捨て去る」というのは会話の含意一般に共通する特徴ではないからだ．次を見てほしい．

(53) A：フェラーリは洒落た車です．どうです1台？
　　 B：私は高価な車は買わないんです．

B氏は《フェラーリを買うつもりはない》という含意だけでなく，《一般に高い車は買わない》という文字通りの意味も伝達しているからだ．

　会話の含意でありながら，文字通りの意味が残る例は，グライス自身があげているもののなかにたくさんある．下記のメアリの発話については，すべて文字通りの意味が残っている．

(54) Peter: I am out of petrol.（ガソリンが切れちゃった．）
　　 Mary: There is a garage round the corner.（すぐそこに修理工場があるわよ（イギリスでは修理工場でもガソリンを売る）．《そこで入れれば問題ないわ》）

(55) Peter: John doesn't seem to have a girlfriend these days.（ジョンはこのごろガールフレンドがいないみたいだね．）
　　 Mary: He has been paying a lot of visits to New York lately.（最近ジョンはしょっちゅうニューヨークに行ってるの．《だからニューヨークにガールフレンドがいるらしいのよ》）

(56)（電話が鳴っている）
　　 Peter: Mary, will you get it?（メアリ，出てくれる？）
　　 Mary: I'm in the bathroom.（洗面所に入ってるのよ．《だから電話に出られない》）

(57) John: Is there anything I can do?（手伝うことある？）
　　 Mary: The garbage isn't out yet.（生ゴミをまだ出してないのよ．《生ゴミを捨ててきてくれる？》）

《　》内に書いてあることはたしかに含意である．しかしその前に書いてある部分，つまり文字通りの意味も決して消え去らずに残っていることは明らかだ．

　結局，グライスは，(54)〜(57)のような発話に伴う会話の含意と，レトリック的発話を説明するために用いた会話の含意とを統一的に扱いそこねたわけである．第3章で明らかになるとおり，グライスは「言われたこと」を決定する

際にも，彼のいう格率(ないしそれに相当する語用論的操作)が必要であるにもかかわらず，そのことを認識していなかった．つまりグライスにとって，協調の原理および格率の射程はもっぱら「含意されたこと」，しかも，そのなかの会話の含意の面だけであり，その点に大きな難点があった，といえるのである．

2.3 近年の言語研究における意味の扱い

2.3.1 生成文法

生成文法は前世紀後半にチョムスキー(Noam Chomsky, 1928-)によって創始された理論であり，今日でも特に統語論(≒文法)の分野では中心的存在である．この理論の最初の公刊本である Chomsky (1957) には使用された際の言語の意味の分析・記述は含まれていないが，その一方，次のような言明を含む．

(58) ［意味を出発点とする言語分析は不可能であるといわざるを得ないが］形式的特徴と意味的特徴とのあいだに対応が存在することもまた否定できない．こうした対応は，言語形式に関する理論と言語使用に関する知識をその一部としてもつ，より一般的な言語理論において考究されるべきであろう．［中略］第8章で指摘したのは，言語を道具としてその構造を形式的に探究するこの接近法は，やがて言語の実際の使用，すなわち文を理解する過程に対して洞察を与えるものと期待されるということである．　　　　　　　　　　　　　(Chomsky 1957: 102-103)

また，執筆時期は 1955-56 年ながらその約 20 年後に刊行された Chomsky (1975) にも同趣旨のことが述べられている．

(59) ［本書で］展開されている理論は，ここでの定義による言語 L の構造を利用することによって言語表現の意味と指示，そしてそれらの表現の適切な使用条件を同定し，さらにその他の考究(統計的言語学など)をも含む，より広い記号論的理論のなかに包摂されるべきものであることが前提されている．　　　　　　　　　　　　　　　　　(Chomsky 1975: 5)

つまりチョムスキーは，意味が，広義の言語研究ないし「記号論的理論」に含まれるべきことは認めている．しかしその「意味」とは，使用における意味であって「言語表現そのものの意味」というものは考えに入れていないようであ

る．それを示すと思われる言明が Chomsky (1995) からの次の引用に見られる．

(60) 言語使用に関するわれわれの理解が正しい限りにおいて，指示を基礎とした意味論が成立するとの議論は弱いように私には思える．自然言語というものは，統語論と語用論だけからなるのかもしれない．

(Chomsky 1995: 26)

そして，ここが注意すべき点なのだが，チョムスキーにとっての「意味を扱う部門」というのは，統語論とはまったく異なる性格のものと考えられている点だ．これは次の，やはり Chomsky (1995) からの引用から明らかである．

(61) 志向性 (intentionality) をめぐる諸問題が，言語の使用をめぐるそれを含めて，自然科学的考究の射程内に入ると考えるのは理にかなっていない．[中略]これらの問題に迫る方法は，われわれ人間の認知能力の埒外に，つまり科学を構築するわれわれの能力にとって手の届かないところにあるのではなかろうか． (Chomsky 1995: 27)

「志向的」というのは，「心が何かに向かっていること」を示す．言語を使用するとき，人の心は，相手に何か皮肉を言ってからかおう，とか，相手からできるだけ多くの，かつ正しい情報をうまく引き出そう，などという目的に向かっている．このような心の働きを科学的に解明することはあるいは不可能かもしれない．その限り，チョムスキーが(61)で言っていることは正しい．しかし語用論の考究目的は実は人の心の志向的側面ではなく，自然科学的研究の射程内に入るものであることは，第3章で明らかにされる．(61)の背後にあるのはチョムスキーの誤った語用論観である．これについても第3章を見てほしい．またチョムスキーが，意味を扱うのはもっぱら語用論であって，独立した意味論が存在することを認めていないことは，上記引用のとおり Chomsky (1957) から窺われ，Chomsky (1995) では一層明白になるが，このチョムスキーの考えは本書のそれと相容れない．

2.3.2 認知言語学とメンタル・スペース理論

2.3.2.1 認知言語学

この理論を作り上げたのは，ラネカー (Ronald Langacker, 1942-) とレイコフ (George Lakoff, 1941-) の二人である．前者はこの理論の厳密な体系化をおこな

った人物であり，後者はカテゴリー論やメタファー論でその一翼を担っているといえよう．興味深いことに，両者とも初期は生成文法学者だった．

レイコフが1960年代の半ばに**生成意味論**(generative semantics)派(この理論は数年で消滅してしまった：興味のある人は今井(2001b)参照)の一人として師・チョムスキーにいわば叛旗を翻したとき，チョムスキーは「レイコフたちの理論は経験論への先祖返りである」という趣旨のことを言った．これはどういうことなのか．

経験論とは，簡単にいってしまえば「われわれが知をもつのは，生後の経験に基づく」という考え方であり，これに対する合理論とは「われわれが知をもつのは，その知が(あるいはその基となるものが)生まれつきわれわれに備わっているからである」とする見方である．

生成文法は，われわれ人間がその母語を教示やら訓練やらを受けることなくいつの間にか習得してしまうことを可能にしている，「言語獲得装置」つまり「普遍文法」を研究対象としている．普遍文法は人間に生得的な(＝生まれつきもっている)人間独自の能力で，経験によって得られるものではない．またそれは「言語専用の」機能をもっている．独自の構造をもち，生得的で，特定の認知分野にのみいわば奉仕する，つまり「領域特定的な」機能を**モジュール**(module)とよぶならば，視覚体系や聴覚体系は典型的なモジュールである．どちらも遺伝的に決定(プログラム)されており，経験によって得られるものではない．これらの体系は領域特定的であり，眼でものを聴くことや耳でものを見ることは不可能である．生成文法は普遍文法，つまり言語獲得という特定領域に奉仕するモジュールの究明を目的としているのだ．

これに対して認知言語学は次のような立場に立っている．

(62) 言語は，人間，つまり認知の主体が外的世界をどのように認識するか，を基盤として生まれたものである．言語の構造・形式も自律的・領域特定的な体系をなすものではなく，人間の一般的認知方法によって動機づけられている．したがって言語研究は，認知一般のあり方との関連においておこなわれなければならない．

つまり，認知システムのモジュール性を否定しているのである．「言語研究を，認知一般のあり方との関連においておこなう」という理念は単純な疑問を抱かせる．認知一般は，言うまでもなく，解明しつくされているわけではない．解

明されていないものを基盤とする説明には限界があり，今までに判明していることを「応用」することにとどまるおそれはないか？　事実，認知言語学は，カテゴリー化，メタファー，メトニミー(換喩)等に関して一見華やかな研究をおこなっているかに見えるが，これまでのところ，驚きや賞賛に値するような新しい知見を生み出しているとはいえない．メタファーを例に，認知言語学の限界を見てみよう．

認知言語学が好んで取り上げるメタファーには次のような例がある．

(63) a. Bill's marriage *is on the rocks*.
　　 b. I *destroyed his defences*.
　　 c. Your theory is *falling apart*.

be on the rocks は《暗礁に乗り上げる》が文字通りの意味だが，(63a)は《ビルの結婚は危殆に瀕している》であり，destroy は本来物体を《破壊する》の意味だが，(63b)は《私は彼の弁明を完全に論破してやった》の意味である．fall apart は建物などが《壊れてバラバラになる》の意味だが，(63c)は《君の理論は四分五裂になり説をなさなくなった》を意味する．認知言語学では，人間の認知にはもともと「恋愛と旅路」「議論と闘争」「理論と建築物」というそれぞれ二つの領域間に写像(写し合い)があり，それに関する一般法則的推論によって上記のようなメタファーがいわば発見される，とする．しかしこの考え方では，なぜ二つの領域間に関係が生ずるかが説明できない．

これに対して第3章で扱う「関連性理論」では，話し手によってたとえば(63a)が発せられたとき，聞き手の頭のなかに「恋愛と旅路」に関する写像関係がもともと存在しなくても，聞き手による「関連性(≒何が聞き手にとって新しい情報か)の探索」という推論によって「恋愛と旅路」の並行関係を話し手が意図していることを聞き手が把握し，さらにこうした語法が繰り返されるうちに(63)のようなメタファーが定着する，という考え方をとる．これならば一般にどのようなメタファーが誕生するかについてのより良い説明であるといえる．関連性理論が認知言語学に対してもつ理論的優位性は第3章を読むことによって一層明白になるであろう．

2.3.2.2　メンタル・スペース理論

フォコニエ(Gilles Fauconnier, 1944-)の創始になるこの理論は，指示表現と現

実の指示対象とのあいだにメンタル・スペースという心的構築物を設定し，また「役割」と「値」という概念を導入して説明をおこなおうとしたところに特徴をもつ．たとえば「the morning star（明けの明星）」と「the evening star（宵の明星）」とはどちらも金星を指す．すると

(64) The morning star is the evening star.

という文はどういう真理的価値をもつかが古くから真理条件的意味論では問題となった．フレーゲは「意味」（独：Bedeutung, 英：meaning）と「意義」（独：Sinn, 英：sense）を区別することによりこの問題が解決するとした．意味とは，明けの明星・宵の明星という名の指示対象，すなわち金星であり，意義とはその名の意味の与えられ方である．この区別によると，明けの明星と宵の明星は意味において同一ではあるが，意義において異なる．そのため(64)の主語と述語は，意味が同一であっても意義が異なるため同語反復ではないと主張したのである．これに対しフォコニエは，あるスペースでは異なる要素，すなわち明けの明星と宵の明星として同定されているものが他のスペースでは金星という一つの要素として同定されるとした．また，

(65) The girl with brown eyes has green eyes.（茶色の目をしたその少女は緑色の目をしている．）

という文は一見矛盾しているが，「茶色の目の少女」は現実スペースにあり，「緑色の目の少女」は絵画というスペースにあると考えれば矛盾は消滅し，この文の意味は《その少女の茶色の目は，（その絵のなかでは）緑色に描かれている》となる，とフォコニエは主張する．

　メンタル・スペース理論は認知言語学の一つの柱と言って差支えないだろうが，言語理論全体のなかでのこの理論の位置づけ，とりわけ統語論・意味論・語用論との関係が明確でない．この理論の射程は，意味論現象だけでなく，語用論現象をも含むはずであるが，認知システムのモジュール性（第3章参照）を認めていない点で重大な問題がある．さらに「メンタル・スペース」「役割」「値」という基本概念に関する厳密な定義が与えられていないのも大きな欠陥である．特に，「役割」と「値」という概念は，本書第5章で述べる「変項名詞句」と「値名詞句」の概念に近いように思われるが両者は同一ではない．したがって，本書で述べる変項名詞句が関与する多様な構文の意味現象をメンタ

ル・スペース理論では説明できないであろう.

2.3.3 単語の意味

2.3.3.1 意味素性ほか

単語の意味については古くからいろいろな考察がおこなわれている．比較的新しいところでは，**意義素**とか**意味素性**などとよばれる要素を組み合わせることにより「定義」しようとする主張があった．たとえば英語の bachelor の意味は

(66) [＋human, ＋adult, ＋male, －married]

という意味素性の集まりによって「未婚の成人男子」と定義され，kill は，

(67) [CAUSE[BECOME[NOT[ALIVE]]]]

つまり「「「「生きている」のでない状態」になる」ようにさせる」と定義される，というのである．これは一見効果がありそうだ．ことに動植物には門・綱・目・科・属・種などの分類法があるので，意味の定義になじみそうに思える．だが，読者は「マグロ」がどのように分類されているか御存知か？　調べてみると条鰭綱・スズキ目・サバ科・マグロ属とある．これは，少なくとも魚類学者を除いた日本人の使う「マグロ」の意味ではない．また(66)のような定義がいつでもそのまま語の意味として通用するわけではない．結婚願望のある若い女性が

(68) どこかに良い bachelor はいないかしら．

とつぶやいたとき，からかうのなら別だが，「ローマ法王はどうだい？」とは言えない．法王はたしかに(66)の条件を満たしているが，(68)の bachelor の意味には「(法王のように)制度上結婚できない人」のほか，「年齢が件の女性よりずっと上の人」「同性愛の男」「貧乏で，かつ働く意欲のない人」等々を省く要素が含まれているはずだ．

bachelor の場合はコンテクスト次第では(66)によって正しく捉えられるかもしれないが，同じく名詞であっても「椅子」とか「帽子」のような人工物を表すものや，「平和」とか「情熱」のような抽象名詞の場合，どのような意味素性をどのように組み合わせるか見当もつかない．「美しい」「荘厳な」などの

形容詞・形容動詞の場合についても事情は同じである．

いや，形容詞でもその意味は定義できるぞ，という主張もあった．この主張に従うと，「赤い」の意味は，

(69)「赤い」という表現を満足させる個体の集合．

ということになる．これは高名な複数の哲学者によって唱えられたものだが，本質的に「私がその案に不賛成なのは，その案に反対だからである」のような「論点先取の虚偽」であるといってよかろう．

認知言語学では**プロトタイプ説**が主唱されている．ある語で表されるもののうちもっとも典型的なものとか，その語を聞いたときにまず心に浮かぶものをその語の意味と見なそうという考えである．多くの日本人の場合，「サカナ」と言われればタイ・マグロ・ヒラメなどを真っ先に連想するであろうし，これらを典型的なサカナと見なすことだろう．タツノオトシゴとかチンアナゴは，一般的にいえば典型的なサカナではあるまい．しかしタツノオトシゴやチンアナゴを専門に研究している魚類学者であれば，サカナと聞けばこれらの魚類をまず思い浮かべるかもしれない．それに，同一人物であっても，前後関係によって解釈が異なることはいくらでもある．筆者は家人に「今日の晩御飯トリでいい？」と訊かれれば「トリ」を《鶏》ないし《鶏肉》と解釈するが，「庭にトリが来てモチ(糯)の木の実を食べてるのよ．よほど餌がないのね」と言われれば小鳥かせいぜいヒヨドリぐらいの大きさの鳥を連想し，鶏とは決して思わない．

プロトタイプ説は，このように，解決策とはならないが，ただ，語の意味，つまり語義がいかに「不明瞭な」ものであるかを研究者に悟らせた点は効果をもったとはいえる．

2.3.3.2 生成語彙論

パステジョフスキー(James Pustejovsky, 1956-)の創始した**生成語彙論**(Generative Lexicon Theory)も基本的に語の意味の説明を試みた論で，Pustejovsky (1995)にまとめられている．この理論は，語の基本的意味が多様なコンテクストに応じて多様な意味を帯びる過程に形式的な説明を与えることを目標としたものである．

語が二つないしそれを超える意味をもつことはよく知られている．英語を例にとれば，《銀行》の意味の bank と《土手》の意味の bank は別々の語と見なさ

れ，両語のあいだには**同音異義性**(homonymy)があるとされ，ceilingは建物の《天井》と並んで物価などの《最高限度》を意味するが，この場合は同じ一つの語が**多義性**(polysemy)をもつ，とされてきた．また，

(70) a. *The newspaper* fired its editor.（その新聞社はその編集責任者を解雇した．）
　　 b. Mary spilled coffee on *the newspaper*.（メアリはその新聞の上にコーヒーをこぼした．）
　　 c. *The newspaper* revealed surprising details of the trial.（その新聞はその裁判の驚くべき詳細を暴露した．）
(71) a. John *baked* a potato.（ジョンはジャガイモを焼いた．）
　　 b. John *baked* a cake.（ジョンはケーキを焼いた．）

のように，同じ語が前後関係によって違った意味をもつこともある．(70a)ではthe newspaperは企業・組織を，(70b)では新聞紙という物体を，(70c)では情報内容を指す．また(71a)ではジャガイモはbakeされて食べるに適した状態になるわけだが，(71b)ではbakeされる結果としてケーキが誕生するわけで，言い換えれば前者のbakeにあるのは「状態を変化させる」という意味であり，後者のそれがもつのは「存在するに至らしめる」の意味である．

　そこで生成語彙論は，文法の語彙部門(≒辞書)は複雑な構造をもった語彙項目(≒語)からなり，それらの語彙項目に**生成的な操作**(generative operations)が施された結果，上で述べたような合成的解釈が生まれる，とする．語彙項目の構造の例から見ていこう．構造は次の四つからなるとされる．

(72) a. **項構造**(argument structure)
　　 b. **事象構造**(event structure)
　　 c. **クオリア構造**(qualia structure)
　　 d. **語彙階層構造**(lexical inheritance structure)

　項構造はその語がどのような語と統語的(≒文法的)に結びつくかを示す．たとえば動詞butter(〜にバターを塗る)の場合は，この動詞が①人間を表す主語をとること，②物体を補語(≒目的語)とすること，③必要なら「塗る材料」を加えることができる，という三つの項をもつ．①と②は必ず統語的に表されなければならないから「真項」とよばれ，この場合の③は必ずしも表される必要

がないので「影の項」と称される．これらの項が次のような例文を説明する．

(73) John buttered his toast (with unsalted butter).

動詞 build の場合は，真項として①生物を主語とする（人間とは限らない：鳥が巣を造ったりビーヴァーがダムを造ったりするのも build で表される），②補語として構造物をとる，という項をもつほか，③必ずしも統語的に表現される必要はないが，「材料」という，論理的には必ず存在する項が示される．この場合の③はディフォルト項とよばれている．これらの項が次のような例文を説明する．

(74) Mary built a house (out of bricks).

動詞 build を例にとると，その事象構造には①（家などを建てるという）過程と②（家などが建っているという）状態の二つがあり，さらに③として「①は②に先行しなければならない」という条項が含まれる．

動詞 walk の場合だと，二つの事象があり，その二つは同時的ではあるものの，一方が他方の誘因となっていることが示される．つまり脚の動きと上体の動きは同時的だが，前者は後者の誘因となっている．また動詞 accompany（同行する）は同行する側の事象と同行される側の事象は完全に同時的である．

クオリア構造は次の四つの基礎役割を指定する．

(75) a. **構成役割**(constitutive role)
b. **形式役割**(formal role)
c. **目的役割**(telic role)
d. **主体役割**(agentive role)

名詞 novel（小説）のクオリア構造は次の役割をもつ．①物語からいわば「できている」（構成役割），②本という形をしている（形式役割），③読まれることを目的とする（目的役割），そして④作家の執筆によって存在するに至る（主体役割）．

語彙階層構造はおのおのの語彙構造が他の構造とどのような関係にあり，それが語彙部門の全体的構成にどのような貢献をしているかを明らかにすることを目的とする．

上位語(hypernym)・**下位語**(hyponym)という区別が以前から言われていた．

「花」が上位語であるのに対し,「チューリップ」「つつじ」「すみれ」等はその下位語であり,上位語の「野菜」に対して「にんじん」「キャベツ」「玉ねぎ」等はその下位語である. 生成語彙論は,「上位」「下位」を含む区別を**固定階層**と捉え, The prisoner escaped last night. における escape と prisoner との関係のようにクオリア構造を通じて生成的に造られる階層を**投射階層**と捉えている.

語彙部門は,上記のような構成をもつと同時に**生成メカニズム**(generative mechanisms)を備えている. これには**タイプ強制**(type coercion), **共構成**(co-composition), **選択束縛**(selective binding)の3種がある.

次の例を見よう.

(76) a. Mary began *a book*.
  b. Mary began *reading a book*.
  c. Mary began *to write a book*.

動詞 begin の項構造には,主語として「人間」があり,補語としては「事象」があるのみで, book のタイプの名詞はない. ではなぜ(76a)は文法的なのか？それは, book のクオリア構造には(75)の例にあげた novel の場合と同じく,目的役割として read, 主体役割として write が備わっているため, タイプ強制により, a book という名詞句が事象的意味(それぞれ Mary began *reading a book*., Mary began *to write a book*. の斜体部)に解釈され直すからである.

(71)の bake の例を思い出してもらいたい. (71a)は「状態を変化させる」, (71b)は「存在するに至らしめる」を意味するのだった. 生成語彙論では,語彙目録としては bake に二つの意味があるのでなく,「状態変化」の意味だけがあり,他の意味は共構成によって派生されるのだとする. すなわち,補語に potato がきた場合, potato の主体役割は"自然物"と指定されているので, bake の「状態変化」の意味には変化は起こらない. 一方,補語に cake がきた場合は, cake の主体役割に「bake されることにより存在するに至る」という指定があるため, bake に「存在するに至らしめる」という意味が生じてくることになる.

このように「補語が動詞の意味を決める」過程の例としては動詞 use の場合があげられる. 次を見てほしい.

(77) a. John used *the new knife* on the turkey.
　　 b. Mary has used *soft contact lenses* since college.
　　 c. This car uses *unleaded gasoline*.
　　 d. My wife uses *the subway* every day.

use は(77a)では《切る》，(77b)では《(身に)つける》，(77c)では《〜を燃料として走る》，(77d)では《乗る》の意となる．

　選択束縛は次の例の形容詞 good の意味などを説明する．

(78) a. Every chef needs a *good* knife.
　　 b. 'The Kite Runner' is a *good* book.

(78a)では knife の目的役割である「切るという行為」を受けて，good がその事象記述を選択的に修正し，その結果 a good knife は《良く切れるナイフ》という意味となり，(78b)では a good book が《興味深く読める本》の意となる．

　さて上記の生成メカニズムを見ると，生成語彙論の「生成」とはチョムスキーの「生成文法」の「生成」と似た意味で使われている．つまりそれは「産出する」という意味ではなく，「定義する」に近い意味をもつ．ただチョムスキーの意味論観は(60)に示したとおりであり，生成語彙論は，チョムスキーの主張する普遍文法，あるいはより広い言語研究プログラムの一部をなすわけではない．

2.3.3.3　生成語彙論の問題点

　生成語彙論の目標は，ある語の基本的意味が多様なコンテクストにおいて異なった意味を構築していく多義性の現象に対して形式的な説明を与えようとするものである．しかしこの理論にはいくつかの欠陥が見られる．

　まず bake に代表される場合だが，

(79) Mary *baked* the pizza.

には《メアリが出来合いのピッツァを加熱した》の意味もあるはずだが，pizza は cake 同様「人工物」だから，共構成からは《メアリは bake することによってピッツァを造った》という「存在するに至らしめる」意味しか得られない．とすると共構成は必然的結論を導く働きをもっていないことになる．また

want a cigarette は，タイプ強制によって want to smoke a cigarette になってしまうが，このほかにも want to hold a cigarette（最近禁煙した人が喫煙の誘惑を退けるためにタバコを手にもっていたい場合など）とかいろいろな解釈が可能なはずである．さらに選択束縛は，a fast book に《短時間で読了できる本》という意味しか与えられないが，本の売れ行きを問題にしているコンテクストでは，fast books は《速く（＝次々に）売れていく本》であり，いつまでも棚に残っている本は slow books（遅い本）ということになるはずである．さらにタイプ強制は誤った予測をしてしまう場合があることも指摘されている．begin a car, begin a thermometer はそれぞれ《車を運転し始める》《温度を測り始める》という意味を与えられてしまうが，実際にはそうした解釈はない．

またクオリア構造と(75)に示した四つの役割は名詞，それも具象名詞(cake, pizza, book 等)にのみ適用されるとしか考えられない．前置詞とか連結詞のような「機能語」に適用されるとは考えられないし，動詞・形容詞・副詞のような「内容語」についても，クオリア構造が適切に当てはまるとは思えない．項構造に関していえば，動詞 build は既に述べたように，生物を主語とすると定められているが，The army built the wall in a day.（その軍勢は1日で壁を造った），The cognitive system builds and stores representations in memory.（認知主体は表示を造り記憶のなかにそれを貯蔵する）などの場合はどうなるのか？　また begin は項構造において人間を主語とするとされているが，The engine began to make a strange noise.（エンジンが奇妙な音を立て始めた）はどうするのか？

生成語彙論のもう一つの大きな問題点は，この理論が言語の意味と，世界についてわれわれがもっている知識とを混同している，という点である．bake a cake と bake a potato の違いは，上で見たとおり，cake が人工物，potato が自然物であることに由来するとこの理論では説明されるが，これはおかしい．knife も trolley car も人工物だが，bake a knife, bake a trolley car は「ナイフ/市街電車が bake されることにより存在するに至る」という意味はもたない．それは bake a potato が（生成語彙論によれば）potato の自然物性ゆえに「存在するに至る」という意味をもたないのと同様である．実際のところは，bake には，生成語彙論の主張とは裏腹に，二つの意味（「存在するに至らせる」と「状態を変化させる」）があり，bake a potato についてどちらの意味を選択するか，また bake a knife がなぜ奇妙に響くかを教えてくれるのは，世界に関する

われわれの知識であって，語彙目録に記載されていたり，語彙目録によって生成されるものではないのだ．

生成語彙論の共構成を通じた説明を維持しようとすれば，bake the pizza の pizza にはクオリア構造上冷凍ピッツァと家で生地から造るピッツァの区別が何らかの形で含まれている，と言わなければならないが，これはナンセンスだ．ピッツァに出来合いと手作りの2種があるというのは世界に関するわれわれの知識の一部であり，どちらの意味を選ぶかはわれわれがコンテクストに照らして決定する事柄なのである．

コンテクストにおける語の意味の微妙な変容について生成語彙論が十分な説明をしているかどうか疑わしい．生成語彙論が捉えようとしていた多義性の現象は，本書第3章で詳述する関連性理論の枠組み，特にアドホック概念構築を用いてより統一的に説明できると思われる．

2.4　科学の諸相

次章では「関連性理論」という，現時点でもっとも成功の見込みをもつ語用論理論を扱うことになるが，その前にまず「科学とは何か」について考えてみたい．

科学というものは，人間が，何らかの不可思議なもの/ことに興味を抱いた瞬間に始まる，といえないこともないのだが，より多くの場合は，次の段階として「このもの/ことを詳しく究めよう」という決意が抱かれたとき，つまり研究対象が決定したときに，その分野の研究が始まると見るべきだろう．

科学にとってのもう一つの重要な要素は，研究法の選択，つまり研究対象にどのような方面からどのような方法で迫るかという問題である．

2.4.1　研究対象の決定

研究対象の決定のなかには，その対象が「どのようなものであるか」に関する想定も含まれる．上で経験論・合理論の差に触れた．本章で見てきたいろいろな理論を「言語を経験論的存在・合理論的存在のどちらと見なしているか」という点で区別すると，次のようになる．オースティンやサールおよびヴァンダーヴェーケンの発話行為理論は，人間の意図的な行為に基準をおいているので，言語を経験論的存在と見なしているといってよい．グライスの理論も，協

調の原理の選択という，意識的・後天的行為を基盤としているので，これもまた「経験論派」といってよかろう．認知言語学(とメンタル・スペース理論)は，言語の独立性(≒モジュール性)を認めておらず，他の認知活動との関係において言語を捉えようとしているわけで，人間活動の表層を対象としているのだから，これまた経験論派である．一方で生成文法は，本章である程度詳しく述べたとおり，徹底した合理論派である．

関連性理論は，次章で述べることから明らかなように，語用論や，言語の使用に関係する学問のなかで，唯一，合理論的立場に立っている．

2.4.2 科学の方法

2.4.2.1 解釈論的方法

解釈論(hermeneutics または Verstehen method)とは，「人間のおこなうことは，すべて人々の意思・意欲に基づくものであるから，これを説明するということは，そうした意思・意欲を明らかにすることである」とする方法論である．

(80)は，ある時期(第2次世界大戦前から大戦終了後10年ほど)まで日本の英語学・言語学に大きな影響を及ぼしたイェスペルセン(Otto Jespersen, 1860-1943)の著書 Jespersen(1924)からの要約的引用であり，典型的な解釈論的主張である．

> (80) 言語の本質は話し手と聞き手という人間の活動にある．言語の本質を理解し，文法において扱われるべき言語の側面を理解しようとするのであれば，話し手と聞き手および両者の関係が見失われるようなことは決してあってはならない．かつては，語やその他の形式が，あたかも客観的に存在する事物のように扱われたが，この考え方は根本的に誤っている．　　　　　　　　　　　　　　(Jespersen 1924: 17)

社会学・史学などでは，解釈論が中心的な役割を演じると言ってよいだろう．またある時期まで，言語に関係したことを研究する学問にはもっぱら解釈論が適しており，2.4.2.3で述べる「演繹法則的説明法」は物理学・天文学などの「自然科学」のみに用いられる，と考えられていた．しかし，本章に述べた生成文法によってチョムスキーがおこなったのは，まさに言語の本質を演繹法則的説明法によって明らかにしようということであった．

とはいえ，チョムスキー的接近法に反対し，言語研究には解釈論が適しているという主張は，少なくとも1980年代までは残っていた．(81)はMoore and Carling(1982)からの引用(要旨)である．

(81) チョムスキーにおいては，言語の本質を究めようとする意欲よりも，方法論に関する興味の方が先行していた．だから演繹法則的説明法に比較的なじみやすい形式面に専念しているのである．

(Moore and Carling 1982: 51)

彼らが(81)を主張する根拠は(82)にある．

(82) ノースロップ(Northrop 1959)によれば科学には三つの発展段階があり，それぞれの段階に応じた方法論がある．第1は考究対象が何かを明確にする段階，第2は考究対象を分析するためのデータ収集の博物学的段階，第3は現象を説明する抽象的原理の探求をおこなう，演繹法則的説明が可能な段階である．言語研究は目下第2段階にあり，チョムスキーの演繹法則的接近法の導入は時期尚早である．

(Moore and Carling 1982: 3-4; 要旨)

ノースロップの説には少なくとも二つの不備がある．一つは，3段階なるものがこの順序で起こるかのように示唆されている点だ．菅原道真が左遷の失意の中で死んだあと，政敵であった藤原時平をはじめ藤原氏の人間が次々と若死にし，御所の清涼殿が落雷で燃え，醍醐天皇をはじめ皇族も何人かお隠れになった．当時の朝廷ではこれを道真の怨霊の祟りと考え，道真に位を追贈したり，北野天満宮を建立するなどの事をおこなった．怨霊が凶事をもたらすという考えは現代では科学と無縁だが，当時としては決して不合理な認知活動ではなく，言ってみれば立派なアブダクション(2.4.2.3参照)であった．つまりここではノースロップのいう第2の段階は省略されているのである．言語の研究にしてもそうだ．異なる言語の系統的結びつきや類似・差違についての疑問をもつ前に，人間は，そもそもわれわれはどうして言語をもっているのだろうという疑問を抱いたはずだ．キリスト教圏などでは，言語は神様から授かったという考えがある時期まで人々を納得させていた．科学が進んで，人間は神が作ったものではないことがわかると，こんどは言語の起源について，動物の鳴き声等の自然音の模倣であるとする「ワンワン説」や共同作業の際の掛け声に始まるとする

「ヨッコラショ説」などいろいろな珍説が提出された．この場合も第2段階を経ることなしに第3段階が登場したのだ．

　もう一つの不備は，第3段階に進めば，もはや第2段階のデータ収集は終わり，という印象を与えることだ．もっともこれについては生成文法学者の一部にも大いに責任がある．「コーパス言語学」という分野がある．言語分析のために言語資料を集積するのがその目的だが，生成文法が大流行であった1960年代に，英語のコーパス言語学に携わっていた学者が，ある生成文法学者から「コーパス作りは時間と労力の無駄で，自分たちは英語母語話者なのだからいくらでも文を作り出せる」と言われた，というエピソードもある．

　2.4.2.3で述べる演繹法則的説明法がもっとも活躍する物理学では，実験・観察はもう必要ないのだろうか？　答えが否であることはスーパー・カミオカンデの存在や，各国がより高性能な天体望遠鏡の製作を計画している事実を見れば明らかである．2011年，ニュートリノが光より速く飛ぶという，アインシュタインの特殊相対性理論に矛盾する実験結果が出，これが事実なら物理学を根底から揺るがす可能性があるとして話題となった．また，現代物理学の根幹をなす「不確定性原理」（ハイゼンベルクが1927年に提唱した「位置と速度のように二つの非可換な物理量をともに正確に測定することは不可能である」とする原理）については，名古屋大学の小澤正直は2003年の段階でハイゼンベルクの原理を"打ち破る"かに見える「小澤の不等式」を提唱した．そして2012年，小澤とウィーン工科大学の長谷川祐司を中心とする研究グループは，ハイゼンベルクの"不備を立証する"とされる観測結果を得ることに成功した．ただしニュートリノに関する実験結果は，後述の2.4.2.3の「反証可能性」の項に記したとおり，2012年2月の米国『サイエンス』誌で，実験の確実性に関する疑念が表明され，同年6月，この実験をおこなったグループOPERAは，この実験結果が比較的単純なミスによることを公式に認めた．同グループがこの年5月におこなった実験では，ニュートリノの速度は光を超えていなかったのである．

　さらに小澤の不等式にせよ，それに関する長谷川の観測にせよ，ハイゼンベルクの不確定性原理を否定するものではない．それはちょうど，これも後述の2.4.2.3の「アブダクション」の項に記しているとおり，コペルニクスの説が天体運動の軌道を真円であるとする古代以来の考えをそのまま保っていたのに対し，ケプラーの3法則が天体運動の軌道を楕円とする仮説を含んでいたからと

いって，ケプラーはコペルニクスの地動説を否定したことにならないのと同様である．

　ただ，ここで強調したいのは，科学にあっては，ある理論がいかに有力であっても，それは不磨の大典ではなく，常に実験や観察によってチェックされ，より真実に近づいた理論の構築への努力がなされるべきである，という点である．

2.4.2.2　演繹と帰納

　推論・判断のなかには**演繹**(deduction)と**帰納**(induction)がある．前者は(26)(下に(83)として再現)でおなじみの

(83)　　人間はすべて命に限りがある．
　　　　ソクラテスは人間である．
　　　　─────────────
　　　　∴ソクラテスは命に限りがある．

に例を見るとおり，前提が正しいとする限り結論は必ず正しいというタイプの推論である．(83)は(27)(下に(84)として再現)の「前件肯定式」にほかならない．

(84)　　$(\forall x)\{Hx \to Mx\}$
　　　　Hs
　　　　─────
　　　　∴Ms

前件肯定式はもっと一般的には(85)として表される．

(85)　　$(\forall x)\{F(x) \to G(x)\}$
　　　　F(a)
　　　　─────
　　　　∴G(a)

(85)の第1行は「すべてのxについて，それがFという性質をもっているならば，それは必ずGという性質をもつ」を表し，第2行は「aという個体はFという性質をもつ」ということ，第3行は「ゆえにaは必然的にGという性質をもつ」旨を表現している．

　帰納は，たとえば，

(86)　花子はコノワタが嫌いだ：洋子はコノワタが嫌いだ：留美子はコノワ

　　　　　夕が嫌いだ：理恵はコノワタが好きだ：晴美もコノワタが好きだ．

という事実を前提として，

(87) 名前に「子」が付く女性はコノワタが嫌いだ．

を結論する推論・判断である．

　演繹は，それをおこなっても情報量は増えない．結論の内容はすべて前提に含まれているからである．これは(83)の第1，2行(＝前提)と第3行(＝結論)を比べてみるとわかる．そのかわり演繹による推論は前提が正しい限り結論は必ず正しい．これに比べて帰納では結論が前提に含まれていない内容を含んでいる点，情報量は増える．(87)という結論には(86)という前提に含まれていない内容が含まれていることが肯けよう．そのかわり帰納では，前提が正しくても結論が正しいとは限らない．帰納によって得られる結論は，必然性ではなく可能性(possibility)ないし蓋然性(probability)なのである．可能性にはもちろん高い低いがある．風邪を引いた異性と野外で20分間キスする方が，その異性と同じ部屋に10分間いるより風邪を伝染される可能性は低いと言われる(筆者はこの説が正しいと保証するわけではない)．

　さて，(87)という結論は，由紀子さんというコノワタ大好き人間が現れれば，たちどころに間違いであることがわかる．この例だけ見ると帰納は何とも頼りない推論・判断に見えるだろうが，結論がもう少し長続きする帰納的判断もある．ヨーロッパやアジアに棲息するswan(白鳥)はすべて羽毛が白い．そこで「すべてのswanは白い」は大昔から長いこと真実だと思われていた．ところが1697年オーストラリアで白いswanと同じくカモ目カモ科ハクチョウ属に分類される黒い鳥が発見され，英語ではこの鳥はblack swanと名づけられた．これにより「すべてのswanは白い」は誤りであることがわかった．（日本語ではまさかクロハクチョウともよべないからコクチョウ(黒鳥)とよぶ．日本語の「すべてのハクチョウは白い」は依然として正しいと言えるかもしれない．）

(88) 人間である漱石は死んだ．
　　　人間である鷗外は死んだ．
　　　人間である荷風は死んだ．

という事実から，

(89) 人間はみな死ぬ.

と結論するのも帰納である．(89)には今のところ反例はないようなので，(88)から(89)を導く推論は必然性を結論しているかのように思えるが，それは違う．(89)が(少なくとも現状では)必然性をもつのは，人間が多細胞生物であるという事実から説明されるのであって，(89)は正確には「"人間はみな死ぬ"という命題は非常に高い蓋然性をもっている」と書かれるべきなのである．もう少し詳しく言おう．単細胞生物であるヒドロ虫綱は，クラゲ型とポリプ型の両段階をもち，多くのものがその両者を含む世代交代をおこなう．ヒドロ虫綱の1種であるベニクラゲはクラゲが老化して後，萎縮して再び幼生であるポリプに戻ることを繰り返す．これによってベニクラゲは不老不死であると考えることができる．それに対して多細胞生物では，一定期間で子孫となる個体を作るという方式で生命を繋ぐ．多細胞の動物は再生能力の限界に伴い必然的に老化し，死に至るのである．人間は多細胞生物であるから，それがみな死ぬことは，つまり(89)は，このことから必然的に結論される．

科学のなかで帰納は，たとえば薬が病気の治療に有効かどうかの判断の基礎に用いられる．

(90) ある病気と診断された患者が200人いる．この200人をランダムに100人ずつA群とB群に分ける．A群の患者に薬Xを投与し，B群の患者に偽薬(薬効成分の入っていないニセ薬——プラシーボ)を投与したところ，A群では100人中85人に症状の改善が見られ，一方，B群では100人中10人に症状の改善が見られた．

とする．このことから，

(91) 薬Xは，この病気の治療に有効である蓋然性が高い．

とする推論・判断が得られる．これは帰納的推論・判断である．(なおB群中の10人に現れた症状改善の原因はさまざまだろう．自然治癒だったかもしれず，そもそも誤診断だったのだという可能性もある．さらに，B群の人々は薬Xを本当に投与されたと信じ込まされているので，このことから何らかの心理的好影響——プラシーボ効果——を受けた患者も含まれているかもしれない．)

2.4.2.3 演繹法則的説明法

演繹法則的説明法(deductive-nomological explanation)では，説明されるべきことがら「被説明項」が，「一般法則」と「先行条件」に照らして説明される．一般法則と先行条件を合わせて「説明項」とよぶ．ここで前件肯定式が用いられる．被説明項として(92)を例にとろう．

(92) 熱湯のなかに温度計を突っ込むと，水銀柱はいったん少し下降し，次いで急激に上昇する．なぜか．

一般法則として(93)をあげよう．

(93) いかなる物体にせよ，それがある種の物質A(ガラスはそれに含まれる)で作られた管と部分的にそれを満たしている別種の物質B(水銀はそれに含まれる)からなっており，Aの熱伝導率は比較的低く，かつBの膨張係数はAのそれよりもはるかに高い場合，その物体が熱湯に突っ込まれれば[(85)のF(x)→に相当]，物質Bはいったん高さが低くなり，次いで急激に上昇する[(85)のG(x)に相当]．

そして先行条件は(94)である．

(94) 水銀で部分的に満たされたガラス管である温度計が熱湯のなかに突っ込まれた[(85)のF(a)に相当]．

(93)と(94)を前提とした演繹的推論から得られる結論(95)が被説明項(92)への答えということになる．

(95) よって温度計の水銀柱はいったん少し低くなり，次いで急激に上昇する[(85)のG(a)に相当]．

演繹法則的説明法は，かつては自然科学(その代表格が物理学)の専有物のように考えられ，人文科学である言語学にはなじまない，と思われていた．しかし生成文法の始祖チョムスキーが選択したのは，まさしく演繹法則的説明法なのである．生成文法には

(96) a. 普遍文法の原理・個別文法の制約にまったく抵触しない単語連続は文である．

b. 普遍文法の原理・個別文法の制約のいずれかに抵触する単語連続は文ではない．

という一般法則があると言ってよかろう．これに照らせば，たとえば(97a)が文であるのに対し，(97b)が文ではない(* で示してある)ことが演繹的に説明される．

(97) a. *Who* might he think has done *what*?
  b. *What might he think *who* has done?

どちらも疑問詞(斜体になっている)を二つ含んだ「多重 wh 疑問文」だが，(97a)は(96a)に合致するので文法的であるのに対し，(97b)は「直近誘引原理」その他による制約に抵触するので(96b)に相当してしまい，非文法的となるのである．直近誘引原理とは，

(98) ある種の構成素を誘引する主要部は，該当する種類の直近の構成素を誘引する．

のように示される原理であるが，ここでは詳細を述べる必要はなかろう．(98)の「主要部」とは「文頭」を意味すると解し，(99)の「問い返し疑問文」にある who と what のうち，「直近」の疑問詞は who であることを確認してもらえればそれでよい．

(99) He might think *who* has done *what*?

アブダクション

科学において何らかの説明原理を求めようとする場合，いくら資料が豊富にあり，その資料を演繹・帰納という2種の推論法を用いて整理したところで，原理は生まれてこない．演繹は，前提が明らかに真であることがわかっていなければおこなっても無駄だし，帰納の方も，それまでの経験を超えることは不可能に近いので，やはり新原理導入には役立たない．演繹法則的説明法が，新しい説明原理を発見するには，もう一つの推論法，**アブダクション**(abduction)を必要とする．アブダクションは(100)のような形式をとる．

(100) i. ある不可解な事実・現象 C がある．

ii. しかしもしAが真であるとすると，Cは少しも不可解でなく，当然のこととなる．
iii. よってAを真と考えるべき理由がある．

1949年湯川秀樹博士(1907-81)が日本人初のノーベル賞を受賞し，敗戦(1945年)で打ちひしがれた日本国民を大いに勇気づけた．1934年に湯川博士が発表した理論は「中間子説」という．それまでの物理学では，陽子と中性子がどうして強く結びついているのかが謎だった．この謎が(100i)に相当する．そこで湯川は中間子という素粒子が存在し，これが陽子と中性子のあいだをいわば行ったり来たりして両者を結びつけているのだという仮説を立てた．これが真であれば陽子と中性子の強い結びつきは謎でなくなる．これが(100ii)にあたる．そこで中間子説が真であると考えるべき理由がある．これが(100iii)に相当する．

ケプラー(Johannes Kepler, 1571-1630)の法則という惑星運動に関する3法則がある．地動説はコペルニクス(Nicolaus Copernicus, 1473-1543)によって唱道されたが，これによる惑星運動の説明は天動説によるそれよりも優れたものではなかった．なかんずく，ブラーエ(Tycho Brahe, 1546-1601)が集めた膨大な惑星運動の観察データには依然として多くの謎が残されていた．これはコペルニクスの説が天体運動の軌道を真円であるとする古代以来の考えをそのまま保っていたためである．これに対しケプラーの3法則は，天体運動の軌道を楕円とする仮説を含んでいた．これによってブラーエのデータの謎は謎でなくなった．ここにも「データを飛び越した仮説設定」，つまりアブダクションの強みがある．

(100)を論理形式で書いてみると(101)のようになる．

(101) i. C
　　　ii. A→C
　　　iii. ∴A

(101)は論理学では「後件肯定の誤り」とよばれ，妥当な推論ではない．第1行Cを「道路がぬれている」とし，第2行A→Cを「雨が降ると道路がぬれる」としてみよう．しかしこの二つの前提から第3行の「雨が降っている」という結論は必然的には出てこない．散水車が通った直後かもしれないし，水道管が破裂したのかもしれない．だから(100iii)は「よってAは真である」では

なくて，「真と考えるべき理由がある」と言っているのである．アブダクションを用いる説明法の強みは，もし仮説 A が説明力不足なら A′，それでも不足なら A″，A″ でも駄目なら A‴ というふうに，仮説を次々に修正・改廃していくことによって，真理により近づく可能性をもっている点にある．

アブダクションを「帰納を，演繹推理の持つ形式的必然性に一歩でも近づけようとする」方法と見る人々もいる (坂本・坂井 1968)．坂本・坂井は本書で「演繹法則的説明法」とよんでいる接近法を，**仮説演繹法** (hypothetico deductive method) とよんでいる．当該箇所の説明を引用しておこう．

(102) 仮説演繹法とは概要次の如きものである．まず，実験，観察の結果をもとにして一つの仮説を作る．次にこれとは別に演繹体系（数学など）を用意しておいて，もし，この仮説が正しいとすれば，その結果どのようなことが起こるはずであるかということをこの演繹体系にしたがって推論（この場合は演繹推理を用いる）し，その結論を一つの予想として引き出す．この予想はなるべく実験，観察にかかりやすい形のものにしておく．次に，実際に実験，観察を行なって，この予想が正しかったか否かを調べる．その結果，もし，この予想が十分な程度に正しいと確認されたとき，ひるがえって，最初に仮定した仮説を間接に検証されたものとして設定し，そして次のステップにうつる，……という順序で推論を進めて行くものである． (坂本・坂井 1968: 22)

反証可能性

人間の身の回りにはいろいろ不思議なことがある．昔の人にとっては，夜と昼の別があり，地球の多くの地域で明白な四季の移り変わりがあることも，不思議なことだった．これを「神様が世のなかをそのようにお作りになったから」と考えている限り，科学は生まれない．不思議さはどのような原因からきているのかを調べる営みから，天文学や気象学という科学が生まれた．前述のように，失脚した菅原道真の没後まもなく藤原氏や朝廷に起こった凶事の原因を道真の怨霊の祟りに求めたのは，怨霊のようなものが反証不可能であることは当時の人にはわからなかったにせよ，反証できないものに原因を求めたのだから，もちろん科学とはいえない．

道真の時代に比べればはるか最近に至るまで，「物が燃える」ということは，

フロジストンという物質がその物から抜け出ていく過程であるとされた．18世紀末にラヴォアジェ(Antoine-Laurent Lavoisier, 1743-94)が酸化説を唱えても，フロジストン説支持者は19世紀初めにも少数ながらいた．燃えた金属片が燃焼以前よりも重量が増えることはわかっていたが，フロジストン説支持者は「それはフロジストンにはマイナスの重さがあって，それが抜け出せば金属片の重さが増えるのは当然である」という，リクツとしては実に優れた，そして今日聞けば楽しい反論の仕方をした．

　フロジストン説は間違ってはいたものの，非科学的な説ではなかった．それはこの説が「反証することが可能な」形式をもっていたからである．これが神様の思し召しや誰それの怨霊に原因を求める説との違いである．科学には常に**反証可能性**(falsifiability)が求められる．

　さて実際に反証が出たらどうするか？　これまでの話に出てきたとおり，新しい仮説を立てるのである．それまでの仮説の許での「謎」も反証のなかに含めるならば，湯川博士の中間子説，ケプラーの3法則も，そしてラヴォアジェの酸化説も，いずれも「新しい仮説」であったのだ．つまり，「反証される」ということは「新しく，より良い仮説」，つまりそれまでの仮説で説明できたことはすべて説明でき，かつそれまでの仮説では説明できなかったことも説明できる仮説が現れる，ということになる．この考え方を明確に述べたのがハンガリーの科学哲学者ラカトシュ(Imre Lakatos, 1922-74)であった．彼はLakatos(1978)のなかで，仮説に反証が発見されたらその仮説は直ちに斥けられるべきであるとする考え方を**愚かな反証主義**(naïve falsificationism)とよび，**高級な反証主義**(sophisticated falsificationism)を提唱した．

　科学において評価の対象となるべきものは個々の理論ではなく**一連の理論**(a series of theories)である，とラカトシュは言う．つまりかなりの時間的幅にまたがるさまざまな理論をひとまとめにして，その当否を判定すべきだというのである．このようにひとまとめにされた理論を一つの**研究プログラム**(research programme)とよぶ．

　研究プログラムというものは，ある時点では検証に堪えないことも，また反証の手続きが原則的にさえ存在しないことも，さらには明らかに反証例と思われるものにぶつかることもある．けれども，それにもかかわらず，強引に，いわば図太く研究を進めていくうちに，究極的には理論的発展が見られ，より多く真理に近づくことが可能になった例は科学史上きわめて多いというのがラカ

トシュの見方である．

　ラカトシュのあげている例の一つに，イギリスの化学者プラウト(William Prout, 1785-1850)の原子量に関する仮説がある．プラウトはすべての原子は水素原子からなっており，したがってどの元素の原子量も(水素原子のそれを1とした場合)整数で表されるという趣旨の仮説を発表した．これに対してベルギーの化学者スタース(Jean Servais Stas, 1813-91)が精密に測定したところ，塩素の原子量は35.5だった．「愚かな反証主義」に従えばプラウトの仮説はこれでおしまいということになる．しかしラカトシュはこの事態を次のように見る．

　プラウトの仮説をより精密に表現すれば「すべての純粋な元素の原子量は水素のそれの整数倍である」となり，一方スタースの実験結果を厳密に解釈すれば「純粋な塩素と信じられる物質Xがあり，この物質の原子量を測定したところ35.5であった」となる．つまり，もし物質Xが不純であったならこの実験結果は反証例とはなりえない．スタースは当時の技術では可能な限りの化学的分離法を駆使して得られた物質Xを塩素と認定してその原子量を測定したわけであった．ということは，この認定の根拠として，つまり実験の基準として「ある特定の分離法を一定の回数ほどこせば，その結果得られるものは純粋の塩素である」という理論があったことを意味する．スタースの実験結果は，あくまでもこの理論を背景としたとき意味をもってくるのだ．となると，比較されるべきはプラウトの理論とスタースの実験結果ではなくて，プラウトの理論とスタースの実験の背後にある理論，つまり理論対理論であることになる．事実プラウトは，自分の仮説に反するかに見える事実があるのは，現在の技術で得られるものが，まだ純粋な塩素でないからだ，と主張した．そして前世紀の初めになって同位元素なるものがあることがわかった．スタースの頃は元素の分離は化学的にしかおこなえないと考えられていたのが，今や物理的方法で分離できる元素の存在が確認されたのである．塩素には同位元素が二つある．同位元素だから陽子の数はどちらも同じで17個だが，中性子は一方が18，他方が20，つまり原子量は一方が35で他方は37ということになる．自然状態では二つの同位元素の存在比は75対25なので，その存在比を考慮に入れた平均値をとれば35.5となる．プラウトの仮説はスタースの(実験の背後にあった)理論よりも真理に近かったことが，1世紀ののちに判明したことになる．

　ラカトシュは，成功した研究プログラムの例として，ニュートン力学の場合をあげる．ニュートン力学は当初から多くの反例や変則例をかかえていた．そ

れにもかかわらずニュートン説の信奉者たちは，ニュートン力学の3法則と引力の法則を「修正を許さない堅固な核」として据え，さまざまな補助仮説を付加・補充してこの核を防御しようと努めた．その結果，反例・変則例と見えたものが，実はニュートン力学の「堅固な核」の裏付けとなるものであることが次々に立証されていった，というのである．

そして前述のように，2011年，国際研究グループOPERAの実験は，ニュートリノが光よりも速い速度で飛んでいるとする観測結果を示した．これはもし正しければ「質量をもつ物質は光の速さを超えられない」という柱を含むアインシュタインの特殊相対性理論に矛盾するものだった．もちろんこの時点で特殊相対性理論が放棄されることはありえず，事実，理論放棄は起こらなかったし，それのみならず，上述のとおり2012年6月の段階で，上記の観察結果が誤っていたことがOPERA自身によって公表された．

ただここで明らかにしておきたいのは，かりにOPERAの観察結果がより信頼のおけるものであり，さらに他の実験グループによって同様の観測結果が続々と報告されたとしても，それだけでは特殊相対性理論への反証とはならないという点である．もし反証されるとすれば，それはこれまで特殊相対性理論によって証明されたことをすべて証明でき，かつこれらの新発見事実をも証明できる新しい理論が構築された場合に限るのである．言い方を変えれば，理論を反証するのは実験や観察の結果ではなく，「より良い理論（＝より良い仮説）」であるのだ．

目的と方法論

言語とその働きというのも不思議な存在である．あること/ものを不思議だと考える場合，それを前もってどのように把握するか，どのような方法論で迫るかを決めることにより，その営みは科学にも似而非科学にもなりうる．生成文法が登場する前のアメリカで支配的だった言語観は，構造主義言語学という理論だったが，この理論は言語を，人間が生まれてから，ちょうどいろいろな習慣を身につけるようにして習得するものと見なし，言語とは何かを明らかにするには，言語のデータを集め，それを分析していくべきであると考えた．構造主義言語学は音韻論（言語に用いるオトに関する理論）についてある程度まとまった理論を出すところまで進んだが，統語論や意味論にはついに何の成果も出すことなく消えてしまった．

これに対して生成文法は，本章でも触れたとおり，「人間がその母語を，教示・訓練その他を経ることなしに，容易に獲得できるのはなぜか？」という問いを発した．そしてアブダクションにより母語の容易な獲得を可能にしているものは，「言語獲得装置」すなわち「普遍文法」であるとの推論を得，普遍文法の追究をその目的とした．普遍文法は人間の頭のなかにあり，言語獲得という特定領域にのみ貢献するモジュールである．

反証可能性を維持し，アブダクションを武器に考究を進める研究法，つまり演繹法則的説明法ないし仮説演繹法をつづめて「経験科学」とよぼう．生成文法登場までアメリカの言語学界を支配していた構造主義言語学は，言語的資料を整理・分類していけば，やがて言語の本質が捉えられるという，分類主義的方法論に立脚していた．それに対し生成文法は，経験科学的方法論を選び，アブダクションによる仮説構築を次々におこなった．チョムスキーが「言語学革命の父」とよばれるのはこのためである．

▶ 注 ─────────────

1) 回帰的定義の例を一つあげる．
　　ある人工言語を考える．この言語には単語としてaとbの二つだけがあり，かつその単語を組み合わせた「文」は次の(i)に見るようなものであるとする．

　　　(i)　　　　　　aa
　　　　　　　　　　bb
　　　　　　　　　　abba
　　　　　　　　　　baab
　　　　　　　　　　bbabbabb
　　　　　　　　　………………………………

　これらの「文」の特徴は，「ちょうど真んなかで切ると，左右が互いに鏡に映したような順序関係になっている」という点にある．こういう「文」は無限にあるわけで(そのことを(i)では……で示してある)，このほかに，abbaabba とか，aaaabbaaaa などもこの言語の文である．一方，abccba はこの言語の単語以外のものを用いているのでこの言語の文ではないし，abab とか bbabba はこの言語の「文法」に違反している(＝左右が鏡に映したような順序関係になっていない)ので，やはりこの言語の文ではない．
　この言語を定義する(ii)は無限のもの(＝(i)に見る無限の「文」の集合：この集合をMと名づける)を定義する「回帰的定義」である．(ここでは，集合とは「ものの集まり」と解釈しておけばよい．集合のいくぶん詳しい説明は，第3章注1にある．)

　　(ii) 1. $aa \in M \wedge bb \in M$
　　　　 2. $(\forall x)\{x \in M \rightarrow (a\frown x \frown a \in M \wedge b\frown x \frown b \in M)\}$
　　　　 3. Mには第1行と第2行によって生じた成員以外のなにものも含まない．(成

員——メンバー——とは，集合を成り立たせている個々の「もの」を指す．a, b, c という記号から成る集合 {a, b, c} の成員は，a, b, c である．)

第 1 行はこの定義の「基盤」とよばれる．∈ は「～という集合の成員である」ことを示す．つまり第 1 行は「aa という記号連鎖は M の成員であり，かつ bb という記号連鎖も M の成員である」を表す．第 2 行はこの定義の「帰納段階」とよばれ，この言語の「文法」の働きをしている．⌒ は記号の連鎖を表す．そこで第 2 行の言っていることは「すべての x について，x が M の成員であるならば，x の左右に a をそれぞれ一つ加えたものは M の成員であり，かつ x の左右に b をそれぞれ一つ加えたものも M に属する」となる．第 3 行は「制約」とよばれ，abccba とか abab などが M に属さないことを保証する．

第3章 コミュニケーションと意味
―― 関連性理論(認知語用論)

3.1 関連性理論(認知語用論) ―― 演繹法則的科学を目指す唯一の語用論

　関連性理論(Relevance Theory)は，1980年代にスペルベル(Dan Sperber, 1942-)とウィルスン(Deirdre Wilson, 1941-)が提唱した語用論理論である．**関連性**(relevance)という概念を基礎におき，発話の解釈に際して聞き手の認知(≒頭脳)がどのように働くかを切り口としており，認知科学の重要な一部を成す．
　関連性理論も経験科学を選んだ．すなわちこの理論は，

(1) 人間は，なぜ，自分の母語による他人の発話を，無意識的に，自律的に，また発話の言語形式に含まれていないことまで含めて，迅速に理解できるのか？

という問いを発した．そしてその答えを

(2) それは人間には「関連性」という概念に基礎をおいた，領域特定的「発話解釈過程」というモジュールが生得的に備わっているからである．

とした．これはちょうど第2章で述べたように，生成文法が「人間はなぜその母語を教示や訓練なしにいわば自然に身につけてしまうのか？」という問いを発し，それに対して「人間には言語獲得装置，またの名を普遍文法が生得的に備わっているからだ」という答えを出したのと，完全にパラレルである．(1)と(2)は本書のこの段階では十分に評価しがたいかもしれない．次項以降に具体的に説明する．

3.1.1 関連性

　この理論のなかで使われる**関連性**(relevance)，**関連性のある/をもつ**(relevant)という語は，術語であり，日常言語で使われる場合と違って次のように

明確に定義されていることを，まず，認識してほしい．

ある情報が，その受け手にとって「関連性をもつ」のは(3a, b, c)にあげた三つの場合である．

(3) a. その人の想定(≒考え)が間違っていたことがその情報によって明らかになったため，その想定を廃棄するとき．
b. その人自身にとって確信がもてなかった想定が，その情報によって確信と変わるとき．
c. その情報が**コンテクスト的含意**(contextual implication)をもつ場合．

(3a, b, c)について順に述べよう．ある子供が

(4) 銀閣寺は足利義満が建てた．

と思い込んでいたとする．この子が

(5) 銀閣寺を建てたのは足利義政だよ．

と教えられて，(4)という想定を廃棄した場合，(5)という情報は子供にとって関連性をもつ．これが(3a)の一例である．

(6) 「菊を采る東籬の下　悠然として南山を見る」は陶淵明の作だったかな？

と迷っていた中学生が，信頼できる人(漢文の先生など)に

(7) 間違いなく陶淵明だよ．

と言われれば，(6)は確信と変わる．この子にとって(7)は関連性のある情報である．これは(3b)の一例だ．

(3c)の「コンテクスト的含意」を正式に定義する前に，まず具体例から始めよう．相撲ファンの友達X君から，

(8) ○○山が全勝したら，一杯おごるよ．

と言われていた人，Y君がいるとしよう．Y君は，特に相撲が好きなわけでもないので，結果を知ろうともせずにいたが，千秋楽にX君から電話が掛かってきて，

(9) オイ，○○山，ほんとに全勝しちゃったよ．

と言われたとする．Y君は，このことから，

(10) 《X君からおごってもらうことになるな》

と思う．つまりここでは次の推論がおこなわれたことになる．

(11) ○○山が全勝したらX君がY君におごる．（前提1）
　　○○山が全勝した．（前提2）
　　∴Y君はX君からおごってもらえる．（結論）

(11)の第1行はY君の頭のなかにあるコンテクストであり，第2行は電話によるX君の発話である．「コンテクスト」という語は漠然とした意味で使われることが多いが，関連性理論では

(12) 聞き手の頭のなかにあり，発話の解釈にあたって推論の前提となる想定．

という意味で用いられる．たとえ聞き手の記憶のどこかにあったものでも，発話や発話解釈の時点で頭のなかに想起できなければそれはコンテクストではない．相手が力士○○川のファンだということを前に聞いていたにもかかわらず，発話の瞬間にはうっかり忘れていたため，「○○川？　あんな自分の型をもっていない相撲取りが大関になれるはずはないよ．せいぜいが小結止まりだね」などと失言してしまう場合，「相手が○○川のファンである」という想定は，この時点ではコンテクストではない．

　さて，この具体例で見た「コンテクスト的含意」(=3c)をもう少し一般的にいうと，

(13) 聞き手がもっているコンテクストだけからも，また相手の発話だけからも得られず，コンテクストと相手の発話を前提とした推論から初めて得られる想定．

ということになる．もっと正式には，「コンテクスト的含意」は(14)のように定義される．

(14) 想定の集合[1]Pは，次の条件(i)～(iii)下で，かつその条件下において

のみ，想定QをコンテクストCにおいてコンテクスト的に含意する[2].
(i) PとCの和集合[3]がQを非自明的に含意し[4]，
(ii) PはQを非自明的に含意せず，
(iii) CはQを非自明的に含意しない．

上の具体例にあてはめれば，Pは発話(9)，Qは想定(10)，Cは発話(8)によってY君が抱いていたコンテクストに相当する．

人間は，頭のなかにさまざまな想定をもっている．そして人間はその想定を増やし，不確実な想定を確実なものとし，ある想定が誤ったものであることがわかれば，その想定を除去することをいつも願っているのである．ある人が頭に浮かべることのできる想定の総和をその人の**認知環境**(cognitive environment)とよぶならば，人間とは自分の認知環境が改善されることをいつも望んでいる存在なのだ．

認知環境を改善する作用を**認知効果**(cognitive effect)とよぶなら，「関連性がある」ということは，「認知効果をもつ」ということと完全に同義になる．(3a, b, c)は「認知効果」を定義したものにほかならない．

(15) あなたは今，『ことばの意味とはなんだろう』を読んでいます．

という発話は，日常言語では読者にとって何らかの意味で"関連性"をもっているだろうが，ここで術語として使われている「関連性」は一切もっていない．(15)は(3a, b, c)の作用のどれももっていない，つまり認知効果をまったく欠いているからである．

3.1.2　関連性原理Iと関連性原理II

これまでは「関連性をもつ」例として，発話を通じた「情報」だけをあげた．だが人間はいろいろな源泉から「関連性」を得る．それだけでなく，人間は昔から常に関連性を，つまり認知効果を探し求めている動物である．火山がいつもに比べて噴煙が強く，噴石も上がっているようだし，小さな地震もたびたび感じる．こういうときには噴火を恐れて逃げ出す準備をする．海面に鳥山ができているのを発見して，あの下にはカツオの大群がいるはずだ，とその方面へ釣り船を進める．このように自分たちの安全や利害に関係の深いことに限らず，「茂作の息子は権助の娘とできてるそうだ」といった噂も人々の知りたがると

ころだった．現代でも変わりはない．「これから景気はどうなるのだろうか」「このあいだ受けた英文法の試験，合格点がとれているかな」などのように切実なことばかりでなく，「タレント○○と歌手××の離婚の真相」「△△選手不振の原因」といった，関係者やファン以外にはいわばどうでもいいことがらにも，人々は大小の差はあれ興味をもつ．要するに人間とは昔から知りたがり屋なのだ．

と同時に，人間には「成果が見込めないことには努力を払わない」という性質が，これまた生まれながらにある．演題に惹かれて講演を聴きに行ったところ，発音不明瞭・話の筋道不明確の上，専門用語らしきものが説明もなしに連発されるので到底ついていけないと判断すれば，途中で席を立ってしまうだろう．講演者の意図を把握しようという努力が，こちらの認知環境改善に見合わないからである．

このことを表したのが，(16)の**関連性原理Ⅰ**(**認知的関連性原理**(cognitive principle of relevance))である．

(16) 人間の認知は，関連性を最大にするように働く性質をもつ．
(Sperber and Wilson 1995: 260)

認知(cognition)とは，「さまざまな想定をもっている状態，想定を増加・改善させたいという欲求，想定を増加・改善する場合の頭の働き」を指すことばと言ってよい．(16)は人間の認知一般にあてはまる原理である．

さて，上にも触れたように，人間はさまざまな源泉から認知効果を受け取る．火山の活動や鳥の行動なども源泉となるし，電車の向かいの席にいる他人があくびをしているのを見て《寝不足なのだろうな》と思ったりする．しかし関連性理論が扱う認知効果(=関連性)は，「伝達」を通じて得られる効果に限定される．「伝達」とは何だろうか？

すぐ上で例にあげた，電車の向かいの席であくびをする人は，別に自分が寝不足であることをこちらに伝えようとしているわけではない．真っ赤な顔をしてアルコール臭い息を吐きながら，しきりに真面目な話をしようと努力している人がいれば，周りの人は《ははあ，この人はだいぶ酒を飲んでいるな》という認知効果を得る．だがこの人は，自分が酒を飲んだことをこちらに伝えようとしているわけではない．むしろ自分が飲んでいることは知られたくないのかもしれない．つまり，この人には**情報的意図**(informative intention)がまったく

ないのである.

　これに対して，同じあくびでも，上で触れたような役に立たない講演を聴いていた人が突然立ち上がって，これ見よがしに伸びをしたあげく，これ聞こえよがしに発したあくびであれば，これは講師に対する《あなたの話は退屈で何の役にも立たない》という気持ちの表明であり，そこにはこの人の明瞭な「情報的意図」がある．会議などで，不穏当なことを言い出しそうな同僚に対して，目配せをして首を横に振る人にも《それを言うのはやめておけ》という旨を伝えたい情報的意図がある．

　こうした第2のタイプでは，情報源となっている人々は相手に何かを知らせたいという情報的意図に加えて，その情報的意図をもっていることを相手に知らせようという**伝達的意図**(communicative intention)がある．

　情報的意図は(17)のように定義される．

(17) ある想定の集合 I を，聞き手にとって顕在的に，あるいはより顕在的にすること．　　　　　　　　　　　　(Sperber and Wilson 1995: 58)

顕在的(manifest)とは「頭のなかに思い浮かべることができる」ということであり，正確には(18)として定義され，また，「顕在的」という概念を基礎にすれば，「認知環境」も(19)としてより厳密に定義できる．

(18) もし，ある個人が，ある時点で，ある事実を自分の頭のなかで表示でき，かつ，その表示が真実である，あるいはおそらく真実であるとして受け入れられることができるなら，その事実は，その個人にとり，その時点で顕在的である．

(19) ある個人の認知環境とは，その個人にとって顕在的な事実の集合である．

一方，伝達的意図は(20)のように定義される．

(20) 話し手が，何らかの情報的意図をもっていることを，話し手・聞き手双方にとって顕在的にすること．　　　(Sperber and Wilson 1995: 61)

　情報的意図はあるが，伝達的意図はない，という場合がある．宴会で，自分の杯が空になっているのに誰も注いでくれない．自分で注ぐのも癪なので，銚子をとって隣の人に注ごうとする．隣席の人が「や，これは気が付きませんで

失礼しました．あなたこそどうぞ」とこちらに注いでくれようとする．こちらは「いいえ，私はもう十分ですので」などと心にもないことをいう．この見栄張り男は《自分の杯を満たしてほしい》旨を隣席の人に知らせたいという情報的意図はあるが，その情報的意図を相手に知られたくない，つまり伝達的意図がないのである．

情報的意図と伝達的意図の両方に基づいておこなわれる伝達を**意図明示的伝達**(ostensive communication)とよぶ．上で，人間は常に関連性を求めている一方で，成果の見込みがないことには努力を払わない性質をもつことを述べた．正確にいえば，関連性とは，認知効果の大きさと，認知効果を得るために必要なコスト，という二つの要素のあいだのバランスの上に成立するものなのだ．つまり大ざっぱにいえば，認知効果が大きければ大きいほど関連性は上がるが，一方で認知効果を得るためのコストが大きければ大きいほど関連性は逆に下がるのだ．そこで(21)の**最適の関連性の当然視**(presumption of optimal relevance)という概念が必要となる．

(21) a. 意図明示的刺激は，受け手がそれをプロセス(処理・解釈)する努力を払うに値するだけの関連性をもっている．
    b. 意図明示的刺激は，送り手の能力と選択が許す範囲内でもっとも高い関連性をもつ．

「意図明示的刺激」とは「意図明示的伝達をおこなうこと」の意で，その代表格が発話である．(21a)は，発話をするということ自体が，その発話内容に認知効果があることを聞き手に期待させることを意味する．

ここで第2章に(42a)としてあげたグライスの「量の格率」を思い出してほしい(下に(22)として再現)．

(22) 量の格率：自分の貢献を，要求されている分量に合致したものとすること．要求を超えたり，要求に満たなかったりしてはならない．

グライスおよび(22)を今でも信奉している語用論学者によれば，話し手は自分の発話に聞き手の要求する分量を満たすに足りる関連性，言い換えれば最大の関連性を込める，ということになる．ある場合にはそれは当たっているだろうが，腹立ちまぎれの発話や一方的な伝達では決して最大の関連性は表現されない．といって，聞き手が自分(＝話し手)の発話を処理・解釈する気を起こして

くれなければ困る．処理・解釈する気を聞き手が起こしてくれるギリギリの関連性はもたせなければならない．これが(21a)の言うところで，言い換えれば発話は「最適の関連性をもつのは当然である」という「顔」をしているというのである．

(21b)の言うところはなにか．人間は本来怠け者である．話し手は聞き手に情報が伝わるという目的が達せられる限りにおいて，できるだけ努力が少なくて済む話し方をしたがるものだし，また，立場上事実を洗いざらい話すことにためらいを感じたり，全部を話したのでは相手に与えるショックがあまりに大きいと予測されるので話の一部を省略する場合（選択の問題）がある．また，生まれつき口下手だったり，聞き手の予備知識（認知環境の一部）を読みそこねて相手にわかりにくい表現をしてしまったりすること（能力の問題）もある．意図明示的刺激は，無条件に最大の関連性をもつのではなく，話し手の選択と能力が許す範囲内で最大の関連性，つまり最適の関連性をもつ，ということを言い表したのが(21b)である．

そこで，**関連性原理 II(伝達的関連性原理**(communicative principle of relevance)**)** (23)が生まれる．

(23) すべての意図明示的伝達行為は，それ自身が最適な関連性をもつことを当然視している旨を伝達している．　　(Sperber and Wilson 1995: 260)

つまり，発話をするということは，それ自体「私の話を聞きなさい．貴方の認知環境改善につながる情報が，解釈のための不必要な努力を払うことなしに得られますよ」と言っていることにほかならない，というわけなのだ．

関連性理論が扱うのは意図明示的伝達である．意図明示的伝達をおこなう方法としては，上にいくつか見たように，身振りや動作もあるが，何といっても中心になるのは，上でも触れたとおり，言語を介した伝達である．

3.1.3 何が伝達されるのか

多くの人が抱きがちな，そしてある時期まではことばの専門家さえもが抱いていた誤った考えに**コード**(code)**主義**というのがある．これは(24)に示す考え方である．

(24) 発話の意味は，それを構成している言語形式[5]を「コード解き[6]」しさ

えすれば得られる．

これが誤りであることは(25)のような諸例を見ればわかる．

(25) a. He went to the bank.
b. John is too young.
c. Sue has a temperature.
d. This steak is raw.
e. We need a bulldozer.

(25a)の he とは誰のことか，bank とは《銀行》か《土手》か？ これは聞き手がコンテクストに照らして初めてわかることだ．(25b)の too young も，「結婚するには」なのか，「その会社の社長になるには」なのか，これまたコンテクストに照らした推論がなければわからない．(25c)の言語形式は「スーには体温がある」という，言わなくてもわかり切ったことを表しているだけだ．わかり切ったことは情報ではない．(25c)の temperature が《平熱を超えた体温》の意味であることを教えてくれるのは，言語形式ではなく，コンテクストに照らした推論である．(25d)についていえば，タルタルステーキ(steak tartar)は別として，まったく加熱していない肉片がステーキとして供せられるはずはない．raw が《生焼けである》意味をもつことは，やはり推論を通じてのみ理解されるのだ．(25e)の bulldozer は機械を指しているのか，それともそれをメタファーとして使った《強引すぎるところもあるが，実行力のある人》を意味しているのか，再び，推論の力を借りなければ解釈は定まらない．

このように，(24)は誤りである．(24)を否定する立場を**言語的(意味)決定不十分性のテーゼ**(linguistic underdeterminacy thesis)と称する．これは関連性理論にとって前提的立場である．この理論は発話解釈には聞き手の推論に基づく「肉付け」が不可欠であることを明らかにしている．発話に肉付けの結果得られる意味は**明意**(explicature)と**暗意**(implicature)からなる．当面は明意とは話し手が「明示的に伝えようとしていること」であり，暗意とは話し手が「非明示的に伝えようとしていること」であるという大ざっぱな把握で話を始めよう．

3.1.3.1 明意

明意を得るためにおこなう肉付けには大別して曖昧性除去（一義化），飽和，アドホック概念構築，自由補強の4種がある．順番に見ていこう．

曖昧性除去

ある言語表現が二つないしそれ以上の意味をもつ場合がある．どちらの意味が意図されているかを明らかにするのが**曖昧性除去**(disambiguation)である．英語の bank は《銀行》《土手》の二つの意味をもつ．どちらが話し手の意図された意味であるかを聞き手は推論によって知る．耳で聴いた，あるいは仮名で書かれた「ギンコウ」を《銀行》《銀鉱》《吟行》のどれであるかを知るのもやはり推論を介する．「警察の犬」という句は《警察犬》とも《警察の密偵》とも解しうる．これも曖昧性除去の対象となる．(26)のような文も曖昧である．

(26) 太郎は自転車で逃げる犯人を追いかけた．

《太郎が自転車で追いかけた》《犯人が自転車で逃げた》のどちらが意図されているかは，聞き手によって推論される．

飽和

「彼，あの人，今日，去年，ここ，あそこ」などの語は，直示的(deictic)，あるいは指標的(indexical)とよばれる語類であり，本来的にコンテクストがなければ同定できない．固有名詞も多くの場合ここに属す[7]．こうした表現が何を指すかを明らかにするのが**飽和**(saturation)である．

(27) a. 彼はあの女が嫌いだ．
    b. 去年，鈴木と一緒にあそこへ行ったよ．
    c. 昨日は午後4時までここにいました．

(27a)の「彼」「あの女」が誰を指すか同定されなければ，この発話の意味はわからないし，(27b)がもし2012年に発せられたとすれば，「去年」は2011年を指し，「鈴木」とはどういう特定の人物か，「あそこ」とはどういう特定の場所かがわからなければ発話(27b)の意味は不明である．(27c)が2012年4月17日に発せられたとすれば「昨日」は同年同月16日を指し，「ここ」がたとえば発話者の属する大学の図書館閲覧室，あるいは図書館のどこか，あるいは大学

のどこか，のいずれを指すかが明白になるまで(27c)の意味は確定しない．
　飽和は，直示的な要素や，指標的な要素が(27)の「彼」とか「あそこ」のように表面に表れていずに，いわば「隠れている場合」にも働く．(28)では[　]に囲まれている部分が「隠れている要素」である．

(28) a. 大好きよ．［誰が何／誰を？］
　　 b. 太郎は若すぎる．［何をするために？］
　　 c. 新幹線の方が早いよ．［何よりも？］
　　 d. それで十分だ．［何が何のために？］
　　 e. 麗子の絵は良いねえ．［麗子の描く／麗子を描いた／麗子所有の／…？］

「隠れている要素」が不明なままではこれらの発話の意味も不明のままとなる．そこで聞き手は推論を通じて，たとえば《話し手・花子が聞き手・太郎のことを大いに愛している》(28a)，《太郎はまだ結婚するには若すぎる》(28b)，《(空港まで非常に時間がかかるから)飛行機で行くより新幹線で行く方が早い》(28c)，《私のこうむった損を補塡するには君が払うという1億円で十分だ》(28d)，《岸田劉生の描いた麗子像は良いねえ》(28e)のように下線部を補って意味の拡充をおこなう．これらもまた飽和の例である．

アドホック概念構築
　アドホック概念構築(ad hoc concept construction)の「アドホック(ad hoc)」とは，「その場その場の」といった意味だ．次を見てほしい．

(29) a. 今日は飲むのをやめておこう．
　　 b. 誰か独身(ひと)の男を紹介してよ．
　　 c. この塩焼き，生(なま)だぜ．
　　 d. 花子の顔は正方形だ．
　　 e. 熱海は東京の西南100キロにある．

(29a)の「飲む」の対象は液体一般ではなく，アルコール飲料を指すことが多い．つまり「液体」の意味がより狭くされ，アドホック概念が構築されているわけだ．(29b)が結婚願望のある若い女性の発話だとすると，「独身の」には「成人で未婚」という条件の他に，「ローマ法王のように制度上結婚するはずの

ない人は除く」「怠け者で就職の意志が無く無収入の人は除く」「話し手よりもあまり年上ではないこと」等々の条件が加わっている．これによって生じている意味もアドホック概念である．(29c)では文字どおりには《一切加熱していない》の意味である「生(なま)」が《加熱が不十分の》，つまり《生焼け》に拡張されてアドホック概念となっている．(29d)でも幾何学的に定義される「正方形」が，《正方形に似ている》というアドホック概念として使われているし，(29e)でも「西南」が《ほぼ西南》，「100キロ」が《大体100キロ》というアドホック概念となっている．

(29)に類する例を見てくると，(30)に例を見るようなメタファーや(31a, b, c)に代表される誇張表現(hyperbole)，(31d, e)に代表される緩叙法(understatement)も「アドホック概念」であることがわかるだろう．

(30) a. あの男はコウモリだ．
b. 彼女はカメレオンだ．
c. あいつは放送局だからな．
d. 野党は首相の失言を爪を研ぎながら待ちかまえている．
e. あいつは心臓に毛が生えているんだ．

(31) a. あいつは百万遍言って聞かせても競馬をやめない．
b. あの男は脳味噌がないんだ．
c. 俺様には世界中の女が惚れているんだ．
d. あいつが振り込め詐欺をやったって？　それはちょっとひどいねえ．
e. 君のやり方に諸手を上げて賛成とは言えないなあ．

関連性理論では，英語の単語がアドホック概念を表していることを明らかにしたいときは，その単語を全部大文字で書き，かつ「*」を右肩に付けるのを慣例にしている．drink, raw, chameleon, brain がそれぞれ《アルコール飲料を飲む》《牛焼け》《状況によって自在に態度等を変える人》《頭の良さ》の意味で使われているときは，DRINK*，RAW*，CHAMELEON*，BRAIN* と書く．日本語の場合は大文字小文字の区別はないから * をつけるだけにしよう．つまり，飲む*，生*，カメレオン*，脳味噌* とするわけである．

なおここで注目してほしいのは，メタファーや誇張表現は，伝統的見方でも，またグライスのような比較的新しい接近法でも，「文彩」，つまり特別な「ことばの彩(あや)」，もう少し硬い言い方をすれば「修辞的表現」と見られていたが，関

連性理論的な見方からすれば,"普通の表現"となんら変わりのないものである,という点だ.たとえば(29c)の「生(なま)」をメタファーとは誰もよばないが,《まったく加熱されていない》の意味を"ゆるめて"使っている点では,(30b)の「カメレオン」を《状況に応じて体色を変える爬虫類》という原義をゆるめて《状況に応じて態度を変える人》の意味に使っているのと同じである.また(29e)の「西南100キロ」は誇張表現とは名づけられないが,ある表現を「類似した意味」で使っている点では,(31a)が「百万遍」を《非常に多い回数》という意味で使っているのと変わりがない.

自由補強

しばらく日本語の例が続いたから,**自由補強**(free enrichment)については英語からの例を見よう.(32)を見てほしい.

(32) a. You are not going to die.
　　 b. Mary hit Tom and he walked out on her.
　　 c. I've eaten breakfast.

(32a)は,聞き手が不死である旨を告げている発話である場合もないわけではなかろうが,もっと普通の解釈は,指先などにちょっと傷ができただけで泣きわめいている子や,大げさに心配している大人に対して《そんな傷で死ぬわけはないよ(You are not going to die *from that cut*)》と言っている場合だろう.下線部および斜体部は自由補強によって補われた部分である.(32b)からは,and の前の部分(メアリがトムをたたいたこと)は and の後の部分(トムが——離婚覚悟で——メアリを見捨てたこと)より先に起こった旨を,そして前半の事実が後半の事実の原因となっていることが示される.(32c)は,たとえば急用で午前7時頃訪ねてきた人への「何か召し上がりますか?」という質問に対する答えであったとすれば,それは「今日」,つまり発話当日の朝食であって,数年前の朝食でないと推論される.

自由補強の「自由」は「言語形式からの自由」を意味している.「曖昧性除去」は曖昧な,つまり複数の意味をもつ語がどの意味で用いられているかを突き止める過程だから,その語,つまり言語形式にいわば支配されている.「飽和」は「彼,昨日,あそこ」などの直示的・指標的語が何を指すかを明らかにする過程だから,その点で言語形式に支配されている.さらに(28)の諸例は

「隠れている要素」を突き止める過程だが，(28a)の「大好き」ということばは主語と目的語を本来もっている言語形式であり，(28b)の「〜すぎる」という語は本来的に「何かとの関係において」という要素をもっている言語形式である．また(28c)「〜の方が早い」という言い方，(28d)の「〜で十分だ」という言い方，(28e)の「〜の絵」という表現は，それぞれ「何に比べて」「何のために」「〜とどういう関係において」という要素を必要とする言語形式である．その意味で(28)で補われている要素はいずれも「言語形式に支配された」要素なのである．また「アドホック概念構築」についていえば，(29a)の「飲む」の目的語(液体一般，薬等)をアルコール飲料に「狭めて」使っているのだし，(29c)の「生(なま)」はその修飾対象を《一切加熱していない》から《加熱が足りない》に「拡張」して使っているのだから，言語形式に支配されている．また(30a)の「コウモリ」は，《鳥のように空を飛ぶ哺乳類》を(イソップ寓話の影響で)《対立する2陣営の双方に取り入ろうとする卑怯な人間》の意味に使う例であるし，(31a)の「百万遍」は実際には10遍ぐらいおこなった忠告を百万遍に「拡張」して，《非常に多い回数》の意を表しており，どちらも言語形式に支配されているといえる．

　それに比べて(32a)の die という語は「死因」を表す言語形式が伴う必要はない(理屈の上ではもちろん「死ぬ」には「死因」が伴うが)．だから from that cut を補うのは言語形式に支配されたおこないではない．(32b)の場合も，and という語が多義的でそのなかから一つの意味を選んでいるわけではなく，関連性を得ようとする推論によってこの語の前の部分が後の部分に時間的に先行する，前者が後者の原因である，等の意味が汲み取られているわけだから，やはり言語形式に支配された過程ではない．同じように(32c)の現在完了文から「発話がおこなわれた日」という時間的要素を推論するのも，言語形式に支配された過程ではない．

　上記の「曖昧性除去」「飽和」「アドホック概念構築」「自由補強」を合わせて**発展**(development)とよぶ．そうすると，まず「表出命題」が(33)によって得られ，表出命題を基礎に「明意」の定義が(36)によって得られる．

(33) 発話Uによって伝達される想定は，もしそれがUによってコード化された言語形式を発展(develop)させた想定の集合の部分集合であれば，そしてその場合に限り，「発話によって表出された命題」であり，

「発話によって表出された命題」は明示的(explicit)である．
(Sperber and Wilson 1995: 182, 294 に基づく)

「発話によって表出された命題(the proposition expressed by an utterance)」を略して**表出命題**(the proposition expressed)とよぼう．表出命題をもう少しだけ言い方(多少正確さで劣るが)で定義すれば「発話された言語形式——文ないし文の一部——に発展という操作を施した結果得られるもの」となろうか．

　表出命題は多くの場合明意になるのであるが，そうでない場合もある．次の例の下線部を見てほしい．

(34)　A：佐藤はイギリス事情に詳しいね．
　　　B：そうとも．<u>佐藤はイギリス事情に詳しいよ</u>．首都がロンドンだということさえ知っているくらいだ．

下線部はB氏がA氏の発話をほとんどそのまま繰り返したものだが，B氏が伝えようとしていることではない．B氏は佐藤がイギリス事情に詳しいどころか実はきわめて疎(うと)いと考えている．B氏が伝達したいと考えているのは

(35)　《佐藤がイギリス事情に詳しいなどと考えるのは滑稽な思い違いだ》

ということなのであって，だから下線部の後には小学生でも知っているようなことを佐藤が知っているという皮肉を言っているのである．つまり(34)の下線部に「佐藤」に飽和を施すなどの発展をおこなうことによって得られるものは，表出命題ではあっても明意ではないのだ．一般に，表出命題は意図明示的に伝達された場合にのみ明意となるのだ．したがって(36)が明意の定義ということになる．

(36)　意図明示的に伝達された「表出命題」を**明意**(explicature)とよぶ．

なお明意は第2章で見たグライス理論の「言われたこと(what is said)」よりもはるかに幅が広いことに注意してほしい．「言われたこと」は「発話Uによって伝達される想定」に「曖昧性除去」と，直示的あるいは指標的語類，ある用法における固有名詞に「飽和」を与えた(＝何/誰を指しているかを明らかにした)もののみを指す．「アドホック概念構築」や「自由補強」，さらには「隠

れている要素」への飽和によって得られた想定は，グライス理論にとっては含意として受け取られるものだと考えてよい．

3.1.3.2 暗意
明意に対するものは「暗意」であり，これは(37)のように定義される．

(37) 非明示的に伝達される想定を**暗意**(implicature)とよぶ．

次を見てみよう．

(38) A：今日の飲み会出るかい？
　　 B：高校の時の恩師のお通夜なんだよ．
(39) C：健康にいいからゴルフを始めないか？
　　 D：僕は猫も杓子もやることは嫌いなんだ．

(38)のB君は飲み会に出るとも出ないとも言っていないし，(39)のD氏もゴルフを始めるとも始めないとも言っていない．それにもかかわらず聞き手にはB君が飲み会に出ないこと，D氏はゴルフを始めるつもりがないことが理解される．それは聞き手が次のような推論をするからである．

(38′)　　今夜はB君の高校時代の恩師のお通夜である．
　　　　　恩師のお通夜と飲み会が重なった場合，人はお通夜を優先させる．
　　　　∴B君は今日の飲み会には出ない．
(39′)　　D氏は猫も杓子もやることはやりたがらない．
　　　　　D氏はゴルフを猫も杓子もやることだと思っている．
　　　　∴D氏はゴルフを始めるつもりがない．

どちらの推論でも第1行・第2行は前提，第3行が結論である．第1行は相手の発話の内容であり，第2行はそこから帰納された前提である．このため第2行に相当する前提は「暗意された前提」，第3行は「暗意された結論」とよばれ，どちらも暗意である．

英語から少し例をとろう．斜体部から暗意が得られる．

(40) a.　René: Is Jane a good cook?
　　　　 Pierre: *She's English*.

    b. George: Have you read Robert's new book?
       Steve: *I don't read what hacks write.*
    c. Sue: Why didn't you invite me to your party.
       Kim: *I only invited nice people.*

(40a)のピエールはルネがジェインの料理の腕前を訊いているのに，彼女の国籍というか人種を答えている．ルネはここから次の推論を経てピエールの暗意を汲み取るのである．

(41)   ジェインはイギリス人だ．
       <u>すべてのイギリス人は料理下手である．</u>
       ∴ジェインは料理下手である．

第1行はピエールの発話であり，この推論の一つ目の前提となる．第2行はピエールの発話から推論される「暗意された前提」であり，最終行が「暗意された結論」である．

(40b)のスティーヴの発話からジョージが暗意を汲み取る過程は(42)に示すとおりである．

(42)   スティーヴは三文文士の書くものは読まない．
       <u>スティーヴはロバートを三文文士と見なしている．</u>
       ∴スティーヴはロバートの新作を読んでいない．

第1行はスティーヴの発話そのもの，第2行はその発話から推論される「暗意された前提」，最終行は「暗意された結論」である．

(40c)にはいささか面白い面がある．キムの発話を論理式で書くと(43)となる．

(43) $\forall x\{\text{INVITE}(\text{Kim}, x) \rightarrow \text{NICE}(x)\}$（どのxについても，キムがxを招待するのであれば，xは感じのいい人である．）

第2章で見たとおり，$p \rightarrow q$（pならばq）は$\neg q \rightarrow \neg p$（qでなければpではない）と同値なのであった．すると(43)は(43′)と同値ということになる．

(43′) $\forall x\{\neg \text{NICE}(x) \rightarrow \neg \text{INVITE}(\text{Kim}, x)\}$（どのxについても，xが感じの悪い人であれば，キムはxを招待しない．）

となると，(40c)のキムの発話から得られるのは，(44)のような推論である．

(44) $\forall x\{\neg \text{NICE}(x) \rightarrow \neg \text{INVITE}(\text{Kim}, x)\}$
　　　$\underline{\neg \text{NICE}(\text{Sue})}$
　　　∴ $\neg \text{INVITE}(\text{Kim}, \text{Sue})$

ところが最終行はスーもキムもすでに知っていることである．だからこれはキムがスーに伝えようとしていることではない．つまり「暗意された結論」ではない．ここでの暗意は第2行，つまり「暗意された前提」だけなのである．

さて，明意をもたらす「発展」も推論である．暗意を得る過程も(38′)，(39′)に見るとおり推論である．ではどこが違うのか？　発展はいずれも発話に使われた言語形式をよりどころにしている．自由補強でさえ，(32a)に from that cut を補う場合，(32a)の言語形式そのものを基にしている．それに対し暗意では，殊に「暗意された前提」に典型的に見られるとおり，相手の発話とはまったく離れた言語形式が登場する．明意と対比される場合の暗意が「推論のみによって得られる想定」と称される所以である．

なお，implicature というのはグライスの造語であり，explicature はスペルベルとウィルソンの造語である．この本では explicature に「明意」，implicature には「暗意」という訳語を当てているが，それぞれを「表意」，「推意」としている訳書等もある．また，本書ではグライスの用語としての implicature には「含意」という語を当てている．これは，関連性理論のいう「明意」は，グライスがいうところの implicature に相当するものを含み，また「暗意」にはグライスの implicature 以上のものを含んでいるからである．

3.1.3.3　高次明意

発話によって伝えられることには，実は明意と暗意に加えて**高次明意** (higher-level explicature)がある．たとえば次の発話があったとする．

(45) 花子：(ささやき声で)いつもの場所で待っているわ．
(46) 太郎：(残念そうに)できない．

聞き手はこれらに発展を適用して，それぞれ

(45′) 《花子はバー・アゼリアで聞き手を待っている》

(46′)《太郎は聞き手が進めようとしている計画に参加できない》

という表出命題を得る．この場合(45′)，(46′)は(45)，(46)の明意でもある．と同時に聞き手は(45)，(46)から，それぞれ

(45″)《花子はバー・アゼリアで聞き手を待っている旨，ささやいた》
(46″)《太郎は聞き手が進めようとしている計画に参加できないことを残念に思っている》

という想定も得る．これが高次明意の例である．一般的にいえば高次明意とは，

(47) 表出命題を発話行為述語(「言う」「ささやく」「どなる」など)や命題態度述語(「残念に思う」「滑稽だと考える」「〜と信ずる」など)の目的節として埋め込むことにより得られるもの．

なのである．
　ここに至って読者は(35)が(34)下線部の高次明意であることに気づかれたことと思う．

アイロニー

(48) a. What a lovely day for a picnic!
　　 b. Did you remember to water the flowers?
　　 c. Bill is a fine friend.
　　 d. John is not known for generosity.
　　 e. A：山田は古典文学に詳しいね．
　　　　B：そうとも．山田は古典文学に詳しいよ．源氏物語の作者が紫式部だってことも知ってるくらいだ．
　　 f. 税金を引かれると残りはこれだけ．有り難い話だ．

(48a, b)は，どちらもピクニックの最中に大雨が降ってきたときの発話だとしよう．(48a)はいわゆる**アイロニー**(irony)である．アイロニーは伝統的に「文字通りの意味の逆を言う修辞的な語法」と解されてきた．これに従うと(48a)の場合，lovely が《dreadful(ひどく悪い)》の意味で使われているということになるのだが，これは当を得ていない．(48a)が What a dreadful day for a picnic! と完全に同義ならば，話し手は初めからそう言うはずである．そもそも What a dreadful day for a picnic! には(48a)がもっている面白味はまったくない．これは(49)のような高次明意があると考えればよりよく説明される．

(49) 《*It is ridiculous to believe* that it's a lovely day for a picnic(今日の天候がピクニックに最適だなどと考えるのはばかげている)》

斜体部は(47)にいう「命題態度」である．つまり話し手は，(48a)を言うことによって，その文で述べられている考え方，ひいてはそのような考え方をした人，をいわば嘲笑しているわけである．「そのような考え方をした人」とは，気象予報官か，あるいはその予報を報じたテレビ・ラジオの予報係か，また話し手をメアリとすれば前夜に「明日はピクニックに最適の天気になるぞ」と言った彼女の夫か，さらには天気予報を信じたメアリ自身かもしれない．(48b)も，花壇は雨で十分に潤っているにもかかわらず「花に水をやっておくのを忘れなかったろうね？」と訊くという行為の背後にある考えを嘲笑し，ひいてはそのような愚問を発する人がいれば，それはよほどの間抜けである，という態度を表す発話である．

(48c)は信頼していた人物に裏切られたことを憤った発話だとしよう．これについても，fine friend が「発展」のうちのいずれかの過程によって《untrustworthy person》などの反対語句の意味に変わったという見方をするのは正しくない．やはり

(50) 《*It is ridiculously incorrect to believe* that Bill is a fine friend》

という趣旨の高次明意であるとするのが正しい見解だろう．斜体部が命題態度を表しており，(48c)は，Bill is a fine friend. という考えを愚かしいものとして否定し，そしてそのような考えをもしする人がいたらお笑いぐさだ，という気持ちを表現した発話ということになる．

(48d)からは(51)という高次明意が得られる．

(51) 《*The thought that John is not known for generosity is underinformative and irrelevant*(ジョンが気前の良さで知られていないという考えは，事実を十分に伝えておらず，関連性をもたない)》

つまり《"気前の良さで知られていない"どころか，ジョンは大のケチンボだ》

ということである．この場合，John is not known for generosity. と実際に考えている人は思い当たらないので，この考えをもつ人は「架空の第三者」ということになろうか．

(48e)の下線部は，山田君が古典文学に詳しいという考えに対する嘲笑と言ってよい．つまりここでは(52)という高次明意が聞き手によって推論されているのである．

(52)《山田が古典文学に詳しいなどと考えるのは滑稽である》

(48e)の下線部は話し手の意見ではない．相手の言ったことをそのまま繰り返しただけだ．そのことは(48e)の残りの部分を見ればはっきりする．「源氏物語の作者」云々は「小学生でも知っていることぐらいは知っているだろうが」という皮肉である．つまりこの下線部は相手に伝えたいと思っている(＝伝達を意識している)ことではないから，この発話の明意には属さない．ここにも「表出命題」と「明意」が一致しない場合の例がある．この場合は「山田は古典文学に詳しい」と信じている人ははっきりしている．(48e)のA氏である．したがってB氏の発話によって嘲られているのは「山田は古典文学に詳しい」という考えと，その考えを信じているA氏ということになる．

(48f)の下線部からは

(53)《こんなに高率の税金を取られて有り難いと思うのは噴飯ものだ》

という高次明意が得られる．つまり(48f)による嘲笑の対象は「こんなに高率の税金を取られるとは有り難い」という考えと，(そのような考えをする人はまず存在しないから)そのように考えるかもしれない架空の第三者である．

なお，3.1.3.1 で扱った明意を高次明意と区別するときは，**基礎明意**(basic explicature)というよび方をする．

転嫁

これまでに見てきたアイロニーの例では，いろいろな「考え」が It is ridiculous to believe that... とか「…と考えるのは滑稽である」などの「…」部分に埋め込まれている．そしてその考えだけでなく，そうした考えをもつ人(対話の相手の場合もあり，自分自身の場合もあり，架空の第三者の場合もあり，さまざまである)をも嗤うのであった．つまりある考えをある人に帰す

(attribute)ことがアイロニーという言語行為の一部なのである．この「帰すこと(attribution)」に**転嫁**という訳語を当てよう．次の例を見てほしい．

(54) Oh, yeah. Sure. *It's a free country and I ain't got the right.* But I've got the badge. What have YOU got?

これはミュージカル『ウェスト・サイド・ストーリー』のなかで，警官が不良少年たちに「この辺をうろつくんじゃねえ．とっとと失せろ！」と怒鳴りつけた後に言う台詞である．斜体部は話し手，つまり警官の考えではない．少年たちが言いたがりそうな文句を先取りして言っているわけである．言い換えればこれは警官が少年たちに転嫁している考えだ．なお，この斜体部のようにYou might say that...などの…部分に埋め込まれていない文を「自由間接話法」というが，日本語では話しことばのなかではあまり自由間接話法は使わない．この点を考慮して(54)を意訳すれば次のようになろう．

(54′)《ああ，そうさ，わかってるさ．お前たちは，アメリカは自由の国だから俺には「とっとと失せろ」なんて命令する権利はねえって言いてえんだろ．だがな，俺にゃあサツのバッジが付いてるんだ．お前たちが俺に敵うわけないだろ》

次の例を見てほしい．

(55) Bill: I'm a reasonable man.
　　　Jim: Whereas I'm not!

このやり取りのなかでジムは自由間接話法を使っている．そうでなければジムは自分自身を"道理をわきまえない男"だと主張しているという，妙なことになってしまう．ジムが自由間接話法を使って「ジムは道理をわきまえない」という考えをビルに転嫁し，それによってビルを非難している，と解釈すればこのやり取りの意味がはっきりする．この場合もジムの発話を自由間接話法を使って「それに対して私は道理をわきまえない男だ」という日本語にすると意味がよくつかめない．やはり《私は道理がわからないと君は言いたいんだな．失礼な！》という説明的な意訳が必要になろう．

(56) A：おれの責任じゃないね．

　　　　B：社会が悪いんだ．

　この問答のB氏による発話は，コンテクスト次第でA氏に味方をしているともとれるが，ここではB氏がA氏に転嫁した考えを繰り返している場合を考えよう．《君は例によって"社会が悪い"と言いたいんだろうが，そんな言い訳は通用しない．自分自身の責任をとるべきだ》というのがB氏がA氏に言いたいところなわけである．なおここではB氏は自由間接話法を使っている．

　転嫁は文だけでなく，語や句のレベルでも起こる．「オーストラリア」を始終「オーストリア」と言い間違える人をからかって「そのうちオーストリアに野生のコアラを見に行こう」と言う場合の「オーストリア」の意味は，話し手が聞き手に転嫁しているもので，実際には「オーストラリア」を指す．語のこういう用い方を「概念の転嫁的使用」とよんでよいだろう．次の例もそうだ．

(57) You don't wear suspenders to hold your trousers up; you wear braces.
(58) I'm not happy; I'm ecstatic!

(57)はイギリスでズボン吊りを買いに来たアメリカ人がsuspendersという米語を使ったのを，少なからず意地悪な店員がbracesというイギリス英語に言い直させようとしている発話である．(58)は《嬉しいなんてものじゃないわ；私は有頂天よ》とでも意訳すべきだろう．注目してほしいのは，suspendersとhappyがいわば引用符付きで使われている点だ．つまり，話し手はこれらの語とそれが表す概念を，自分自身の使い方ではなく，相手に転嫁された用法で用いているのである．転嫁する先は聞き手とは限らない．天下の二枚目だと自負している自惚れ屋がやってくるのを見て「ほら，天下の二枚目のお出ましだぜ」と隣の人にささやくとき，下線部は第三者である自惚れ屋に転嫁された語句である．

メタファーとアイロニー

　メタファーとアイロニーは，伝統的には修辞的な語法という点で同類のものと考えられていた．グライスの理論でも，両者はやはり同類のものとして扱われた．グライスの枠組みでは，メタファー，アイロニー，誇張表現，緩叙法はいずれも話し手が「質の格率」，すなわち「真でないと自分が知っていること

や，真であるという証拠をもたないことを言ってはならない」(＝第2章(42b))
にあからさまに違反し，それによって「文字通りの意味」とは逆の意味を聞き手に伝える過程，と位置づけられた．「質の格率」にあからさまに違反する，ということは，言い換えれば話し手が"そう言っているかのように見せる(make as if to say)"ということになる．つまりグライスの理論によれば，修辞的な語法は「ふりをすること(pretence)」にその基盤をもつというのである．

だがこの枠組みでは，なぜそもそもメタファー(以下，誇張表現，緩叙法も一緒に考える)とアイロニーが存在するのかが説明されない．次を見てほしい．

(59) a. Sheila is a wild rose.
b. Sheila is like a wild rose.
(60) a. The roof is so hot you could fry an egg on it.
b. The roof is very hot.
(61) a. John was a little intoxicated.
b. John was very drunk.
(62) a. He's a fine friend.
b. He is a terrible friend.

(59)〜(62)のa.はそれぞれメタファー，誇張表現，緩叙法，アイロニーである．グライスの理論だとその意味は(59)〜(62)おのおののb.ということになる．つまり聞き手はa.の意味を捨ててb.の意味をとるわけだから，この過程はコストを余分にかけながらそれに見合う「利益」を得られない過程であり，メタファーやアイロニーは努力の無駄遣いだから，そんな語法を使うのは合理性を欠いている，ということになってしまう．また聞き手はまず最初に発話の文字通りの意味を捉え，ついでその意味を捨て去る(そうでなければその意味が「質の格率」へのあからさまな違反であることがわからない)，というのだから，これらの修辞的表現の理解は文字通りの意味を捉える場合よりも多くの努力を必要とするはずだ．だがメタファーとアイロニーに関する実験的研究(たとえばGlucksberg 2001)などによれば，「修辞的表現」が文字通りの意味をもつ表現より解釈に時間がかかるという事実はない．

実はグライス自身もアイロニーに関して自分の理論では説明できない例があることを承知していた．A氏とB氏が街を歩いていたところ，窓をめちゃめちゃに壊された車を見かけた．このときB氏が「ほら，あの車はどの窓も壊

れていないよ」と言ったとする．B氏は事実から明らかにかけ離れたことを「言っているかに見せ」ているわけだから，この発話はグライスの理論からすればアイロニーになるはずである．しかしこれはアイロニーとしては通用しない．一方，関連性理論が採用している「転嫁」という概念に立脚すれば，より良い説明が得られる．ついてはここで転嫁について整理をしてみよう．

(63) a. Bill phoned his wife and told her that *he was stuck in a traffic jam*.
 b. He was hoping that *he would arrive home early*.

(64) a. A warning announcement came from the police car. *Shinagawa se 3000, you couldn't change lanes*.
 b. He was irritated. *Would I ever get home?*

(65) a. *Was this a blind lane*, he was wondering.
 b. *His evening was lost*, he feared.

(63)は文法でいう「間接話法」の例で，斜体部は「転嫁」された要素である．(63a)で転嫁されているのは発話(「渋滞に引っかかっちゃったんだよ」)であり，(63b)で転嫁されているのは思考(「早くうちへ着きたいなあ」)である．(64)の斜体部は tell とか hope などの目的節にはなっておらず，形の上では独立した文である．だがこれら斜体部は話し手が自分以外の誰かに転嫁した発話や考えである．こうした話法を，すでに述べたように「自由間接話法」とよぶ．(64a, b)を訳すと，それぞれ「パトカーから警告のアナウンスがあった．「品川せの3000番の車，車線変更は禁止ですよ」」「彼はいらいらしていた．一体うちへ帰りつけるかなあ」となる．(65)は中間的な話法で，斜体部は間接話法の特徴である時制の変化(Is this a blind lane? でなく *Was this...?*)その他が起こっているが，he was wondering などの「報告要素」も加えられている．斜体部はやはり転嫁された要素で，(65a, b)を訳せばそれぞれ「この道は行き止まりかなあ，と彼は迷った」「これじゃ(妻とゆっくり過ごしたいと楽しみにしていた)夕べはお終いだなあ，と彼は懸念した」となる．

(63)〜(65)は転嫁の例ではあるがアイロニーではない．実は転嫁の下位分類として**反復**(echoing)という過程がある．次がその例だ．

(66) 太郎：ついにタバコをやめたぞ．
(67) a. 花子(喜んで)：タバコやめた！ 万歳！

b. 花子(半信半疑で)：<u>タバコやめた</u>．本当に1本も吸わないの？

c. 花子(軽蔑的に)：<u>タバコやめた</u>．その台詞，何遍聞いたかしらね．

(67a, b, c)の下線部はいずれも花子が太郎の発話を反復(echo)したものである．そしていずれの場合も花子は太郎の発話によって表された想定に何らかの態度を(直接・間接を問わず)表明している．(67a)は太郎が表明している想定を真であると捉え，それを喜ぶ気持ちを表している．(67b)では花子は太郎の言を半信半疑で受け取り，たんなる節煙ではないのかと質問している．(67c)では花子は太郎の言ったことをまったく信じておらず，それに対する軽蔑の念を表明している．

つまり転嫁の一部として**反復的**(echoic)な過程があり，反復的過程のさらに一部として，それが表す態度が**非容認的**(dissociative)なもの，すなわち反復の対象である想定をばかばかしく間違っている，事実を十分に伝えていない，関連性がない，不適切であると見なす態度であるものがある．これが(67c)をはじめ，これまでさまざまな例を見てきたアイロニーなのである．

このように考えれば，グライスが彼の理論の反証になると考えた「ほら，あの車はどの窓も壊れていないよ」という発話が説明される．つまりこの発話は「反復」の対象となる想定をもっていない．存在しない想定には態度をもつことはできない．だからこの発話はアイロニーとはならないのである．グライスの例に少し手を加えて次のようにしてみよう．A氏とB氏が街を歩いている．B氏は「このあたりにはどうも良からぬ奴が多そうだ．車を一晩停めておくと悪戯(いたずら)をされそうだな」としきりに心配しているのに対し，A氏は「いや，そんな心配はないよ．パトカーもよく回ってくるし．うちの親戚も泊まりにくるときはここに駐車しているよ」などと，B氏を安堵させようとしている．やがて二人は窓がめちゃめちゃに壊されている車のところへ来た．ここでB氏が「ほら，あの車はどの窓も壊れていないよ」と言えば，これはA氏の「この辺に一晩車を置いても悪戯をされることはない」という想定を反復したものとなり，アイロニーとなる．つまりB氏の発話はA氏の想定がいかに間違っているかを嘲う表現となるからだ．

アイロニーをこのように捉えるともう一つのことがはっきりする．すなわちアイロニーとメタファーの違いである．メタファーというのはものごとのあり

様(state of affairs)に関する想定を表現したものである．話し手がある男を図々しく悪賢いと考えたとき，その男について「あいつはタヌキだ」というメタファー的発話をするのだ．それに対してアイロニーは，想定に関する想定（＝考えに関する考え）を表現したものである．図々しく悪賢い男のことを，ある人が，どうした風の吹き回しか清廉潔白な人だと勘違いしてそのことを口にした場合，話し手は「そうともそうとも，あいつは仏様みたいに潔白な人だよ」などと言うアイロニー的発話によってその不適切な想定を嗤うのである．「想定に関する想定」とは，「ものごとのあり様に関する想定」に比べて1段階上の層に属する想定だ．このことは「想定に関する想定」の一種であるアイロニーが上記のように「高次明意」であることによって明らかである．「あの男はタヌキだ」という発話に比べて「『あの男が清廉潔白である』という考えは馬鹿馬鹿しく間違っている」という考えが二重の括弧を使って表される必要があることも，アイロニーが1段階層が上であることの表れである．

3.2 発話解釈の特性

3.2.1 解釈の手順

聞き手は，発話の解釈を，具体的にはどのような手順でおこなうのだろうか．要約すれば次のようになろう．

(68) a. 明意を得るための推論，つまり「発展」と，暗意を得るための推論を，接近可能な順序でおこない（つまり，認知効果を計算する上の努力が最小になるような道をたどり），
   b. 予測された関連性のレベルに達したら解釈を打ち切る．

（Carston 2002: 143）

傍点部に注目してほしい．発話解釈は決して言語形式→表出命題→基礎明意→高次明意→暗意の獲得→…という順序をたどるのではない．いわば「関連性を見出すごとに」解釈が進むので，たとえば明意と暗意が同時に受け取られたり，基礎明意よりも先に高次明意を処理することがあったり，解釈が明意と暗意のあいだを行ったり来たりする．これを Sperber and Wilson (1998) は**相互並行調節** (mutual parallel adjustment) とよんでいる．Carston (2002) のあげている例を参考にして説明しよう．

(69) 花子：テニスしない？
　　 太郎：雨が降っているよ．

花子は，太郎の発話の基礎明意を得るよりも前に，

(70) 《太郎は「雨が降っている」ことを<u>事実だと信じている</u>》

という高次明意を受け取る必要がある．太郎が花子をからかって「担ごう」としている場合などもあるからである．また太郎の発話からは，

(71) 《ある場所で雨が降っていれば，その場所でテニスをするのは不可能である》

という「暗意された前提」が得られ，これと太郎の発話を前提として

(72) 《今，ある場所で雨が降っているので，その場所でテニスをするのは不可能である》

という「暗意された結論」が得られるが，これは太郎の発話の表出命題(この場合は基礎明意でもある)である．

(73) 《今，花子と太郎のいる場所(テニスコートを含む)で雨が降っている》

を獲得するより前に起こっている可能性がある．あるいは(73)の方が発展によって先に獲得され，これと(71)を前提とした推論の結果，

(74) 《花子と太郎は，今，テニスができない》

という暗意が得られる場合もあろう．

3.2.2　亜人格性

　これまで発話解釈の過程を述べてきた．ただし，やむを得ないことだが，これは分析的・再現的な述べ方である．読者も内省を試みればわかるとおり，実際の発話解釈の際，解釈者は解釈の過程を意識していない．たとえば(38)のB君の発話「高校の時の恩師のお通夜なんだよ」を聞いたA君はたしかに(38′)に示したような推論をおこなっているはずだが，これは当人には意識されない．A君はB君の発話を聞いた途端に「B君は飲み会に出ない」という暗意を悟る．

これは発話解釈が「亜人格的」な過程だからである.

人格的(personal)と**亜人格的**(sub-personal)の違いは何か？ 人がある行動をおこなうとする. これには人格的説明, 亜人格的説明の両方が可能である. 前者によれば, この行動は人が何らかの「理由」に基づいて, 意識的・自発的におこなった行為であると説明される. 後者によれば, 人――というよりある一つの体系――が, 何らかの入力を「原因」として, 自律的・機械的・無意識的に, そしてきわめて迅速に反応した結果起こったこととして説明される.

発話解釈は(68)に示した手順で, 無意識的・自律的, かつ迅速におこなわれる. 解釈の結果を後になって振り返り, どうしてそういう結果が得られたかを分析・再現することは可能で, それは人格的行為である. しかし実際に解釈をおこなっているとき, その過程そのものは亜人格的なのである.

人格的状況や行動は, そのままでは科学的研究の対象になりえない. 状況や行動を, 亜人格的要素に還元しえたときにはじめて, 本当の科学的説明の可能性が生まれるのである. 筆者が憂えているのは, 関連性理論以外の語用論の多くが, 人格的説明が科学的説明として通用すると信じているかに見える点である.

3.2.3 心の理論

聞き手は相手の発話に現れるbankが《銀行》か《土手》かを推論によって判断する. bulldozerが《土木機械》《強引な人》のどちらの意味で使われているのか, また「太郎は古典文学に詳しいよ」が誉めことばなのか皮肉なのかの判定についても同様である.「雨が降っているよ」から導かれうる暗意には《傘を持って行きなさい》《咲き始めた桜も終わりだな》《洗濯物を取り込まなくては》等, いろいろある. しかし(74)では正しく「テニスはできない」という暗意が獲得されている. これは聞き手が関連性原理IIに導かれつつ, 話し手の心を「読んで」いるからである.

心の理論(theory of mind)とは,「他人の心, つまり他人の認知環境を読みとる能力」である. 自閉症者やある種の老人性認知症, ウィリアムズ症候群の人たちは, 心の理論に欠陥をもつため, 伝達能力が健常者のそれに比べて著しく低くなる.

関連性理論では, 発話解釈能力を, 心の理論というモジュールの一部を成すサブ・モジュールだと考える. モジュールの特性は, 認知の特定の領域に奉仕

し，他の能力と乖離(かいり)(dissociation)を示すところにある．生成文法のいう「言語能力」はモジュールである．これは言語という特定の領域に奉仕し，たとえば速く走れるようになるためには何の役にも立たない．Smith and Tsimpli (1995)の研究で有名になった「言語天才」クリストファーは，一人で外出すれば必ず道に迷い，健常な5歳児なら解ける知的問題が解けないなど，他の面では知的障害をもつにもかかわらず，20にも及ぶ言語を自由に使いこなす．心の理論もまた，他人の行為を通じてその人々の心を読むという特定領域に奉仕するモジュールであり，発話解釈能力はそのサブ・モジュールと見なされる．これまでの説明で明らかなように，発話は意図明示的(ostensive)な入力であり，それは自動的に「最適の関連性」を有していると見なされる．そのようなきわめて特殊な刺激によってのみ発動され(つまり特定の領域にのみ奉仕し)，他の能力とのあいだに——驚くべきことに言語使用能力とのあいだにさえ——乖離が見られる．上記クリストファーも，いくぶん自閉症的なところがあり，言語使用能力そのものは非常に高いにもかかわらず，嘘がつけないだけでなく，ごっこ遊びができず，メタファー的表現の解釈に困難を感じる．ウィリアムズ症候群の人たちは，流暢すぎるほど流暢にしゃべれるのだが，内容にまとまりがなく，伝達を意図しているとは考えにくい場合が多い．

　心の理論，そのサブ・モジュールとしての発話解釈過程，それがもつ特徴としての相互並行調節等々は，人間の認知を究める上で重要な「窓口」を提供している．これが，関連性理論の(他の語用論理論には見られない)優れた特徴である．

3.3　語彙語用論

　関連性理論によれば，概念のなかには**原子的**(atomic)なものと**複合的**(complex)なものがある．単一の形態素から成る語(＝それ以上分解すると意味を失ってしまうもの：dogを分解して得られる[d]，[ɔ]，[g]という個々の音は意味をもたないが，doghouseを分けたdogとhouseはそれぞれ意味をもつ：dogは単一の形態素から成る語であり，doghouseは複数の形態素から成る語である)に込められた概念は原子的であり，それ以上分解できない．原子的概念はことばの使い手の記憶のなかの「アドレス」であり，3種類の情報をもつ．すなわち，①論理的内容，②百科全書的ないし一般的知識，そして③辞書的性

質である．論理的内容というのは，少し難しいことばを使えば「分析的推論」（あるいは「分析的判断」）から成っている．

(75) 臨床医は医療に従事する．

は分析的判断を表した文と言ってよい．一般に主部(この場合「臨床医」)の意味のなかに述部(この場合「医療に従事する」)の意味が含まれていれば，その文は分析的推論を表す．分析的推論は(76)のような総合的推論から区別される．

(76) 臨床医は患者からのいわれのない非難に悩まされる．

の主部の意味には述部の意味は含まれていない．なお分析的推論は「定義」ではないことに注意したい．正しい定義は「AはBであり，かつBはAである」という形をもっていなければならない．(75)についていえば，「医療に従事するのは臨床医である」は成り立たない．医療に従事する人のなかには，臨床医以外に看護師・介護士等々が含まれるからだ．さて，原子的概念の①論理的内容(分析的推論)の例として「ネコ」のそれをあげよう．これは「ある種の動物」である．それだけだ．定義とはほど遠い．「イヌ」も「ゾウ」も「ある種の動物」だ．さて②百科全書的知識の例として，ふたたび「ネコ」の場合を取り上げると，ネコの外観，仕草，特定のネコに関する良い(または悪い)思い出や，ネコに関する好悪，そして，この語の使用者がネコ専門の動物学者である場合は，ネコに関する科学的知識——解剖学，DNA等々——が含まれる．③辞書的性質としては，「ネコ」は[neko]というオトから成っていて，[ne-]の部分にアクセント核があること，名詞であって，文の主語や目的語になるが，動詞や助詞と同じ働きはしないこと，などがあげられる．なお，どの単語にも①②③がすべて揃っているとは考えられない．「生か死か」などの「か」には論理的内容はあるだろうが，百科全書的知識はないであろうし，「山田太郎」などの固有名詞には論理的内容はないものと考えられる．(以上は，Carston 2002: 第5章に基づく．)

　頭のなかの辞書が与えている「語義」は，従来漠然と考えられていたものより，はるかに「内容の希薄な」ものである，という考えは正しいものであると思う．関連性理論がこれまで語彙語用論に関して提案しているところはまだ総合的な扱いからはほど遠い．当然のこととして，抽象名詞，形容詞(特に段階的なもの：「美しい」「大きい」など)を含む他の品詞についても，複数の形態

素から成る単語，さらには熟語・慣用句等についても，「辞書に記載されていることは何か」の原則が立てられなければならない．辞書に記載されていることが内容希薄であるとすれば，どの単語についても使用に際してアドホック概念を与えられる，という風に考えるべきではないだろうか．いずれにしても語彙語用論は，上記の線を出発点とする形で今後一層の研究が推し進められることとなろう．

▶注 ────────────────

1)「集合(set)」というのは一応「ものの集まり」と理解してさしつかえない．「もの」のなかには人も記号その他も含まれる．{a, b}, {b, c}, {d, e, f}はそれぞれaとbという成員から成る集合，bとcという成員から成る集合，dとeとfという成員から成る集合である．日常言語の使い方と違う点は，{a}のように成員が一つでも，さらには{φ}のように成員がゼロであっても「集合」とよぶ点である．また第2章の注1の例のように，成員の数が無限の無限集合もある．無限集合は当然ながら{　}内に成員を列挙する表し方はできないので，第2章注1に見るように成員すべてを表す定義によって表される．

なお，「集合とは"ものの集まり"である」という言い方は，上で述べたように，ここでの説明としては「一応」十分なのであるが，実は正確ではない．せっかくのチャンスであるので，西山(2005b: 78-79)から正しい集合概念の説明を引用しておきたい．

集合とは，ある条件(もしくは性質)を満たす個々のものを集め，その全体を一つのものと考えた新しいものを言う．この「一つのものと考えた新しいもの」という点が重要である．たんに，ある条件を満たす個々のものを集めたというだけでは集合でもなんでもない．集合を作るために使用した個々のものを集合の「要素」と言う．たとえば，ある問題Aを解くことができる人は太郎，次郎，三郎の3人だけだとしよう．問題Aを解くことができる人の集合をMとおくと，Mの要素は，太郎，次郎，三郎である．集合Mは(11)のような内包的表記もしくは(12)のような外延的表記によって表すことができる．

(11) M = {x | xは問題Aを解くことができる人}
(12) M = {太郎，次郎，三郎}

［中略］

集合概念に関して第二に注意すべきことは，集合とその要素とは存在論的次元が異なるという点である．集合Mの要素は太郎，次郎，三郎という人間であるが，集合Mは人間でもなんでもなく抽象的な対象である．このように，集合論で言うところの集合は，日常用いる「ものや人の集り」とは本質的に異なる．にもかかわらず，言語学者が「集合」という術語を用いるとき両者が混同されることが少なくない．たとえば，丹羽(2004a: 3)［= 丹羽(2004: 3)］は，日本語の定名詞句について説明するコンテクストにおいて，(15)の下線部は「人の集合の全体を指示する名詞句」であると主張する．

(15) 人を見たら泥棒と思え．

しかし，(15)の下線部が人の集合の全体を指示しているとするならば，そのような集合はわれわれの視覚の対象ではありえない．また，丹羽(2004a: 3)は，日本語の不定名詞句のあるタイプについて説明する際，(16)の下線部に注目し，これは「ある集合の任意の部分を指示する名詞句である」と論じる．

(16) <u>この店の豆腐</u>を食べたい．

丹羽は，(16)における下線部は，〈この店の豆腐という集合〉の部分(個体または部分集合)を指示するが，どの部分であるかということは特定化されていない，と主張する．しかし，個体はともかく，部分集合は集合である以上，抽象的対象である．そのような抽象的対象を食べたいと思う人などありえないはずである．(引用終)

2)「含意する(imply)」は，いろいろな意味で用いられるが，ここでは，「p が成り立つなら q も成り立つ；p から q が論理的必然として結論できる」の意味で使われている．「田中夫妻には女の子がいる」は「田中夫妻には少なくとも子供が一人いる」を含意する．

3)「和集合(union)」とは二つ以上の集合を足したものである．{a, b} と {b, c} の和集合は {a, b, c} であり，{d, e} と {f, g} の和集合は {d, e, f, g} である．

4)「非自明的に(non-trivially)含意する」とは，含意を得る推論過程に「拡張的含意が含まれていない」という意味である．論理学プロパーでは p という前提から「p かつ p(p∧p)」「p または q(p∨q)」，さらには，二重否定(¬¬p)「p でないわけではない」などが含意されるが，このように"含意を拡張する"タイプの推論は発話解釈と無縁なのでこの概念が導入された．

5) 言語は一つのコード(code)体系である．

6) モールス信号は一つのコード体系である．この体系によって発せられる「・・・－－－・・・」というオトを「コード解き」すると SOS という遭難信号となる．

7)「鈴木は昨日山田と会った」などと言うときの「鈴木」「山田」は，「鈴木」「山田」という名の人のなかから特定の鈴木氏・山田氏を同定する働きをもつ．そこでこうした用い方をされた固有名詞の解釈には飽和が適用される．これに対して「私は鈴木太郎です」「この犬はポチです」のようなときに現れる固有名詞は叙述名詞であるため属性を表し，コンテクストのなかで特定の対象を同定するという働きをもたない．その場合は固有名詞「鈴木太郎」や「ポチ」に飽和は適用されない．

第4章　語や句の曖昧性はどこからくるか

4.1　曖昧性とは何か

　言語は音と意味とを対にする記号系である．ところが，音と意味の対応関係は一対一とは限らず，一つの音形に対して複数の意味が対応する場合がある．このような音形を**曖昧な**(ambiguous)表現とよぶ．

　注意すべきは，ある表現(それが語であれ，句であれ，文であれ)が曖昧であるとわかるためには，当該言語の知識を有していなければならないという点である．日本語を知らない人には，「オカシイ」の曖昧性《①面白い，②変な》も，「良寛さんが好きな子供たち」の曖昧性《①良寛さんガ好いている子供たち，②良寛さんヲ好いている子供たち》も，「花子の欲しいものがない」の曖昧性《①花子の欲しいもの(たとえば，Christian Dior のネックレス)を探しているがどこにも見当たらない，②花子は無欲で何も欲しいものがない》もわからないであろう．同様に，英語を知らない人には，ball の曖昧性《①ボール，②舞踏会》も，The boy is ready to eat. の曖昧性《①その坊やは，いつでも食事ができる状態にある，②いつでもその坊やを食べることができる》も，The door was unlocked. の曖昧性《①ドアは鍵がかけられていなかった，②ドアは鍵があけられた》もわからないであろう．

　このことが意味することは，表現の曖昧性の要因を解明することは，とりもなおさず，表現の意味を決定する言語知識の解明につながるということである．より一般的にいえばこうなる．曖昧性とはある表現に対して複数の解釈ができることをいうが，これがなぜ可能かといえば，人間の認知システム(人間の心に内在している対象認知のシステム)がそれを可能にさせているのである．したがって，曖昧性を説明するということは，人間の心のなかのシステムを解明する理論の構築につながるわけである(西山 2011: 137)．

　曖昧な表現は，語，句，文のいずれのレベルでもありうる．4.2 節で語のレ

ベルでの曖昧性を見る．そして，4.3 節で語と語の意味的結びつきを検討したあと，4.4 節で句のレベルでの曖昧性を見る．そして，第 5 章で文のレベルでの曖昧性を検討する．

4.2 語はどこまで曖昧か

伝統的には，曖昧な語には**多義**(polysemy)と**同音異義**(homonymy)の二つのタイプのものがあるとされている．多義とは，(1)の例のように，一つの語が複数の，互いに関係する意味をもつことをいう．

(1) a. 勉強する《①学習する，②商人が努力して値引きする》
    b. オカシイ《①面白い，②変な》
    c. 謝意《①感謝の気持ち，②お詫びの気持ち》
    d. bachelor《①未婚男子，②学士，③若い騎士，④繁殖期に相手のいない雄のオットセイ》

(1)における《　》のなかの意味が相互に密接な関係を有していることは直観的にも明らかであろう．一方，同音異義とは，(2)の例のように，互いに意味が関係しないものが同じ音形を有することをいう．つまり，これらは本来別の語であるが，たまたま音形が同じになったケースである．

(2) a. カミ《①紙，②髪》
    b. カガク《①科学，②化学》
    c. ソウゾウ《①想像，②創造》
    d. シリツ《①私立，②市立》
    e. カワル《①変貌する，②交代する》
    f. cross《①横切る，②ふきげんな》
    g. rare《①稀な，②生の》
    h. bank《①銀行，②土手》
    i. ball《①ボール，②舞踏会》
    j. pole《①棒，②極》
    k. kind《①種類，②親切な》

(2a, b, c, d)でわかるように，日本語の場合，表意文字である漢字で表せば，

これらは，本来別の語が，たまたま発音が同じケースであることが明白であろう．（ただし，意味の区別として漢字表記を万能と見なすべきではない．たとえば，(2e)の「カワル」に対して「変わる」と「替わる」と書くことによって二つの意味の「カワル」を区別しようと思えばできなくはないが，「変わる」という表記のままでも「あの事件で外務大臣が変わった」のように曖昧になりうるのである．）

　多義と同音異義をいかに区別するかをめぐって伝統的な意味論では活発な論争があったが，今日では両者の区別は理論的には明確なものではないとされている．語に M_1 と M_2 の二つの意味があり，母語話者にとっては M_1 と M_2 は関連がないと思われるにもかかわらず，語源をたどっていくと M_1 と M_2 は関連があることがわかるケースもあるし，逆に，M_1 と M_2 が明らかに意味的に密接であると思われるにもかかわらず，同音異義であるケースもあるからである．したがって，ここでは，多義と同音異義の区別にこだわることなく，多義であれ，同音異義であれ，一つの音形が複数の意味をもつという点で語は曖昧になりうるということを押さえておくだけで十分である．

　注意すべき重要なことは，表現が曖昧であるということと，表現に対する解釈が一つに定まらないということとを混同すべきではない，という点である．後者は，ことばの意味自体は曖昧ではないが，特定的な解釈が与えられないこと，つまり**不明瞭**(vague)であることにほかならない．たとえば，(3)を見よう．

　(3) 太郎は医者だ．

(3)を聞いただけでは，太郎が《①内科医，②外科医，③歯科医，④精神科医，⑤眼科医，⑥獣医，…》のいずれであるかはわからない．しかし，「医者」の意味は《病気になった人や動物を治すことを仕事とする職業》であって，なんら曖昧ではない．その点で，「医者」は不明瞭であるにすぎない[1]．このような不明瞭性は(4)のようにめずらしくない．

　(4) a. 隣人《①向かいに住んでいる人，②左隣に住んでいる人，③右隣に住んでいる人，④(マンションの)真上に住んでいる人，…》
　　　b. 義姉《①兄の妻，②配偶者の姉，③父と前妻との間にできた，自分より年上の娘，…》

不明瞭な語は名詞に限られるわけではない．「あける」という語は，「ドアをあける」「カーテンをあける」「口をあける」「封筒をあける」「巻物をあける」「瓶の蓋をあける」「穴をあける」「道をあける」「本をあける」「洗濯機をあける」など多様な目的語をとり，それに応じて多様な「あける行為」を表しうるが，だからといって「あける」が10通りも20通りもの意味を有する曖昧な語であるというわけではない．むしろ，「あける」は不明瞭な語であるにすぎない．英語のopenも同様である．

多様な解釈をもちうることがただちに曖昧性に結びつくわけではないという点を浮き彫りにするために，次の例を見よう．

(5) I've done the living room.

(5)は，文字通りには《居間は終わりました》という意味であるが，コンテクスト次第で多様な解釈が可能である．今，建築中の家の工事が最終段階にきていると仮定しよう．当然のことながら，いろいろな業者が出入りするわけであるが，もし(5)が，塗装工事屋の発話だとすると《居間の塗装は終わりました》の意味になるであろうし，電気工事屋の発話だとすると《居間の照明器具取り付け工事は終わりました》の意味になるであろう．もしコンテクストを変えて，(5)が家族全員で，家の大掃除をしているときの発話だとすると《ぼく，居間の掃除は終わったよ》の意味になるであろう．さらに，もし(5)が，豪邸に入った泥棒集団のメンバー同士の発話だとすると《居間にある，めぼしいものはすべてかっぱらったぜ》の意味になるであろう．このように，(5)に対する多様な解釈は無数にある．しかし，だからといって，動詞doが多くの読みをもち，(5)が意味のレベルで曖昧であるとは誰も主張しないであろう．動詞doはあくまで不明瞭であるにすぎず，意味論レベルでこの語の意味を特定化する必要はないのである．では，日本語の(6)はどうであろうか．

(6) ワイシャツができましたよ．

(6)は「できる」をどう読むかによって(7)や(8)のようにいろいろな解釈が可能である．

(7) 《ワイシャツが仕立てあがりましたよ》
(8) a. 《ワイシャツのアイロンかけができましたよ》

b.《ワイシャツのクリーニングができましたよ》
　　c.《ワイシャツのボタン付けができましたよ》

では，(6)は(5)と同様，意味は曖昧ではなく，不明瞭な文である，としてよいであろうか．しかし，そう結論づける前に，(6)の読みをもう少し注意深く見てみよう．少し考えれば，(7)と(8a, b, c)の読みは互いに対等ではなく，(7)と(8)のあいだに質的な違いがあることがすぐわかる．(6)に対する(7)の読みでの「Aができる」は《無からAを完成する》という意味である．「やっと夏休みの工作課題の椅子ができた」や「なかなか良い俳句ができた」などにおける「できる」の使い方である．この読みではAは無から創造されるのであるから，「Aができた」という発話の前にAの存在は前提されていない．一方，(8)の読みでの「Aができた」は，Aの存在は予め前提されており，《そのAについて，φができた》という意味である．そして，スロットφのところにコンテクスト次第で，「アイロンかけ」「クリーニング」「ボタン付け」など多様なものが入りうるのでφは自由変項と見なすことができる．そして，意味表示のレベルでは(9)のように，φのままにしておき，値を特定化していないのである．

　(9)《ワイシャツについて，φができましたよ》

(9)における自由変項φにコンテクストを参照して適切な値を埋める作業は第3章3.1.3.1で述べた「飽和」とよばれる語用論的操作である．したがって，(9)という論理形式を基礎にして飽和を適用した結果，得られた読みが(8a, b, c)にほかならない．これらは，「明意」とよばれる(第3章参照)．しかし，(6)に対する(7)の読みは(9)を基礎にして語用論的に得られるものではない．したがって，(7)と(9)は互いに独立である．以上の観察は，(6)は全体として(7)と(9)という異なった意味をもち曖昧であることを示す．これら二つの意味のうち，(7)の方は意味的に完結しているので飽和などの語用論的操作は不要である．一方，(9)の方はφという自由変項を残しているので，意味的に不完全であり，解釈するためには，飽和を必ず適用しなければならない．

　このように，(6)が(7)と(9)という二つの意味をもち曖昧であるということは，あくまで意味論上の事実であり，語用論の問題ではないのである．ということは，「できる」という語は曖昧な語であるということになる．要するに，曖昧性はその言語表現がいかなるコンテクストで使用されるかということとは

独立に，言語表現自体がコードとして有する純粋に意味論上の概念であるが，不明瞭性は，その言語表現がいかなるコンテクストで用いられるかに依拠して生じる解釈の問題であり，語用論上の概念なのである．

ここから得られる教訓は，ある言語表現に対して複数の解釈があるからといってそれらをそのまま曖昧であると見なすことは危険であるし，逆に，それら複数の解釈をことばの意味と無関係であると見なし，すべてを語用論の問題であると片付けてしまうことも危険であるということである．そして，どこからが意味論の問題でどこからが語用論の問題であるかはもちろん，アプリオリに決めるわけにはいかず，むしろ妥当な意味理論と妥当な語用理論を構築する過程で言語理論全体のなかで自然に決まるものであることに注意していただきたい．

4.3 語と語の緊張関係にいかなるものがあるか

語自体の曖昧性も興味深いが，それよりもさらに興味深い言語現象は，語と語の結びつきから生じる曖昧性の問題である．しかし，このタイプの曖昧性の検討に直接入る前に，そのお膳立てとして，そもそも語と語の意味的な結びつき方はどのようなものであるかということを正しく理解しておく必要がある．そこで，本節では，「語と語が意味的にどのように結びついて句のレベルでの意味を構築するか」という問題を考える．

一般に，語と語の結びつきは，中心となる語（主要語）と修飾語とに分けられる．日本語では，主要語は修飾語の後にくるのが一般的である．ここでは，主要語が名詞（以下，「主名詞」とよぶ）である名詞句について考えよう．日本語名詞句の大部分は「修飾表現＋主名詞」という結びつきであるが，これには(10)～(15)のように，形式的特徴で多様なタイプに区別することができる．

(10) ［指示詞＋名詞］　あの女性，例の手紙，その本，この書類，ある事件
(11) ［数量詞＋名詞］　3冊の本，8人の学生，2台の車，4軒の家，1リットルの水，100gの肉
(12) ［副詞＋の＋名詞］　突然の辞任表明，あいにくの雨，たびたびの失言，まったくの嘘
(13) ［名詞＋の＋名詞］[2)]

a. ［タイプA］　太郎の車，ピアノの音，頭痛の薬，女性の傘
b. ［タイプB］　画家の花子，病気の母，女性の運転手，コレラ患者の学生，危篤の父，重症の国王
c. ［タイプC］　今朝の太郎，子供のときの雪舟，着物を着たときの母，大正末期の東京
d. ［タイプD］　この芝居の主役，正夫の妹，『三四郎』の作者，豊臣の敵，父の先輩，マラソンの優勝者，披露宴の司会者，花子の欠点，帝銀事件[3)]の犯人，カキ料理の本場，父の癖，この仮説の前提
e. ［タイプE］　友人の忠告，チョムスキーの主張，この町の破壊，物理学の研究
f. ［タイプF］　象の鼻，太郎の手，女性の髪，車のブレーキ，部屋の天井，本の表紙，論文の目次，車の影，マルクスの墓，背広の袖，鍋の蓋

(14) ［形容詞/形容動詞＋名詞］
a. 難しい本，若い女性，高い山
b. 勤勉な社員，静かな海，愉快な男
c. 良い教師，背が低いバスケットボール選手

(15) ［動詞＋名詞］
a. 騒いだ学生，死んだ猫，枯れた花，話す人
b. 捨てるもの，残したケーキ，忘れたカバン

ひとくちに主名詞にかかる修飾語といっても，上記のうち，(12)〜(15)に現れる修飾語と主名詞の関係は統語構造的に近いのに対して，(10)，(11)に現れる指示詞や数量詞と主名詞との関係は統語構造的に遠いとされている．そのことは，これらを組み合わせた「あの難しい本」「3人の勤勉な社員」「例の京都の学生」の内部構造をそれぞれ(16a, b, c)のような樹形図で書いてみると視覚的にわかりやすいであろう(神尾 1983: 82-85).

(16a)

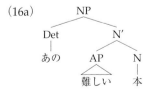

(16b)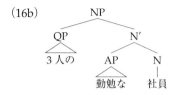

(16c)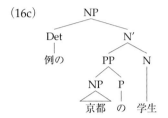

(16)において，Nは名詞(Noun)，NPは名詞句(Noun Phrase)，Pは後置詞(Postposition)[4]，PPは後置詞句(Postposition Phrase)，Detは限定詞(Determiner)，APは形容詞句(Adjectival Phrase)，QPは数量詞句(Quantifier Phrase)をそれぞれ表す．N′は，名詞よりは大きいが，名詞句よりも小さい中間のカテゴリーを表し，「Nバー」とよばれる．たとえば，(16a)では，「あの難しい本」というNPは，まず，「あの」(Det)と「難しい本」(N′)という二つの構成素に大きく分けられること，さらに，後者の「難しい本」(N′)は，「難しい」(AP)と「本」(N)という二つの構成素に分けられることを示しているのである．これによって，「難しい」と「本」の方が「あの」と「本」よりも，より強い結びつきであることを示している．この樹形図を親族関係にたとえて言い換えればこうなる．「本」にとって「難しい」は姉である．そして，「本」にとってN′は母である．「あの」は母N′の姉であるため，「本」にとって「あの」は伯母にあたるわけである．自分の姉の方が伯母よりも近い関係であることは明らかであろう．

　次に，(10)～(15)のそれぞれのタイプの特徴について，4.4節で名詞句の曖昧性を論じるにあたって効いてくることに限って，簡単に述べておこう．

4.3.1　指示詞＋名詞

　まず，(10)のような[指示詞＋名詞]は，「世界の中の対象を指示する機能をもつ」という意味で指示的名詞句(第5章5.4.2参照)として使用されるものであ

る．このことは，「あの女性」「例の手紙」「その本」「この書類」については明白であろう．一方，「ある事件」は聞き手にその指示対象を特定できる形では示していないものの，話し手の信念では特定の対象を念頭においている以上，やはり指示的名詞句の機能を有すると言ってよいであろう．この種の名詞句が本来的に指示的名詞句であることは，(17)と(18)を比較してみれば明らかである．

(17) a. 私の同居人は若い女性だ．（措定文）
     b. これは古い手紙だ．（措定文）
(18) a. 私の同居人はあの女性だ．（倒置指定文）
     b. これは例の手紙だ．（同定文）

詳細は第5章で述べるが，(17)のように，「若い女性」や「古い手紙」がコピュラ文「AはBだ」のBの位置に現れたとき，《Aの指示対象にBの表す属性を帰す》という読みが得られる．これは**措定文の読み**(predicational reading)とよばれる．このような機能をもつ名詞(句)のことを**叙述名詞(句)**(predicate nominal)とよぶ．これに対して，(18)のように，「あの女性」や「例の手紙」がコピュラ文「AはBだ」のBの位置に現れたときは，措定文の読みは得られないのである．たとえば，(18a)は，《私の同居人は，あの女性という性質をもつ》のような措定文の読みではなく，《私の同居人は誰かといえば，あの女性にほかならない》という読みしか得られない．これは，**倒置指定文の読み**(inverted specificational reading)とよばれる．一方，(18b)は，《これは何かといえば例の手紙だ》という読みしか得られないのである．これは，**同定文の読み**(identificational reading)とよばれる[5]．要するに，(18)における「あの女性」や「例の手紙」のような[指示詞＋名詞]のタイプの名詞句は，叙述名詞の機能を果たさないのである．

4.3.2 副詞＋の＋名詞

(11)の[数量詞＋名詞]については，4.3.6で述べることにして，(12)の[副詞＋の＋名詞]についてひとこと述べておく．副詞は本来，述語を修飾するものであるから，名詞を修飾するというのは奇妙であるが，これが例外的に可能なケースは，(12)の「辞任表明」「雨」「失言」「嘘」のごとく，主名詞が出来事(event)や行為を表す名詞のときである．したがって，主名詞が出来事や行為

と無縁の「本」「詩」「机」などは奇妙である．（以下，意味的に奇妙な表現の頭に？記号を付す．）

(19) a．？突然の本
　　 b．？まったくの詩
　　 c．？たびたびの机

ただ，主名詞が出来事や行為であればどのような副詞でも「の」を介して修飾できるわけではなく，そこには何らかの制約があることが予想されるが，正確にいかなる制約があるかについては明確ではない．なお，後述(4.4.1)するが，《あのとき，横綱の地位を占めていた人》の意味での「あのときの横綱」，「東京オリンピック当時の日本国首相」「あの頃のアイドル歌手」なども[副詞＋の＋名詞]と見なすべきであろう．

4.3.3　名詞＋の＋名詞

本項では，(13)の[名詞＋の＋名詞]（これを以下，[NP_1 の NP_2]と表記する）という表現について見ていこう（この点についてより詳しい議論は西山2003: 6-58, 西山2004を参照）．[NP_1 の NP_2]という表現は NP_1 と NP_2 のあいだの意味的関係からして決して均質なものではない．このことを以下，見ていく．

まず，(13a)を見よう．

(13) a．太郎の車，ピアノの音，頭痛の薬，女性の傘

たとえば，「太郎の車」にはコンテクスト次第で(20)のような多様な解釈が可能である．

(20)《太郎が所有している車/太郎が運転している車/太郎が後部座席に座っている車/太郎が買いたがっている車/太郎が販売している車/太郎が塗装している車/太郎が修理している車/太郎がデザインした車/太郎がトランクに押し込められている車/太郎がCMに登場している車》

しかしだからといって，「太郎の車」は曖昧であるというべきではない．この名詞句の言語的意味としては，(21)で十分である．

(21)《太郎と関係Rを有する車》

(21)におけるRは，スロット（自由変項）であり，コンテクストに基づいてその中身を語用論的に埋めていく場所を表している．「太郎の車」が実際に使用されたときは，聞き手/読み手は飽和という語用論的操作によってコンテクストを参照しながらRの値を埋めていくのである．(20)はそのような飽和を適用した結果の例示であって，「太郎の車」の言語的意味ではない．その点で「太郎の車」は不明瞭な表現なのである．

(13a)の他の例も同様である．たとえば「ピアノの音」という表現を聞けば，誰でも《ピアノを弾いたときに生じる音》という解釈がすぐ心に浮かぶであろう．しかし，この解釈は「ピアノの音」の言語的意味ではなく，コンテクストから語用論的に読み込まれたものである．コンテクスト次第では，「ピアノの音」を《ピアノを製造しているときに生じる音/ピアノを引きずったときに出てくる音/余震でピアノが振動するときの音/ピアノをビルの屋上から落としたときの音》などと多様に解釈できるのである．したがって，「ピアノの音」の言語的意味は(22)にとどめるべきである．

(22)《ピアノと関係Rを有する音》

同様に，「頭痛の薬」に対する自然な解釈は《頭痛を治す薬》であろうが，コンテクスト次第では，《頭痛を防ぐ薬》，あるいはきわめて特殊なコンテクストのもとでは《頭痛をもたらすように仕向ける薬》の解釈すら可能であろう．このように，われわれが日常，言語表現の意味と思っているもののなかにも，気がつかないうちに語用論的読み込みを深く浸透させているケースがあることを，「ピアノの音」や「頭痛の薬」の例は示している．同様に，「女性の傘」に対する解釈は《女性が所有している傘/女性向けの傘/女性が差している傘/女性が販売している傘》など多様であろうが，その言語的意味は《女性とある種の関係Rを有する傘》以上のものではないであろう．

(13a)のようなNP$_1$とNP$_2$の緊張関係をもつ名詞句を西山(2003)は**タイプA**とよんでいる．英語のJohn's car, Mary's book, my train, John's houseなどもまったく同様である．

[NP$_1$のNP$_2$]のすべてがタイプAのような不明瞭な表現であるわけではない．(13b)の例を見よう．

(13b) 画家の花子，病気の母，女性の運転手，コレラ患者の学生，危篤の

父，重症の国王

たとえば，「画家の花子」は，《画家デアル花子》の意味である．つまり，「画家の花子」における「画家」は叙述名詞句であり，属性を表示する機能を有する．叙述名詞句は非指示的である．一方，「画家の花子」における「花子」は，「画家」の表す属性が帰される対象を表している．したがって，名詞句「画家の花子」の根底には「花子は画家デアル」というコピュラ文（措定文）の意味構造が隠れているといえる．つまり，「画家の花子」の「画家」は(23)のような連体修飾節の縮約版であるといってさしつかえない．

(23) 《[x_i は画家デアル]花子$_i$》

(23)の[ ]内の x は，主名詞「花子」が元々あった位置を表す．そのことを明示するために x と「花子」に同じインデックス i を付す．このように，「画家の花子」の意味を(23)と見なすということはこの名詞句の意味論の問題であってコンテクストとは無関係である．つまり，「画家の花子」における「画家」（NP_1）と「花子」（NP_2）の緊張関係に関する限り，語用論の侵入する余地はないのである．(13b)の他の例も同様である．これらはいずれも，(24)のような意味的緊張関係で NP_1 が NP_2 を限定しているケースである．

(24) NP_1 が叙述的意味を表し，NP_2 がその叙述があてはまる対象である．

このような NP_1 と NP_2 の緊張関係をもつ名詞句を西山(2003)は**タイプB**とよんでいる．なお，タイプBの[NP_1 の NP_2]については，「[すべての病気]の母」「[3人の女性]の運転手」「[大部分のコレラ患者]の学生」のように，NP_1 に数量詞を付すことは不可能であるし[6]，「[あの重症]の国王」「[例のコレラ患者]の学生」のように，NP_1 に指示詞を付すことも許されないのである．これは，NP_1 が叙述名詞句であることから出てくる当然の帰結である．

今度は(13c)の例を見よう．

(13c) 今朝の太郎，子供のときの雪舟，着物を着たときの母，大正末期の東京

(13c)の名詞句は，NP_1 が時間上の特定の位置を指示し，NP_2 の指示対象の時間の流れのなかで，NP_1 の時間上の位置を占めている限りの断片を切り取る

という仕方で制限しているケースである．この場合，NP_2 は対象指示の名詞であるが，NP_1 はその指示対象についての付随的な説明を与えている非制限的な修飾語ではなく，むしろ制限的な修飾語なのである．たとえば，「今朝の太郎」の場合，「太郎」である特定の人を指し，その人の生涯のなかで「今朝」という時間で切り取った限りの断片を表そうとしている．(13c) の他の例も同様である．(13c) のような NP_1 と NP_2 の緊張関係をもつ名詞句を西山 (2003) は**タイプ C** とよんでいる．(13c) のような NP_1 と NP_2 の緊張関係についても意味論が決定するのであり，語用論が侵入する余地はないのである．

今度は (13d) の例を見よう．

(13d) この芝居の主役，正夫の妹，『三四郎』の作者，豊臣の敵，父の先輩，マラソンの優勝者，披露宴の司会者，花子の欠点，帝銀事件の犯人，カキ料理の本場，父の癖，この仮説の前提

(13d) の主要語 NP_2 は，名詞の意味からしてそれと結合する変項を必ず要請するタイプの名詞で，**非飽和名詞**（unsaturated noun）とよばれる．この名詞の意味から要求される，その名詞と結合する変項のことを**パラメータ**とよぶ．非飽和名詞は，パラメータの値が固定されない限りそれ単独では外延 (extension) を定めることができず，その点で意味的に不完全な名詞のことである．一方，「首飾り」「水」「俳優」「画家」「医者」「ピアノ」「小学生」「机」「車」「バケツ」「本」「病気」「リンゴ」「窓」「鼻」「エンジン」などのように，それ自体で意味が完結しており，ある対象がその名詞の属性を満たすかどうかを自律的に定めることができるタイプの名詞は**飽和名詞**（saturated noun）とよばれる[7]．

今，「俳優」と「主役」という二つの名詞を比較してみよう．「俳優」の意味は概略，《芝居や映画で演技をすることを職業とする人》であり，ある人がこの属性を満たしていれば俳優である．したがって，任意の人について，その人が俳優であるかどうかを問題にすることは原理的に可能である．また，「俳優の集合」を問題にすることができる以上，「俳優だけ集まれ」と命令することは，（その種の命令に従うことが原理的に可能であるという意味で）有意味な命令である．要するに，「俳優」はそれ単独で外延を決めることができ，意味的に充足しているので飽和名詞である．一方，「主役」は意味的に不完全な名詞である．ある個人について，その人が主役であるかどうかは，どの芝居（や映画）を問題にしているかを定めない限り，答えようがない．また，「主役だけ集まれ」

という命令は，問題にしている芝居(や映画)がコンテクストから明らかでない限り，意味のない命令である．なぜなら，そもそも「主役の集合」を問題にすることができないからである．その意味で，「主役」は，[αの主役]のごとく，パラメータを含んでおり，その値が具体的に定まらない限り，外延を定めることができないタイプの名詞であるので非飽和名詞である．(25)はいずれも非飽和名詞である．

(25) a. ［役割］ 主役，優勝者，敗者，委員長，司会者，作者
　　 b. ［職位］ 社長，部長，課長，院長，社員
　　 c. ［関係語］ 恋人，友達，後輩，上司，敵，味方
　　 d. ［親族語］ 妹，夫，妻，母，叔父，息子，子供
　　 e. ［その他］ 原因，結果，癖，趣味，犯人，故郷

ここでまず注意すべきことは，飽和名詞か非飽和名詞かの区別は名詞の辞書記述のなかでなされ，その意味で語彙意味論の問題であるという点である．次に注意すべきことは，非飽和名詞の場合，パラメータに対する制約も語彙意味論レベルで押さえておく必要があるという点である．たとえば，「帝銀事件の犯人」「誘拐事件の犯人」のごとく「犯人」のパラメータには犯罪事件が入るのであって，「素数の犯人」「田中先生の犯人」のごとく，「素数」や「田中先生」などは不可であるが，この事実は「犯人」を規定する語彙意味論のなかできちんと述べておく必要がある．

(13d)の名詞句[NP$_1$のNP$_2$]は，いずれもNP$_2$が非飽和名詞であり，NP$_1$がそのパラメータの値を表す関係になっている．このようなNP$_1$とNP$_2$の緊張関係をもつ名詞句を西山(2003)は**タイプD**とよんでいる．タイプDの名詞句について，NP$_1$とNP$_2$の関係をこのように解釈するということは純粋に意味論の問題であって，これまた語用論が侵入する余地はないという点を強調しておこう．つまり，「帝銀事件の犯人」という名詞句において，パラメータ「帝銀事件」と非飽和名詞「犯人」との緊張関係は，コンテクストから独立に意味論的に決定されるのである．なお，後述(第6章6.3節)するように，非飽和名詞という概念は「ウナギ文」とよばれるタイプの構文を成立させるための制約としても重要な役割を果たすのである．

今度は(13e)の例を見よう．

(13e) 友人の忠告，チョムスキーの主張，この町の破壊，物理学の研究

　これらの名詞句の主要語 NP_2 は，サ変動詞系名詞であり，**行為名詞**とよばれる．行為名詞は，対応する動詞を名詞化したものであり，動詞と同様，項構造をもつ特殊な名詞である．たとえば，「友人の忠告」についていえば，これは，「友人が忠告する」という動詞句から派生した名詞句である．したがって，動詞句における格関係が名詞句においても保持されていると見なしてさしつかえない．つまり，「友人の忠告」において，「友人」を「忠告」の外的項(主語)と見なし，全体は，《友人が忠告すること》の意味であると考えるべきであろう．また，「この町の破壊」についていえば，「この町」を「破壊」の内的項(目的補語)と見なし，全体は，《この町を破壊すること》の意味であると考えるべきであろう．(13e)の他の例も同様である．このように，NP_2 が名詞句でありながら，項構造をもち，NP_1 がその項を埋めているケースを西山(2003)は**タイプ E** とよんでいる．タイプ E の場合，修飾語 NP_1 と主名詞 NP_2 とのあいだの緊張関係は意味的に固定しており，語用論の入り込む余地はない．なお，タイプ E における NP_1 は主名詞 NP_2 の項であるということと，タイプ D における NP_1 は主名詞 NP_2 のパラメータであるということとを混同すべきではない．

　最後に，(13f)の例を見よう．

(13f) 象の鼻，太郎の手，女性の髪，車のブレーキ，部屋の天井，本の表紙，論文の目次，車の影，マルクスの墓，背広の袖，鍋の蓋

(13f)の名詞句 $[NP_1 の NP_2]$ は，いずれも主名詞 NP_2 が**譲渡不可能名詞**(inalienable noun)とよばれる特性をもつ名詞であり，NP_1 がその基体を表す関係になっている．このような NP_1 と NP_2 の緊張関係をもつ名詞句を**タイプ F** とよぶ[8]．西川(2009a, b)によれば，A が譲渡不可能名詞であるとは，A が属している基体 B に依拠しないでは A の意味記述が不可能なものをいう．たとえば，「鼻」を定義するためには，《身体》という概念に依拠せざるを得ないであろうし，「天井」を定義するためには，《部屋》という概念に依拠せざるを得ないであろう．また，《本》や《冊子》という概念に依拠しないで「表紙」を定義することはできないであろう．鼻は身体の一部であり，天井は部屋を構築する一部であり，表紙は本や冊子の一部である．このように，譲渡不可能名詞 NP_2 と基体 NP_1 との関係は「部分-全体の関係」という場合が少なくないが，譲渡

不可能名詞と基体の関係が常に「部分-全体の関係」であるかどうかは議論の余地がある．たとえば，「影」「声」「墓」は譲渡不可能名詞であると思われるが，「田中先生の影」「花子の声」「マルクスの墓」のように，「部分-全体の関係」とは言い難いものもある[9]．

なお，譲渡不可能性はしばしば，現実世界あるいは可能世界において「基体から切り離せないこと」と見なされることがあるが，これはこの概念の本質と無関係である．手は物理的には身体から切り離すことはできるが，そのことは「手」の言語的意味を規定する際，《身体》という概念に依拠しないでは不可能であるという意味での譲渡不可能性となんら矛盾しない．西川(2009a, b)が指摘しているように，ここで言う「譲渡不可能性」はあくまで言語学上の概念であって，ことばの意味(sense)の問題であることに注意すべきである．

譲渡不可能名詞Aが必ず基体Bを要求するのであれば，譲渡不可能名詞はパラメータを要求する非飽和名詞とどこが異なるのか，ということが問題になる．事実，本書で非飽和名詞とされている親族語(「妹」「夫」「妻」「母」「叔父」「息子」「子供」など)や関係語(「恋人」「友達」「後輩」「上司」「敵」「味方」など)を譲渡不可能名詞に分類する学者もいる．たとえば，三宅(2000)は(13f)のNP_2のタイプの名詞を非飽和名詞の一種に分類している．また，小野(2009)は，(i)「妻」「上司」など親族関係や社会的関係・役割を表す名詞(これらは非飽和名詞である)，(ii)「頭」「手」など身体部位を表す名詞，(iii)「エンジン」「弦」など，ある物の構成部分を表す名詞をすべて「関係名詞」という概念によって捉えようとしている．さらに，影山(2011)は，(13f)のNP_2のタイプの譲渡不可能名詞も，非飽和名詞もともに，「相対名詞」という概念によって統一的に扱おうとしている．このように，譲渡不可能名詞と非飽和名詞とはしばしば明確に区別されないで使用されることが少なくない．しかし，非飽和名詞と譲渡不可能名詞はその意味論的性質が本質的に異なる．飽和名詞か非飽和名詞かという観点でいえば，譲渡不可能名詞は，その基体がわからなくても，単独で当該表現の外延を決定できるという意味で飽和名詞なのである．そのことを確認するために(26)と(27)を比較しよう．

(26) a. ？この妹は誰の妹だ？
　　 b. ？あの主役はどの芝居の主役だ？
　　 c. ？この先輩は誰の先輩だ？

(27) a. この手は誰の手？
　　 b. この表紙はどの本の表紙だ？
　　 c. この影は何の影だろう？

(26)は意味的に奇妙である．たとえば，(26a)が奇妙なのは，非飽和名詞「妹」のパラメータの値が文脈的に定まっている状況でなければ，「この妹」という表現が使えないにもかかわらず，述語でそのパラメータの値を尋ねているからである．(26)の他の例も同様である．一方，(27)は意味的に適格である．たとえば，掘りごたつの中である人の手をつかんで，(27a)のように問うことは可能である．このことは，「手」の外延規定に「所有者」の理解は不要であることを示す．「手」にとって，その「所有者」は基体表現ではあってもパラメータではない．(27)の他の例も同様である．このように，譲渡不可能名詞は非飽和名詞ではないし，基体表現はパラメータではないことに注意する必要がある．

　譲渡不可能名詞が非飽和名詞と本質的に異なることは構文上も確認できる．(28a)や(29a)のような「AはBがC(だ)」という構文について，Bが譲渡不可能名詞でAがその基体の関係にある場合，(28b)や(29b)のように，「BはAがC(だ)」という形式は容認可能である．また，この場合，「AはBがC(だ)」と「BはAがC(だ)」は意味も近いのである[10]．

(28) a. この本は表紙がきれいだ．
　　 b. 表紙はこの本がきれいだ．
(29) a. この車はハンドルが軽い．
　　 b. ハンドルはこの車が軽い．

それに対して，(30)，(31)が示すように，「AはBがC(だ)」という構文について，Bが非飽和名詞でAがそのパラメータの関係にある場合，一般に，「BはAがC(だ)」という形式は容認不可である．

(30) a. 太郎は妹が美人だ．
　　 b. ？妹は太郎が美人だ．
(31) a. 豊臣家は敵が手強い．
　　 b. ？敵は豊臣家が手強い．

このような適切性の違いを説明するためにも，一見類似している譲渡不可能名

詞と非飽和名詞は意味論レベルで明確に区別されるべきである．

4.3.4　形容詞/形容動詞/動詞＋名詞

以上見てきたように，名詞が「名詞＋の」で修飾されるケースにはいろいろなタイプのものがあることがわかったが，この項では，名詞が形容詞や動詞などで修飾される(14)や(15)のケースを見ることにする．

(14) a. 難しい本，若い女性，高い山
　　　b. 勤勉な社員，静かな海，愉快な男
　　　c. 良い教師，背が低いバスケットボール選手
(15) a. 騒いだ学生，死んだ猫，枯れた花，話す人
　　　b. 捨てるもの，残したケーキ，忘れたカバン

これらは(13)と大きな違いがある．(13)は，名詞が「の」を介して名詞を修飾しているのに対して，(14)，(15)はいずれも形容詞，形容動詞，動詞といった述語としての機能を果たす語が名詞を修飾しているのである．したがって，(14)と(15)のケースは，表面的には修飾表現が単独の述語であるが，実質的に連体修飾節(英語でいう関係節)の一種だと見なすことができる．たとえば，(14)の各例は(32)のような構造をもつ名詞句だと考えることができる．

(32) a. 《[x_i が難しい]本$_i$》，《[x_i が若い]女性$_i$》，《[x_i が高い]山$_i$》
　　　b. 《[x_i が勤勉だ]社員$_i$》，《[x_i が静かだ]海$_i$》，《[x_i が愉快だ]男$_i$》
　　　c. 《[x_i が良い]教師$_i$》，《[x_i が背が低い]バスケットボール選手$_i$》

こう考えることによって，たとえば，「難しい本」と「本が難しい」との意味的対応関係や「勤勉な社員」と「社員が勤勉だ」との意味的対応関係などが捉えられる．同様に，(15)は，(33)のような連体修飾節構造をもつ名詞句だと考えることができる．

(33) a. 《[x_i が騒いだ]学生$_i$》，《[x_i が死んだ]猫$_i$》，《[x_i が枯れた]花$_i$》，《[x_i が話す]人$_i$》
　　　b. 《[(人が)x_i を捨てる]もの$_i$》，《[(人が)x_i を残した]ケーキ$_i$》，《[(人が)x_i を忘れた]カバン$_i$》

こう考えることによって，たとえば，「騒いだ学生」に内在する「学生が騒い

だ」という意味関係や,「残したケーキ」に内在する「(人が)ケーキを残した」という意味関係が明確に捉えられるのである．したがって，(14)と(15)のように，形容詞，形容動詞，動詞といった述語としての機能を果たす語が名詞を修飾しているケースは，(34)のような［連体修飾節＋名詞］のケースと実質的には同類と考えてよいであろう．

(34) 昨日この村を訪れたイギリス人

4.3.5 連体修飾節＋名詞

これまで検討してきた名詞句「修飾表現＋主名詞」は，(10)〜(15)のケースのように，いずれも修飾表現が語の場合であったが，(14)や(15)のケースを考えると，名詞句の構造を検討する際，修飾表現を語に限定する必要はなく，修飾表現自体が節(文)である(34)のようなケース，つまり，［連体修飾節＋主名詞］も検討すべき対象となる．本項ではそのような連体修飾節を伴う名詞句の構造を見よう．連体修飾節には，内の関係の連体修飾節と外の関係の連体修飾節という重要な区別がある．

4.3.5.1 内の関係

まず，日本語の連体修飾節には英語の関係節に相当する次のようなものがある．

(35) a. 太郎が付き合っていた女性
　　 b. コレラに罹った社員
　　 c. 太郎が花子に渡した手紙
　　 d. 花子が買った辞書
　　 e. 噴水がある公園

(35)のような連体修飾節はいずれも，［太郎がxと付き合っていた］［xがコレラに罹った］［太郎がxを花子に渡した］［花子がxを買った］［xに噴水がある］のように修飾節のなかに空所xがあり，主名詞がその空所を埋めれば文になるという関係になっている．つまり，主名詞が修飾節の構成要素になっているような関係が成立している．寺村(1977/1992)はこのような連体修飾節と主名詞の関係を**内の関係**とよんだ．たとえば，(35a)の主名詞「女性」は，(36)にお

ける「女性」と同じ格関係を「付き合っていた」と結んでいると解釈できるのである．

(36) 太郎が女性と付き合っていた．

寺村(1977/1992)は，(36)を**述定表現**とよび，対応する(35a)を**装定表現**とよんだ．内の関係の場合，装定表現は述定表現に展開可能なのである．述定表現においては，装定表現の主名詞は述語と何らかの格関係を保持しながら述定表現の成立に参与しているのである．言い換えれば，述定表現のなかからある要素を抜き出し，それを主名詞とする連体修飾構造をつくれば装定表現となるわけである．このように，装定表現(35a)の主名詞「女性」が，対応する述定表現(36)において占めていた位置を明確に表すために，「女性」と元位置に同じインデックスを付すことにする．したがって，装定表現(35a)の論理形式は(37)のようになる．

(37) 《[太郎が x_i と付き合っていた]女性$_i$》

さらに，(35)の連体修飾節はいずれも主名詞の表す対象の性質などを述べることによって限定するという働きをもっており，英語の制限的関係節に相当する．

今度は(38)のような連体修飾節を見よう．

(38) a. 太郎が付き合っていた例の美しい女性
　　 b. コレラに罹った山田君
　　 c. 太郎が花子に渡したあの手紙
　　 d. 花子が買ったある辞書
　　 e. 噴水がある上野公園

これらも，[太郎が x と付き合っていた][x がコレラに罹った][太郎が x を花子に渡した][花子が x を買った][x に噴水がある]のように修飾節のなかに空所 x があり，主名詞がその空所を埋めるという関係が成立するという点では(35)と同じく内の関係の連体修飾節である．しかし，(38)の場合，主名詞が連体修飾節によって限定を受けていないことに注意しよう．下線部の主名詞はそれ自体が固有名詞，代名詞，限定詞付きの名詞であることから明らかなように，主名詞だけで独立に対象を指示することができ，連体修飾節はその対象について情報を付加しているのである．これは英語の非制限的関係節に相当する．

(35)のような制限的な連体修飾節と(38)のような非制限的な連体修飾節の違いは，次のような構造上の違いとして反映される(Sは文(Sentence)を表す)(神尾 1983，三宅 1995)．

(39)
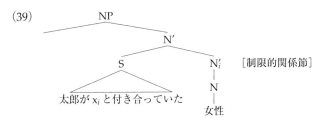
［制限的関係節］

(40)
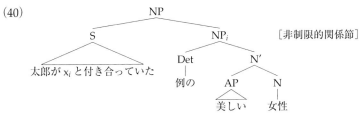
［非制限的関係節］

(39)に見られるように，制限的な連体修飾節では主名詞「女性」は独立性の低いもので，連体修飾節「太郎が付き合っていた」と一緒になってはじめて一つのまとまった名詞的成分(N′)を構築できるのである．したがって，制限的連体修飾節は，N′の内にある位置にくるのである．

一方，(40)に見られるように，非制限的連体修飾節では主名詞「例の美しい女性」はDetとN′からなる一つのまとまった名詞句(NP)を構築しており，独立性の高いものである．したがって，非制限的連体修飾節「太郎が付き合っていた」は，そのNPの外にある位置にくるのである．

4.3.5.2 外の関係

興味深いことに，日本語の連体修飾節のなかには，(41)～(43)のような空所を含まないケースもある．これらは装定表現ではあるが，その主名詞は連体修飾節の述語と格関係を結ぶことがなく，したがって，述定表現に展開することが不可能である．寺村(1977/1992)はこれを**外の関係**とよんだ．

(41) a．首相は退陣すべきだという考え

  b. 太郎が花子を裏切った(という)事実
  c. 友人の祖母が振り込め詐欺の被害にあった(という)話
(42) a. 魚の焼ける匂い
  b. 誰かが私の後をつけている気配
  c. 誰かが庭を歩いている音
(43) a. 中央線が遅れた原因
  b. 花子が離婚した理由
  c. 英語がうまくなる秘訣
  d. この学会を設立した目的
  e. タバコを買ったおつり
  f. 人をだました罰
  g. 太郎が昨日会社を辞めた動機

　これらはいずれも主名詞を何らかの仕方で補充しているわけであるが，その補充の仕方は一様ではない．(41)の連体修飾節は，主名詞の内容(つまり，考えの内容，事実の内容，話の内容)を表しており，**内容節**とよばれる[11]．この場合，連体修飾節と主名詞のあいだに「という」が付加されるのが普通である．これは英語の the idea that... や the fact that... という同格構文の形式で表されるものに相当する．一方，(42)は，主名詞が「匂い」「気配」「音」などの感覚を表す名詞であり，連体修飾節が特定の匂い，気配，音などを描写しており，そのことによって「どんな匂い」「どんな気配」「どんな音」に対する答えを提供しているわけである．その限りで制限的連体修飾節といえる．この場合，「魚の焼けるという匂い」のように，「という」は主名詞に付加されない．(42)のタイプの連体修飾節をここでは**感覚描写節**とよぼう．注目すべきは(43)である．(43)は「何の原因」「何の理由」「何の秘訣」「何の目的」「何のおつり」「何の罰」「何の動機」に対する答えを提供しており，きわめて特殊な連体修飾節である．その特殊性は，「原因」「理由」「秘訣」「目的」「おつり」「罰」「動機」などがパラメータを要求する非飽和名詞であるというところからくるものである[12]．非飽和名詞とは，4.3.3 で説明したように，意味上，パラメータを含む名詞であり，パラメータの値が定まらない限り意味的に不完全である名詞のことをいう．「原因」はその点で非飽和名詞である．なぜなら，「原因」とだけ聞いてもそれが「何の原因か」の「何」が定まらない限り意味的に充足しな

いからである．「中央線が遅れたことの原因」と理解してはじめて意味的に完全になるのである．「理由」「秘訣」「目的」「おつり」「罰」「動機」などについても同様である．4.3.3 で非飽和名詞という概念を導入したとき，パラメータの値としては（「の」に付随した）名詞句だけが想定されていた．たとえば，(44)の二重下線部が非飽和名詞で，波線部がパラメータの値である．

(44) <u>この芝居</u>の<u>主役</u>，<u>予算委員会</u>の<u>委員長</u>，<u>『三四郎』</u>の<u>作者</u>，<u>IBM</u> の<u>社長</u>，<u>花子</u>の<u>恋人</u>，<u>父</u>の<u>先輩</u>，<u>豊臣</u>の<u>敵</u>，<u>正夫</u>の<u>妹</u>，<u>太郎</u>の<u>癖</u>，<u>帝銀事件</u>の<u>犯人</u>

しかし，パラメータの値として節をとるものもある[13]．それが(43)の主名詞なのである．これらの名詞句は事柄を表す節をパラメータとしてとるのである．(43)のタイプの連体修飾節をここでは**パラメータ節**とよぼう．

もちろん，(43)のいくつかは，(45)のように，パラメータの値として（事柄を表す）名詞句をとることも可能である．

(45) a. 中央線遅延の<u>原因</u>
　　 b. 花子離婚の<u>理由</u>
　　 c. 英語上達の<u>秘訣</u>
　　 d. この学会設立の<u>目的</u>

しかし(43e, f, g)についてはパラメータ節に対応する名詞表現は無理である．いずれにせよ，［連体修飾節＋主名詞］において，主名詞が非飽和名詞で連体修飾節がそのパラメータになっている外の関係が存在するという事実は重要である．

ここで(46)の a. と b. を比較しよう．

(46) a. ［泥棒が窓を壊した］ハンマー
　　　　（→泥棒がそのハンマーで窓を壊した）
　　 b. ［花子が離婚した］理由
　　　　（→花子がその理由で離婚した）

どちらの節も括弧のなかのような対応する文を構築できそうであるし，どちらの節も主名詞を限定しているように見える．しかし，よく見ると，それらの限定の仕方は本質的に異なる．(46a)における主名詞「ハンマー」は飽和名詞ゆ

え，それ自体で集合を作ることができる．したがって(46a)の［泥棒が窓を壊した］は，内の関係の制限的連体修飾節であり，「ハンマー」の集合の部分集合(subset)を作ることに寄与している．一方，(46b)における主名詞「理由」は非飽和名詞であるため，それ自体では集合を作らないのである．そもそも「理由の集合」など存在しない．したがって，(46b)の［花子が離婚した］は外の関係の連体修飾節であり，「理由」のパラメータを表しているわけである．つまり，この種の連体修飾節は主名詞を修飾しているとはいえ，主名詞の集合の部分集合をとるという仕方で限定しているのではない点に注意する必要がある．

結局，外の関係の連体修飾節については，(i)内容節，(ii)感覚描写節，(iii)パラメータ節の三つがあることになる．興味深いことに，名詞のなかには，その連体修飾節として，(47)～(51)の主名詞「原因」「罰」「理由」「結果」「たたり」のように，パラメータ節と内容節の両方を同時にとるものもある[14]．

(47) a. ［中央線が遅れた］原因
　　　　　　パラメータ節
　　b. ［信号機が故障したという］原因
　　　　　　　　　　内容節
　　c. ［信号機が故障したという］，［中央線が遅れた］原因
　　　　　　　　内容節　　　　　　　パラメータ節

(48) a. ［人をだました］罰
　　　　　　パラメータ節
　　b. ［背中をムチで打つ（という）］罰
　　　　　　　　　　内容節
　　c. ［背中をムチで打つ（という）］，［人をだました］罰
　　　　　　　　内容節　　　　　　　パラメータ節

(49) a. ［花子が離婚した］理由
　　　　　　パラメータ節
　　b. ［花子の夫が浮気したという］理由
　　　　　　　　　　内容節
　　c. ［花子の夫が浮気したという］，［花子が離婚した］理由
　　　　　　　　内容節　　　　　　　パラメータ節

(50) a. ［政権が交代した］結果
　　　　　　パラメータ節
　　b. ［官僚の力が弱くなったという］結果
　　　　　　　　　　内容節

c. ［官僚の力が弱くなったという］，［政権が交代した］結果
　　　　　内容節　　　　　　　　　　パラメータ節

(51) a. ［墓を掘った］たたり
　　　　パラメータ節

　　b. ［悪い病気が伝播したという］たたり
　　　　　　　内容節

　　c. ［悪い病気が伝播したという］，［墓を掘った］たたり
　　　　　　　内容節　　　　　　　　　パラメータ節

最後に「証拠」を主名詞にする三つの連体修飾節(52)を考えよう．

(52) a. ［検察が提示した］証拠(内の関係)
　　b. ［太郎が犯人である］証拠(外の関係)
　　　　パラメータ節
　　c. ［太郎の指紋が現場に残っていたという］証拠(外の関係)
　　　　　　　　　　内容節

(52a)は［検察が証拠を提示した］との関係からわかるように，内の関係である．(52b)は，外の関係であるが，連体修飾節は「証拠」のパラメータの値を表しているのでパラメータ節である．一方，(52c)はやはり外の関係であるが「証拠」の内容を表しているので内容節である．(52)が示すように，主名詞「証拠」と，3種類の連体修飾節との緊張関係は意味論レベルで捉えられるべき意味論的事実であって，そこに語用論が侵入する余地はないのである．

4.3.6　数量詞＋名詞

最後に，(11)の［数量詞＋名詞］を取り上げよう．

(11) 3冊の本，8人の学生，2台の車，4軒の家，1リットルの水，100 g の肉

(11)は文字通り，数量を表す名詞句である．「3冊の本」「8人の学生」「2台の車」「4軒の家」はそれぞれ主名詞の数を表している．また，「1リットルの水」「100 g の肉」は主名詞の量を表している．ところが，［数量詞＋名詞］のなかには，(11)と異なった(53)のようなものがある．

(53) a. 100 m^2 の家

b. 2000 cc の車
c. 1 リットルのビン
d. 200 キロの力士
e. 300 m の塔
f. 26 度の部屋

これらの数量詞は，主名詞の数量を表すものではない．たとえば，(53a) の「100 m² の」は家の数量を表現しているわけではなく，むしろ家がどんな広さかを表しており，いわば家の性質を表しているように思われる．そこから，この種の数量詞を (11) の通常の数量詞から区別して**属性数量詞**とよぶ学者もいる (神尾 1983: 87-94)．ここでも便宜上，この術語を用いることにする．そして，(11) における「3 冊の」「8 人の」「2 台の」「4 軒の」「1 リットルの」「100 g の」などの通常の数量詞を**数量数量詞**とよぶことにする．神尾 (1983) によれば，属性数量詞は数量数量詞と統語構造の位置が異なり，名詞を修飾する形容詞や形容動詞と同じ位置にくるとされる．したがって属性数量詞と数量数量詞が共起した「4 軒の 100 m² の家」の統語構造は以下のようになる．

(54)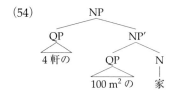

しかし，属性数量詞が主名詞の表すものの属性を表現するという主張は正確ではない．たとえば (53a) についていえば，ある家が 100 m² という性質をもつということは奇妙である．事実，(55) はいずれもナンセンスである．

(55) a. ?(その)家は 100 m² という性質をもつ
b. ?(その)車は 2000 cc という性質をもつ
c. ?(その)ビンは 1 リットルという性質をもつ．
d. ?(その)力士は 200 キロという性質をもつ．
e. ?(その)塔は 300 m という性質をもつ．
f. ?(その)部屋は 26 度という性質をもつ．

それに対して，(56) は適切な文である．

(56) a. (その)家は床面積が 100 m^2 であるという性質をもつ.
b. (その)車はエンジンの排気量が 2000 cc であるという性質をもつ.
c. (その)ビンは容量が 1 リットルであるという性質をもつ.
d. (その)力士は体重が 200 キロであるという性質をもつ.
e. (その)塔は高さが 300 m という性質をもつ.
f. (その)部屋は温度が 26 度という性質をもつ.

したがって，(53a)の「100 m^2 の家」は，正確には

(57)《[床面積が 100 m^2 である]家》

と解釈すべきであると思われるかもしれない．しかし，西山(2003)で詳しく論じたように，「100 m^2 の家」という言語表現がコードとして有している意味を(57)と見なすことには問題がある．たしかに，通常，「100 m^2 の家」と聞くと，(57)と読むかもしれないが，それは語用論的にそう解釈しやすいということ，言い換えれば，そう解釈されるコンテクストが多いというだけのことであって，コンテクストが異なれば，別の解釈も十分可能である．たとえば，ペンキ塗装工が，いくつかの家のペンキ塗装を依頼され，事前に見積もりをとっている状況を考えよう．その場合，「100 m^2 の家」は，《その家でペンキ塗装を必要とする部分の面積が 100 m^2 である家》であろう．同様に，天井に漆喰を塗ることになっている工事関係者が，事前に見積もりをとっている状況で発話された，「100 m^2 の家」は，《その家で漆喰を塗る天井面積が 100 m^2 である家》の読みであろう．したがって，「100 m^2 の家」という言語表現がコード化している言語的意味を(57)と見なすことは，それと気づかぬうちに語用論的読み込みをした結果だということになる．では，(53a)について，このような語用論的読み込みをする以前の言語的意味自体はいかなるものであろうか．筆者はそれを(58)のようなものであると考える．

(58)《[R は 100 m^2 である]家》

(58)における R は，スロット(自由変項)であり，コンテクストに基づいてその中身を語用論的に埋めていく空所を表している．この飽和とよばれる語用論的操作によって，あるコンテクストで「床面積」が選択されれば，(57)のような解釈が得られるのである．(53)の他の例も同様である．つまり，(53)の各表

現についても NP_1 と NP_2 の緊張関係には R というスロットが介在し，コンテクスト情報に基づいて R の中身を埋めていかねばならないのである．したがって，(53)の各表現はことばの意味のレベルではスロットが残っているため不完全であり，それを解釈するためには語用論が不可欠である．しかし，だからといって，(53)のような言語表現がコードとして有している意味がゼロなのではなく，上述のように，たとえば(53a)については(58)のような確固とした意味があることを無視してはならない．結局，(58)のような言語的意味は，「100 m^2 の家」を多様なコンテクストのなかで語用論的に解釈するときに，意味論側から強い制約を与えているのである．一般に，言語表現は，それが具体的なコンテクストのなかで用いられるとき語用論的に解釈されるが，言語表現の意味は，その解釈に対して制約を課しているのである．

4.4　語と語の緊張関係がもたらす曖昧性

語と語の意味的緊張関係についての 4.3 節での議論をふまえて，本節では語と語が組み合わさった句レベルで曖昧になる例をもっぱら名詞句に焦点をあてて見ていく．

4.4.1　［名詞＋の＋名詞］の曖昧性

4.3.3 で，［名詞＋の＋名詞］における二つの名詞のつながりについてはタイプ A からタイプ F まで異なった意味の可能性があるということを見たが，［名詞＋の＋名詞］のなかには，二つの名詞のつながりに関して複数のタイプに読むことができ，その点で曖昧なものがある．たとえば，(59)には，《看護師が産んだ女の子》の読みと，《看護師である娘》の読みとがあり，曖昧である．

(59) 看護師の娘

それぞれの読みをより正確に表示すると(60)のようになる．

(60) a.　看護師　　　の　　　娘　　［タイプ D］
　　　　パラメータ　　　　　　非飽和名詞
　　　b.　看護師　　　の　　［ α の］　娘　　［タイプ B］
　　　　叙述名詞句　デアル　　パラメータ　非飽和名詞

「娘」は非飽和名詞であり，パラメータを要求する．そのパラメータが「看護師」で埋められていると見なすのが(60a)の読みである．これは「看護師の娘」をタイプDで読んでいることになる．一方，「娘」のパラメータがことばでは明示されていないものの，コンテクストから了解されているものとしよう(たとえば，話し手の娘とか問題となっている人物の娘という風に了解されているものとしよう)．そして，「看護師」は「娘」の属性を表すと見なすのが(60b)の読みである．これは「看護師の娘」をタイプBで読んだものである．後者の読みは「αの娘は看護師である」という措定のコピュラ文と意味的に密接な関係をもつ．ここで，「娘」のパラメータが入る位置は，αで示されている．αに具体的な値(たとえば，話し手とか問題となっている人物など)を入れる作業は飽和とよばれる語用論的操作である．このように，(60b)の読みを解釈として完結するためには語用論的操作が必要であるが，それにもかかわらず，「看護師の娘」に(60a)と(60b)の二つの意味があるということ自体は意味論的事実であり，語用論が入り込む余地はない．もちろん，「看護師の娘」が実際に使用されたとき，話し手が意図しているのはどちらの意味であるかを決定する作業(曖昧性除去)は語用論的操作である．「看護師の娘」と同様の曖昧性をもつ表現としては「医者の叔父」「天才の弟」「作家の相手」「詩人の恋人」「画家の友達」「政治家の先輩」などたくさんある．

(61)も NP_1 と NP_2 の緊張関係をどう読むかという点で曖昧である．

(61) 女性の研究者

(61)を《女性である研究者》と読めばタイプBであるが，《女性を研究する人》，《女性学の研究者》と読めばタイプEとなる．同様に(62)も NP_1 と NP_2 の緊張関係をどう読むかという点で曖昧である．

(62) コレラ患者の医者

(62)を《コレラ患者である医者》と読めばタイプBであるが，《コレラ患者と関係Rを有する医者》と読めばタイプAとなる．後者の場合，Rに対する語用論的解釈次第で，《もっぱらコレラ患者を担当する医者》や《コレラ患者がかかっている医者》などの解釈が得られる．

今度は次の例を考えよう．

(63) あのときの課長

(63)は,「あのとき」と「課長」の緊張関係をどう読むかという点で3通りに曖昧である. まず,ある会社の歴史を振り返っている状況で,30年前の頃が話題になったとしよう. 社員の一人が(64)を口にしたとする.

(64) あのときの課長は今の専務取締役の鈴木さんでしたよね.

この場合,(63)を「30年前,われわれの課の課長の地位を占めていた人」という意味で読んでいるのである. ここで,「あのとき」は「課長」のパラメータを埋めており,タイプDと考えたくなるかもしれないがこれは正しくない[15].「課長」はもちろん非飽和名詞であるが,そのパラメータは「しかじかの会社」であって,「あのとき」のような表現ではない. むしろ,「あのとき」は「課長デアル人」の述語部分「デアル」を修飾する副詞と見なすべきであり,(64)に登場した「あのときの課長」は[名詞＋の＋名詞]ではなく,[副詞＋の＋名詞]と見なすべきであろう.「あのときの横綱」「東京オリンピック当時の日本国首相」「あの頃のアイドル歌手」も同様の例である. これらの名詞句の主名詞「横綱」「日本国首相」「アイドル歌手」はいずれも飽和名詞であるゆえ,タイプDにはならないのである.

(63)に対する2番目の読みはこうである. ある会社の山田課長がその会社の創業者である名誉会長に面談したとしよう. その課の社員がそのときの光景を思い起こしながら,(65)を口にしたとする.

(65) あのときの課長はずいぶん緊張していたわね.

これは,山田課長という人間の時間の流れのなかから「あのとき」で切りとられた断片を表すのでタイプCで読んでいるといえる. この読みでは,(65)を(66)と言い換えても文意は変わらない.

(66) a. あのとき,山田課長はずいぶん緊張していたわね.
b. あのときの山田さんはずいぶん緊張していたわね.

(63)に対する3番目の読みはこうである. 新入社員の花子さんが入社試験面接の際,人事部長から鋭い質問をされ答えに窮していたとき,面接者の一人である人事課長が助け船を出してくれたとしよう. そのお蔭で花子は入社できたわ

けであるが，花子は入社後，まだその課長に会っていないので(67)を口にしたとしよう．

(67) <u>あのときの課長さん</u>にご挨拶したいわ．

ここで「あのとき」は「入社試験面接のとき」を指すが，(67)の下線部は，「入社試験面接時に課長の地位を占めていた人」の意味でもなければ，「入社試験面接時の山田課長」の意味でもない．むしろ下線部は，複数いる課長のなかから，「入社試験面接時，私を助けてくれた」で限定された特定の課長を選びだしているのである．したがって，下線部は，ことばの意味のレベルでは，《あのときと関係 R を有している課長さん》以上のものではない．つまり，「あのとき」と「課長さん」の緊張関係をタイプ A で読んでいるといえる．

今度は(68)を見よう．

(68) 母親の教育

(68)は「教育」が行為名詞であり，「母親」がその項を埋めているのでタイプ E である．しかし，(69)のように「母親」を「教育」の内的項(目的補語)と見なす読みと，(70)のように「母親」を「教育」の外的項(主語)と見なす読みとがあり，曖昧である．

(69) 《(ϕ が)母親を教育すること》
(70) 《母親が(φ を)教育すること》

この種の曖昧性は「イラクの統治」《イラクを統治すること/イラクが統治すること》，「米軍の破壊」《米軍を破壊すること/米軍が破壊すること》などたくさんある．また，(71)のように内的項と外的項の両方が登場する場合もある．

(71) a. 母親の子供の教育
　　 b. アメリカのイラクの統治
　　 c. 米軍のアルカイーダの攻撃

(71a)の場合，「母親」を「教育」の外的項(主語)，「子供」を「教育」の内的項(目的補語)ととる読みが自然で，その逆は無理であろう．(71)の他の例も同様である．

語によっては非飽和名詞の意味と飽和名詞の意味の両方を有しているものが

ある.「子供」は親族語と見なすならば「αの子供」のようにパラメータを要求するので非飽和名詞である.一方,「大人」の対立語として見なすならばパラメータは含まないので飽和名詞である.同様に「弁護士」も飽和性に関して曖昧である.(72)に現れる「弁護士」は,パラメータを要求する非飽和名詞,つまり,《αの(専属)弁護士》の意味であるが,(73)に現れる「弁護士」は《弁護士業に従事している人》を意味するので飽和名詞の意味である.

(72) われわれの弁護士は田中太郎氏だから,訴訟にはきっと勝つよ.
(73) 花子は将来,弁護士になりたがっている.

このことを念頭において(74)を見よう.

(74) 私の弁護士の叔父

(74)は3通りの読みをもつ曖昧な名詞句である.それぞれの読みを(75a),(76a),(77a)で言い換えるとすると,対応する読みの論理形式は,それぞれ,(75b),(76b),(77b)のように表示できるであろう.

(75) a. 私には専属弁護士がいるが,その人の叔父

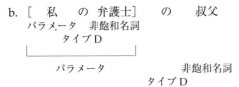

(76) a. 私の専属弁護士である,(私の)叔父

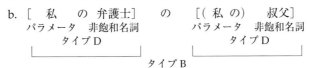

(77) a. 私の,弁護士業を営んでいる叔父

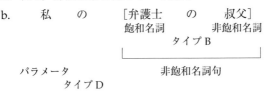

(75)は問題ないであろう．(76)は「私」が「弁護士」と「叔父」の両方のパラメータになっているわけである．一方，(77)は，「私」は元来，「叔父」のパラメータであるが，《弁護士デアル叔父》の意味での「弁護士の叔父」という名詞句も「叔父」のパラメータを継承する非飽和名詞句と見なすならば，「私」は非飽和名詞句「弁護士の叔父」のパラメータであると言ってもさしつかえないであろう．注意すべき重要なことは，(74)にこのような3通りの読みがあるという事実はあくまで意味論の問題であって語用論の問題ではない，という点である．もちろん，具体的なコンテクストのなかで，(74)が発話として用いられたときは，これら三つのうちのいずれかの意味が選択されるであろう．そのときはじめて，曖昧性除去とよばれる語用論的操作が適用されるのである．

[名詞＋の＋名詞]の曖昧性のケースとして，最後に(78)の表現を取り上げよう．

(78) 花子の手

これはあまりにも簡単な表現であり，それだけにその曖昧性に気づきにくいのであるが，西川(2009a, b)によれば，(78)には二つの意味がある．「手」は譲渡不可能名詞であるので，(78)はタイプFの[NP_1のNP_2]つまり，《花子の身体の一部である手》と読むのが自然である．しかし，コンテクストによっては(78)をタイプAの[NP_1のNP_2]，つまり，《花子と関係Rを有する手》と読むことも可能である．たとえば，掘りごたつのなかで，花子が誰かの手をつかんでいるのであるが，それが誰の手であるかわからない場合，(79)のように言うこともあるだろう．

(79) a．甲：花子の手は誰の手だろう？
　　 b．乙：花子の手はきっと太郎の手だろう．

この場合，「花子の手」はタイプAの[NP_1のNP_2]であり，意味論的には(80)のように表示されるべきものである．

(80)《花子と関係Rを有する手》

「花子の手」に対する(80)の読みでは，Rという変項が飽和されないまま残っているため，「花子の手」自体は不明瞭であるが，(79)という発話においては，そのコンテクスト情報に基づいて飽和という語用論的操作が適用されるため，

《掘りごたつのなかで，花子がつかんでいる手》などと解釈されるのである．一方，(79a) の「誰の手」や (79b) の「太郎の手」の方はタイプ F の [NP$_1$ の NP$_2$] であり，《X の身体の一部である手》や《太郎の身体の一部である手》という意味を有する．この読みの場合，意味論的に充足されているため，語用論的操作がかかる余地はない．

結局，「花子の手」は意味のレベルではタイプ A とタイプ F で曖昧である，というべきである．タイプ A の読みではそれを解釈するためには，飽和という語用論的操作が要請されるが，タイプ F の読みではそれを解釈するために語用論的操作は不要である．チョムスキーが (81) で指摘しているように，同様のことは英語の John's leg についてもいえる[16]．

(81) 何人かの人が指摘しているとおり，譲渡可能な所有 (alienable possession) と譲渡不可能な所有 (inalienable possession) の区別は，言語によっては形態論や統語論的な形式の上で明確にマークされており，英語においてもこの意味上の差異は存在する．たとえば，John's leg という表現は曖昧である．この表現は，ジョンがたまたま所有している脚 (つまり，譲渡可能な意味で所有している脚)，たとえば，彼が小脇にかかえている脚を指す場合にも使用されうるし，ジョンの身体の一部である脚 (つまり，譲渡不可能な意味で所有している脚) を指す場合にも使用されうる．しかし，the leg that John has という表現は「譲渡可能な意味で所有している脚」の意味しか有さない．したがって，The leg that John has hurts.《ジョンがたまたま所有している脚が痛む》とか，The leg that John has is weak from the climb.《ジョンがたまたま所有している脚が山登りで弱っている》などと言うことはできないのである．それに対して「譲渡不可能な意味で所有している脚」の意味で用いられた John's leg であれば，John's leg hurts.《ジョンの脚が痛む》とか，John's leg is weak from the climb.《ジョンの脚が山登りで弱っている》のように言うことができるのである．

(Chomsky 1972: 37-38)

つまり，John's leg には，《ジョンの身体の一部である脚》を意味する読み (譲渡不可能な読み) もあるが，《たまたまジョンが所有物として持っている脚，たとえばジョンが小脇にかかえている脚》を意味する読み (譲渡可能な読み) もあ

るのである.それに対して,the leg that John has には,《ジョンの身体の一部である脚》の意味はなく,譲渡可能な読みしかないため曖昧ではない.ただ,ここで注意すべきは,チョムスキーが示唆しているように,John's leg に対して譲渡可能な読みが自然である場合であっても,英語の leg という語自体の譲渡不可能性はなんら否定されていないという点である.それは,(79)における「花子の手」が(80)の読みを有すると主張することは,「手」自体の譲渡不可能性を否定することにつながらないのと同じである.さらに,「花子の手」には,「花子」と「手」の緊張関係に関して二つの意味があり曖昧であるということ自体は意味論的事実であることを強調しておこう.

4.4.2 「ふざけた男」の曖昧性

(82)は,恒常的性質を表す読み(つまり,《こちらの頭にくるような,いい加減な男》といった意味)と,「ふざける」という動詞本来の用法で一時的動作を表す読みとがあり曖昧である.

(82) ふざけた男

前者の場合,「ふざけた」は動詞「ふざける」のタ形であるが,たんなる状態を表す連体詞的な用法であり,もはや動詞としての性質を失っている.「ふざけた本」「ふざけた話」「ふざけた意見」などはこの種の使い方である.一方,後者の場合,(83)のような,内の関係の[連体修飾節+主名詞]と見なすことができよう.

(83) 《[x_i がふざけた]男$_i$》

(82)に対する後者の読みでは,(84)のような副詞(句)を付加することができる.

(84) a. あのときふざけた男
b. 教室でふざけた男
c. みなの前でふざけた男
d. その場の雰囲気をやわらげようとしてふざけた男

それに対して,(82)に対する前者の用法の「ふざけた」は一種の連体詞(連体修飾の用法しかない,活用しない品詞)であるため,(85)のような述語の位置に現れることはない.

(85) あの男がふざけた．

つまり，(85)は曖昧ではなく，後者の動詞的な意味しかもたないのである．(82)と同様の曖昧性は(86)にも見られる．

(86) 太った女性
(87) 太郎は太った女性が好きだ．
(88) この薬を飲んだために太った女性が訴訟を起こしている．

(87)では，「太った」が女性の恒常的状態を表し，「太っている女性」と言い換えることができる．一方，(88)では，「太った」が，太るという変化を起こしたという動詞の読みである[17]．このような(82)や(86)に見られる曖昧性は，「ふざけた」「太った」という語が複数の意味を有するという意味での曖昧性ではなく，その語のカテゴリー(品詞)の違いによって語と語の緊張関係に違いが生じたところから出てくる文法上の曖昧性なのである．

4.4.3 「良い椅子」の曖昧性

本項では，[形容詞＋名詞]で曖昧になるケースを見よう．次の表現を考えよう．

(89) a. 良い椅子
　　 b. 良いピアニスト
　　 c. 良い教師
(90) a. 《座るという本来の機能を良く果たす椅子》
　　 b. 《その演奏が優れているピアニスト》
　　 c. 《教え方が良い教師》

(89)に対する自然な読みは，それぞれ，対応する(90)であろう．同様に，(91)に対する自然な読みは，それぞれ，対応する(92)であろう．

(91) a. この椅子は良い．
　　 b. あのピアニストは良い．
　　 c. あの教師は良い．
(92) a. 《この椅子は座るという本来の機能を良く果たす》
　　 b. 《あのピアニストはピアノ演奏が優れている》

c.《あの教師は教え方が良い》

しかし，(89a, b, c)の意味は本当にそれぞれ対応する(90a, b, c)に限られるであろうか．また，(91a, b, c)の意味は本当にそれぞれ対応する(92a, b, c)に限られるであろうか．今，例として，(91a)を取り上げてみよう．かりに，太郎が天井の電球を取り替えようとしているが脚立がないので，何か脚立の代わりになるものを探しているとする．周囲にあるいろいろな家具を試してみて，やっと脚立の代わりになるのに適切な椅子を見つけ，(91a)を口にしたとする．この場合，(91a)は(92a)の読みではなく(93)の読みである．

(93)《この椅子は，太郎が天井の電球を取り替える際の踏み台として良い》

同様に，ドアが風で開かないようにする支えを探しているコンテクストで(91a)が発話されれば，(94)と読まれるであろうし，バリケードを作るのに適切なものを探しているときに(91a)が発話されれば，(95)と読まれるであろう．

(94)《この椅子は，ドアの支えとして良い》
(95)《この椅子は，バリケードとして良い》

このように，(91a)に対する解釈はコンテクスト次第では(92a)以外にいくらでもある．だからといって，それらのすべてを(91a)の意味に反映させて，(91a)は無限に曖昧であるというべきではない．むしろ，(91a)の言語的意味としては(96)のようなものを仮定し，コンテクストを参照にしてφの値を飽和という語用論的操作を適用して埋めた結果がたとえば(93)〜(95)になっている，と考えるべきであろう．

(96)《この椅子は，φという観点からすると良い》

つまり，(93)〜(95)は，(91a)の言語的意味ではなくて，特定のコンテクストのなかで語用論的に解釈された明意だということになる．

ここまではよいであろう．問題は，(91a)に対する(92a)の読みの扱いである．(92a)の読みも，(96)のφに「座るという機能」を埋めて得られた結果だと見なすべきであろうか．もしそうならば，(92a)は，(93)〜(95)と対等に，(91a)に対する語用論的解釈(明意)の一つにほかならないことになる．しかし，(92a)の読みは，(93)〜(95)のタイプの読みとその質がかなり異なることがわ

かる．なぜなら，(93)〜(95)は具体的なコンテクストが与えられない限り得ることができないのに対して，(92a)の読みはそうではないからである．(92a)における「座るという機能」は「椅子」ということばの意味から得られる情報であり，そこにはコンテクストに左右されるような要素は一切ない．つまり，(92a)の読みは語用論的に解釈された結果ではなくて，この文自体の意味であるように思われる．

そこで，一つの考え方は，(91a)は曖昧な文であり，一つの読みは(92a)であるが，他の読みは(96)である，とするものである．前者の読み(92a)はこれで完結しており，語用論が侵入する余地はない．一方，後者の読み(96)については，そこに自由変項 φ があるため，飽和という語用論的操作によってコンテクストのなかからその値を具体的に埋める必要がある．そうして語用論的に解釈した結果がたとえば(93)〜(95)である，という風に考えるのである[18]．要するに，(91a)に対する(92a)の読みと，(96)の読みとは本質的に区別されるべきであり，語用論が適切に働くためにも，意味論ではそのことを明示しておかなければならないのである．(91)の他の例も同様である．

(91)のタイプの曖昧性に対する以上の考えが正しいならば，(91)に対応する名詞句(89)も曖昧であることになる．たとえば，(89)の「良い椅子」「良いピアニスト」「良い教師」の意味はそれぞれ，(97)〜(99)のように二つあり，曖昧なのである．

(97) a.《座るという本来の機能を良く果たす椅子》
　　 b.《φ という観点からすると良い椅子》
(98) a.《その演奏が優れているピアニスト》
　　 b.《φ という観点からすると良いピアニスト》
(99) a.《教え方が良い教師》
　　 b.《φ という観点からすると良い教師》

このように，(89)の各例はいずれも曖昧な名詞句であるということ自体は意味論的事実であるということを強調しておこう．

4.4.4 「花子が知らない理由」の曖昧性

4.3.5 の［連体修飾節＋名詞］で，(100a)のような内の関係と(101)のような外の関係を区別した．

4.4 語と語の緊張関係がもたらす曖昧性

(100) a. ぼくが娘から聞いた話
b. 《[ぼくが娘から x_i を聞いた]話$_i$》

(101) a. [大統領は辞任すべきだという]意見→[内容節＋名詞]
b. [タバコを買った]おつり→[パラメータ節＋非飽和名詞]
c. [魚が焦げている]匂い→[感覚描写節＋名詞]

(100a)の場合，その意味構造は，(100b)のように，連体修飾節内に，主名詞の元位置を示す空所があるので内の関係であった．一方，(101)の場合は，連体修飾節自体の性質は，(101a)の内容節，(101b)のパラメータ節，(101c)の感覚描写節と多様であるものの，いずれも，連体修飾節内に空所がなく，閉じているので外の関係である．ところが，[連体修飾節＋名詞]のなかには，内の関係とも外の関係とも読むことができ，その点で曖昧な表現がある．たとえば(102)を見よう．

(102) 太郎が見た現場

(102)の一つの意味は，「現場」を「見る」の目的語と見なすものである．4.3.5で，節をパラメータとしてとる非飽和名詞を見たが，「現場」は事件などを表す節をパラメータとしてとりうる非飽和名詞である．主名詞「現場」のパラメータを α とおくと，(102)の意味表示は(103)となる．

(103) 《[太郎が x_i を見た][$\underset{パラメータ}{\alpha}$ （ノ） $\underset{非飽和名詞}{現場}$]$_i$》

これは内の関係の連体修飾節である．あるコンテクストで，パラメータ α の値が「花子が万引きした（こと）」であれば，(103)の意味表示に飽和という語用論的操作を適用して(104)のような明意を得ることができる．

(104) 《[太郎が x_i を見た][花子が万引きした現場]$_i$》

(102)のもう一つの意味は，「現場」のパラメータの値を[太郎が見た]という節が埋めていると見なすものである．そして，「見る」の目的語を φ とおくと，(102)の意味表示は(105)となる．

(105) 《[太郎が $\underset{パラメータ}{\varphi}$ を見た]現場》

これは外の関係の連体修飾節である．あるコンテクストで，目的語 φ の値が「ネッシー」であれば，(105)の意味表示に飽和という語用論的操作を適用して(106)のような明意が得られる．

(106) 《太郎がネッシーを見た現場》

今，太郎がネッシーを見たという噂が広まったとしよう．当然のことながら，太郎がネッシーを見たのはどこだろうということに多くの人が関心をもつわけである．そのようなコンテクストにおいて(107)が発話されたとき，下線部に対する自然な解釈は(106)である．

(107) <u>太郎が見た現場</u>はあそこだ．

要するに，「太郎が見た現場」という表現に対しては(103)と(105)という二つの意味表示をあてがっておかなければ，この表現に対する正しい語用論的解釈が得られないのである．

今度は(108)を見てみよう．これも連体修飾節を内の関係と見なすか，それとも外の関係と見なすかに応じてまったく異なる意味をもつ[19]．

(108) 花子が知らない理由

たとえば，花子の親友の正子が最近，離婚したが，花子はそのことを知らなかったとしよう．なぜ花子が知らなかったのかといえば，実は，この数箇月間，花子は手紙も電話もEメールも一切使うことができないようなアフリカの奥地に行っていたからである．このケースで(108)が使用されたとき，連体修飾節を外の関係として読んでいるわけである．

今度は次のケースを考えよう．花子の親友の正子が離婚したとする．正子が離婚した理由には，(i)正子の夫の浮気，(ii)正子の夫の家庭内暴力，(iii)姑の正子に対する嫌がらせ，の三つがあったとしよう．花子は，正子が離婚した理由は(ii)と(iii)であるということまでは知っていたが，正子の夫の浮気が離婚の理由の一つであることには花子も気がつかなかったとする．この状況で「花子が知らない理由もあって正子が離婚した」と言うときの(108)は，連体修飾節を内の関係として読んでいるわけである．結局，(108)の意味表示は(109)と(110)の二つの可能性があり，曖昧なのである．

(109) 《[花子が φ ヲ知らない]理由》(外の関係)
(110) 《[花子が x_i を知らない][α ノ理由]$_i$》(内の関係)

注意すべきは，(108)には(109)と(110)という二つの意味上の区別があるという事実は意味論的事実であって，そこには語用論の介在を許さないという点である．もちろん，(108)が具体的なコンテクストのなかで発話として使用されれば(109)と(110)のいずれかが選択され(曖昧性除去)，さらに，(109)の φ，あるいは(110)の α を，たとえば[正子が離婚したこと]で埋めるという飽和を適用すれば，次の明意が得られるであろう．

(111) 《[花子が[正子が離婚したこと]ヲ知らない]理由》
(112) 《[花子が x_i を知らない][[正子が離婚したこと]ノ理由]$_i$》

しかし，(108)に対する意味表示として，(109)と(110)という二つの異なった表示を仮定しない限り，この表現に対する(111)や(112)のような明意が得られないという点の認識は重要である．この意味で，語用論が正しく機能するためにも意味論は不可欠なのである．

なお，(108)を英語で表そうとすると(109)と(110)の曖昧性を保持したままの表現は不可能で，(113)もしくは(114)のように，いずれかの意味にコミットした表現を使用せざるを得ないということは興味深い．

(113) the reason why Hanako does not know that...
(114) the reason which Hanako does not know

4.4.5 「頭の良くなる本」の曖昧性

前項で見た[連体修飾節＋名詞]$_{NP}$ はいずれも連体修飾節と主名詞とのあいだの緊張関係が意味レベルだけで決まり，そこには語用論の介在を許さないものであった．しかし，すべての連体修飾節と主名詞との緊張関係が意味レベルで決まるわけではない．次の例を見よう．

(115) 頭の良くなる本

たとえば，(115)に対するもっとも自然な解釈は，(116)のようなものであると思われる．

(116) 《[x_i を読めば，頭が良くなる]本$_i$》

(116)の読みをより正確に表示すると(117)のようになる．

(117) 《[人が x_i を読むと，その人の頭が良くなる]本$_i$》

(117)から明らかなように，(116)の読みは，連体修飾節のなかに空所があるので内の関係である．

　ここで注意すべきは，(115)を(116)のように読むということ自体に，すでに語用論的解釈が侵入しているという点である．つまり，「本」から「読む」ということがアクセスしやすいので，(115)に対する多くのコンテクストにおいて(116)の読みが得られるだけのことである．したがって，コンテクスト次第では，(116)以外にもたとえば(118)のような多様な解釈も十分可能なのである．

(118) a. 《[x_i を枕にして寝れば頭が良くなる]本$_i$》
　　　b. 《[x_i を床の間に飾れば頭が良くなる]本$_i$》
　　　c. 《[x_i をカバンに入れて持ち運べば頭が良くなる]本$_i$》

もちろん，これらの読みはすべて連体修飾節のなかに空所があるので内の関係である．このことは，連体修飾節「頭が良くなる」と「本」との緊張関係は内の関係ではあるが，意味論だけでは捉えきれないことを示す．(118)の各読みは，《人が本に対してしかじかの行為をするならば，その人の頭が良くなる，そういう本》という風に読んでいることがわかる．したがって，(115)の意味表示(論理形式)として，ひとまず(119)を仮定し，(119)に対して語用論的操作を適用した結果が(118)の各読みであると考えることができるかもしれない．

(119) 《[人$_j$ が x_i を φ スルならば，y_j の頭が良くなる]本$_i$》

(119)の自由変項 φ のなかに，コンテクストに応じてたとえば，「枕にして寝る」「床の間に飾る」「カバンに入れて持ち運ぶ」などを入れて解釈するのである．

　しかし，「頭の良くなる本」に対する解釈として，コンテクストによっては，(120)のようなものも可能であることに注意しよう．

(120) 《[x_i がお地蔵さんの頭の上に置かれているならば，通りがかった人の頭が良くなる]本$_i$》

ここでは，人が本に対して何らかの行為をしているわけではない．したがって，(120)のような読みは，意味表示(119)から語用論的に得るわけにはいかない．そこで，(115)の意味表示としては，(118)ばかりでなく(120)のような解釈をも可能にするものとして，(119)よりもさらに一般的な(121)のようなものを仮定する必要がある．

(121) 《[人$_j$ が x_i と何らかの関係があるならば，y_j の頭が良くなる]本$_i$》

もちろん，(121)はきわめて実質的内容の乏しい意味表示である．それにもかかわらず，(115)の意味表示としてこの情報は必要なのである．もし以上の考察が正しければ「頭の良くなる本」について次のことがいえよう．

(122) a. 「頭の良くなる本」という名詞句の意味は(121)であり，なんら曖昧ではない．
b. 「頭の良くなる本」に対する語用論的解釈は多様である．
c. 「頭の良くなる本」に対するもっとも自然な読み《それを読めば，頭が良くなる本》は，この名詞句の意味ではなく，「本」および「読む」という表現からもっともアクセスしやすい語用論的解釈にほかならない．

(123)も同様である．

(123) 頭の良くなる飴

(123)に対するもっとも自然な解釈は(124a)であろうが，いうまでもなく，それは「飴」から「なめる」ということが語用論的にアクセスしやすいからにほかならず，コンテクスト次第では，(124b)や(124c)などの解釈も可能なのである．

(124) a. 《[x_i をなめれば頭が良くなる]飴$_i$》
b. 《[x_i を握っていれば頭が良くなる]飴$_i$》
c. 《[x_i を勉強机の上に置けば頭が良くなる]飴$_i$》

(125a)や(126a)も同様である．(125a)と(126a)に対するもっとも自然な解釈は，それぞれ，対応する(125b)と(126b)であろうが，いうまでもなく，それは「薬」を「3キロやせる」と結びつけるためには「服用する」がアクセスしや

すいし,「印鑑」を「商売が繁盛する」と結びつけるためには「伝票に押印する」がアクセスしやすいという語用論的理由によるものにほかならない.

(125) a. 3 キロやせる薬
b. 《[x_i を服用すれば 3 キロやせる]薬$_i$》
(126) a. 商売が繁盛する印鑑
b. 《[x_i を商取引上の伝票や書類に押印すれば,商売が繁盛する]印鑑$_i$》

また,われわれが(127)を聞いて(128)という内容を理解できるのは,聞き手が,一般に,「テレビのコマーシャルのあいだに,視聴者はトイレに行くことが多い」といったコンテクストを容易に構築できるからである.

(127) トイレに行けないコマーシャル
(128) 《テレビ視聴者がトイレに行くことを躊躇させるほど目が離せないコマーシャル》

したがって,コンテクストを変えれば,(127)についても《そのコマーシャルはあまりに怖い話で,それを見た後ではトイレに行くことを躊躇させるようなコマーシャル》といった別の解釈もありうるのである.いずれにせよ,この種の[連体修飾節+名詞]の多様な解釈は言語表現自体の意味のレベルで扱う曖昧性とは別だ,という認識は重要である.

4.4.6 「藤田が描いたアトリエ」の曖昧性

今度は次の表現を見よう.

(129) 藤田が描いたアトリエ

(129)のような装定表現を述定表現に展開しようとすると(130)のような 3 通りの可能性がある.

(130) a. 藤田が(その)アトリエを描いた.
b. 藤田が(その)アトリエで絵を描いた.
c. 藤田が(その)アトリエに絵を描いた.

つまり,(129)における「描く」と「アトリエ」との統語関係は 3 通りに曖昧

なのである．もちろん，(129)に対する実際の解釈としては，(130b)の関係で読むのが一番自然であろうが，それは「アトリエ」から連想される語用論的な理由によるものでしかない．もし(129)の「アトリエ」を「猫」に替えた(131)であれば，対応する述定表現は「藤田が猫を描いた」であり，またそれがもっとも自然であろう．

(131) 藤田が描いた猫

また，(129)の「アトリエ」を「壁面」に替えた(132)であれば，対応する述定表現は「藤田が壁面に絵を描いた」であろう．

(132) 藤田が描いた壁面

(133)は「食べることができる」と「坊や」との統語関係を(134)のように2通りに解釈でき，曖昧である．

(133) いつでも食べることができる坊や
(134) a. 《[x_i はいつでも食事をする用意ができている]坊や$_i$》
b. 《[(われわれは)x_i をいつでも食べることができる]坊や$_i$》

(135)は「山田先生」「生徒」「好く」の統語関係を(136)のように2通りに解釈でき，曖昧である．

(135) 山田先生が好きな生徒
(136) a. 《[山田先生が x_i を好む]生徒$_i$》
b. 《[x_i が山田先生を好む]生徒$_i$》

したがって，ここで扱っている曖昧性は装定表現に見られる曖昧性であり，対応する述定表現では曖昧でなくなることもある．

4.4.7 「注文の多い料理店」の曖昧性

本項では，宮沢賢治の有名な作品のタイトル(137)を考えよう．

(137) 注文の多い料理店

宮沢賢治の物語では，森の中で道に迷い，お腹をすかせた二人の紳士が西洋料理店「山猫軒」を見つけ，「当軒は注文の多い料理店です」という表示を見て

「ここは，人気があって，注文する人が多い料理店だろう」と解釈し，喜んで中に入ったところ，実際は「客に対してあれこれ注文をつける料理店」であり，ひどい目にあう，というストーリーになっている．

この項では，宮沢賢治の物語からひとまず離れて，「注文の多い料理店」という言語表現自体をより注意深く，言語学的に分析してみよう．この表現は意外に厄介である．まず，これは(131)のような意味構造をもつ名詞句であると考えられ，内の関係の名詞句であるといえる．

(138) 《[x_i は，注文の多い]料理店$_i$》

したがって，装定表現である(137)は，(139)のような述定表現に展開可能である．

(139) (あの)料理店は注文が多い．

つまり，(137)の主名詞句「料理店」は，「注文が多い」と何らかの格関係を有しながら(139)のような述定表現の成立に関与しているのである．言い換えれば，名詞句(137)は，述定表現(139)のなかから，一つの要素「料理店」を抜きだし，それを主名詞句とする連体修飾構造だということができる．ちなみに，装定表現では，「注文の多い料理店」と「注文が多い料理店」の両方が可能であるが，対応する述定表現においては(140)のように，「注文の多い」は不可である．

(140) *(あの)料理店は注文の多い．

さて，(139)に関して第一に注意すべきことは，「注文」という語自体の曖昧性である．この語は，「注文する」という動詞から派生した行為名詞であるが，「(A が B に)注文する」という動詞自体に，(141)と(142)という二つの異なった意味がある．

(141) 《A が B に対してあれこれ希望の条件を言う，要求する》
(142) 《A が B に対して C の製造・配達・購入などを依頼する》

(141)を「要求読み」，(142)を「オーダー読み」とよぶとすると，動詞から派生した名詞「注文」についても要求読みとオーダー読みの両方があり曖昧である，ということになる．次例は名詞「注文」が要求読みで使われたケースであ

る.

(143) a. 居間は南向きにするという注文を一つだけして家を建てた.
b. 原作者の注文にこたえた演出

この意味では，次例のように「AがBに注文をつける」という言い方をすることが多い.

(144) a. アメリカは日本に無理な注文をつけてきた.
b. 職人は，材料にいちいち細かく注文をつける.
c. 横綱は，立ち合いに注文をつけた.

なお，要求読みの動詞「注文する」は「Aが注文する」「AがBに(対して)注文する」は可能であるが，「Cを注文する」のような目的格をとることはない.この点では，要求読みの名詞「注文」も同様である[20].
　一方，次例は「注文する」がオーダー読みで使われたケースである.

(145) a. 花子は丸善に数冊の本を注文した.
b. 太郎は仕立て屋に背広を注文した.
c. 学生たちはそばやに天ぷらそばを注文した.

(139)に関して2番目に注意すべきことは，(139)における「注文」と「(あの)料理店」との格関係の曖昧性である．まず，オーダー読みの場合，(146)のように4通りの関係が可能である[21].

(146) a. (あの)料理店ガ注文する.
b. (あの)料理店ニ注文する.
c. (あの)料理店ヲ注文する.
d. (あの)料理店デ注文する.

以下，それぞれについて説明しよう．まず，ある料理店(たとえば，山猫軒)が肉を仕入れている肉屋があるとしよう．その肉屋の側から山猫軒について(147)が発話されたとする.

(147) あの料理店はうちのお得意さまですよ．あそこは，(うちへの)注文が
　　　多い料理店ですから.

ここでは，(148)が成立しているので，(146a)のケースだということになる．

(148) あの料理店**ガ**(肉屋に)(肉を)注文する．

次に，ある料理店(たとえば，山猫軒)が人気があり，(人々から)(料理の)注文が多いとしよう．そのようなコンテクストで(149)が発話されたとする．

(149) ここは，注文の多い料理店です．ですから，料理が出てくるまでに時間がかかりますのでご理解ください．

ここでは，(150)が成立しているので，(146b)のケースだということになる．

(150) (人々が)あの料理店**ニ**(料理を)注文する．

宮沢賢治の物語に登場する紳士は，「注文の多い料理店」をまさに(149)の読みで解釈したのである．

次に，ある料理店，たとえば「山猫軒」が，全国に展開するチェーン・レストランだと仮定しよう．山猫軒はレンガを多用する特殊な建物であるため，それを建設できる業者は，全国でもY建設会社だけだとしよう．さて，山猫軒の繁盛に目をつけた地方自治体から，村おこしや町おこしのために，Y建設会社に対して，「うちの村にも山猫軒を建ててくれ」「わが町にも山猫軒を建ててくれ」という要望がひっきりなしにあるとしよう．そのようなコンテクストでY建設会社の社員が(151)を発話したとする．

(151) 今年だけでもうちは，山猫軒を8軒も建てたよ．山猫軒は，実に注文の多い料理店だね．それに比べて海猫軒は注文の少ない料理店だ．

ここでは，(152)が成立しているので，(146c)のケースだということになる．

(152) (各地の村や町が)(Y建設会社に)あの料理店**ヲ**注文する．

次に，学生たちが手作りのグルメ雑誌を発刊したと仮定しよう．彼らは，その雑誌の購読注文をとるべく，あちこちで宣伝活動をしているが，どうも注文がうまくとれない．そのようなコンテクストで，ある教師が学生たちに，特定の料理店(たとえば，山猫軒)を紹介し，「あの料理店で宣伝すればきっとグルメ雑誌の購読注文が多くとれるよ」という助言をおこなったとする．実際，その料理店にグルメ雑誌のパンフレットを置くと，料理店の多くの客が雑誌購読

の注文をしたと仮定しよう．そのことを学生たちが先の教師に報告するとき，(153)のような発話をするであろう．

(153) あそこは，先生のおっしゃったとおり，(われわれの雑誌の)注文の多い料理店です．

ここでは，(154)が成立しているので，(146d)のケースだということになる．

(154) あの料理店デ(客が)(グルメ雑誌を)注文する．

次に「注文」に対する要求読みに移ろう．(139)における「注文」と「(あの)料理店」との格関係は，(155)のように3通りの関係が可能である．上述のごとく，オーダー読みの場合と異なり，要求読みの場合は，「(あの)料理店」が「注文する」の目的格になるケース，つまり，「(あの)料理店ヲ注文する」というケースは排除されることに注意しよう．

(155) a. (あの)料理店ガ注文する．
      b. (あの)料理店ニ注文する．
      c. (あの)料理店デ注文する．

以下，それぞれについて説明する．まず，ある料理店(たとえば，山猫軒)が肉を仕入れている肉屋があるとしよう．山猫軒は，仕入れの肉に関してあれこれ細かい注文をつけると仮定する．そのようなコンテクストにおいて，肉屋の側から(156)が発話されたとする．

(156) 山猫軒は，注文の多い料理店だね．でも，山猫軒は，われわれのお得意さんだから，どんな要求にも応じなければならないな．

ここでは，(157)が成立しているので，(155a)のケースだということになる．

(157) あの料理店ガ(われわれに対してあれこれ)注文する．

ここで，宮沢賢治の物語を思い起こしてほしい．そこでは，山猫軒が，やってきた客に対してやれ「靴をぬぎなさい」，やれ「帽子をとりなさい」，やれ「顔や手足にクリームを塗りなさい」，やれ「頭に香水を振りかけなさい」などと次々に注文する料理店であるというセッティングになっているが，そこでは，(158)が成立しているので，やはり，(155a)のケースだということになる．

(158) あの料理店ガ(客に対してあれこれ)注文する.

次に，ある町の保健所が，町内の料理店の衛生検査を書類審査および実地検査の両方でおこなうことになったとしよう．例の山猫軒はその町にある料理店だとする．ところが山猫軒については，衛生面にいろいろ問題があるとして，書類審査の段階で保健所側が多くのクレームを課していたとしよう．そのようなコンテクストにおいて，保健所で，実地検査の具体的スケジュールを決める会議が開かれ，保健所の食品衛生監視指導班長が(159)の発話をしたとしよう．

(159) 所長，山猫軒は，(われわれ側からの)注文の多い料理店ですから，実地検査の時間は十分とっておいた方が良いと思いますよ．ですから，山猫軒の実地検査は，明日の午後1時〜4時にやりましょう．

ここでは，(160)が成立しているので，(155b)のケースだということになる．

(160) (われわれが)あの料理店ニ(あれこれ)注文する．

次に，手作りのグルメ雑誌を発刊した学生たちのケースを考えよう．そのグルメ雑誌は好評で，料理好きの多くの読者層を得るにいたったとしよう．当然のことながら，有名料理店の客の多くは，その雑誌の購読者である．ところが，どういうわけか，有名料理店である山猫軒の客には，やれ雑誌の内容がつまらないとか，レイアウトが陳腐だとか，写真が面白くないなど，あれこれ細かく注文をつける人が多いとしよう．そのようなコンテクストで，グルメ雑誌を編集している学生幹部が，山猫軒について(161)を口にしたとする．

(161) あそこは，実に(われわれの雑誌に対する)注文の多い料理店だね．でもわれわれはそれを真面目に受け取る必要がある．

ここでは，(162)が成立しているので，(155c)のケースだということになる．

(162) あの料理店デ(料理店の客が)(われわれの雑誌に対してあれこれ)注文する．

以上を整理すると，(139)の「(あの)料理店は注文が多い」は，オーダー読みで(146)のように4通り，要求読みで(155)のように3通りあるゆえ，結局，7通りに曖昧な文であることがわかる．そして言うまでもなく，この曖昧性は

意味論レベルで規定されるべき事実なのである.

(146) a. (あの)料理店ガ注文する.
　　　b. (あの)料理店ニ注文する.
　　　c. (あの)料理店ヲ注文する.
　　　d. (あの)料理店デ注文する.
(155) a. (あの)料理店ガ注文する.
　　　b. (あの)料理店ニ注文する.
　　　c. (あの)料理店デ注文する.

「(あの)料理店は注文が多い」という述定文が7通りに曖昧であるならば，対応する名詞句「注文の多い料理店」(=137)も7通りに曖昧である．そして，本項の冒頭で述べた宮沢賢治の作品ではこのうち，(146b)と(155a)の二つの意味の曖昧性が重要な鍵になって作品が展開されていることがわかるであろう．

4.4.8 「8本のバナナ」の曖昧性

4.3.6において，「3冊の本」「8人の学生」「2台の車」「4軒の家」「1リットルの水」などの[数量数量詞＋名詞]と，「100 m^{2}の家」「2000 ccの車」「200キロの力士」などの[属性数量詞＋名詞]を区別した．ところが，属性数量詞の解釈と数量数量詞の解釈のいずれも可能であり，その点で曖昧な名詞句も存在する[22]．次の例を見よう．

(163) a. 8本のバナナ
　　　b. 54段の階段
　　　c. 6 mの布
　　　d. 100ページの本
　　　e. コップ1杯の水

(163a)の「8本のバナナ」は，(164)のような文に現れたときはバナナの数を述べているので[数量数量詞＋名詞]と見なすことができる．

(164) 花子はバナナをA店で1本，B店で3本，C店で4本買った．ということは，花子は8本のバナナを買ったわけだ．

そのことは，数量数量詞を主名詞から遊離させて(165)のようにしても実質

に意味が変わらないことからも明らかである．

(165) 花子はバナナをA店で1本，B店で3本，C店で4本買った．ということは，花子はバナナを8本買ったわけだ．

ところが，「8本のバナナ」は，(166)のような文に現れたときは《8本から構成されるバナナ》，つまり，《8本一組のバナナ》を表すので[属性数量詞＋名詞]と見なすことができる．

(166) 果物屋に，5本のバナナがのっている皿，6本のバナナがのっている皿，8本のバナナがのっている皿，10本のバナナがのっている皿があった．正子は6本のバナナを買った．花子は，少し迷ったが，<u>8本のバナナ</u>を買った．

(166)の最後の文の「8本の」を主名詞から遊離させて(167)とするわけにはいかない．

(167) 花子は，少し迷ったが，バナナを8本買った．

このことは，(164)の最後の文を(168)で言い換えることはできないが，(166)の最後の文を(169)で言い換えることはできることからも裏付けを得られる．

(168) ということは，花子は8本のを買ったわけだ．
(169) 花子は，少し迷ったが，8本のを買った．

属性数量詞は形容詞と同様の修飾語であるため，主名詞句を代名詞的な「の」で置き換えることができるのである．

同様のことは，(170)に登場する「54段の(階段)」についても言える．

(170) 太郎は，毎日，<u>54段の階段</u>を上がる．

(170)における「54段の」を数量数量詞と見なすとき，(170)に数量詞遊離を適用して(171)を得ることができるし，意味も(170)と変わらない．

(171) 太郎は，毎日，階段を54段上がる．

したがって，太郎が異なる階段を合わせて54段分上がったとしても(171)の意味での(170)は真となるのである．一方，「54段の」を属性数量詞と見なすな

らば，太郎が，54 段からなる特定の階段を上がらなければ(170)は真とならない．その場合，その階段の一番上の 54 段目まで上がらなくても，毎日その階段を 10 段でも上がったならば《54 段からなる特定の階段を毎日上がった》という点で(170)は真となるのである．後者の読みでは(171)のような数量詞遊離は不可能である．

(172)に登場する「6 m の(布)」も，属性数量詞として読むか数量数量詞として読むかに応じて曖昧である．

(172) 花子は，<u>6 m の布</u>を買った．

前者の読みでは，《6 m の長さの布》を買ったという意味である．後者の読みでは，《6 m 分の布》を買ったという読みである．その場合，3 m と 2 m と 1 m の長さの布を買った場合も真となるのである．この場合，(173)のように数量詞遊離は可能である．

(173) 花子は，布を 6 m 買った．

(174)に登場する「100 ページの(本)」も，属性数量詞として読むか数量数量詞として読むかに応じて曖昧である．

(174) 太郎は，<u>100 ページの本</u>を読んだ．

前者の読みでは，《100 ページの厚さの本》を読んだという意味である．後者の読みでは，《本を 100 ページ分読んだ》という読みである．後者の場合のみ，(175)のように数量詞遊離が可能となる．

(175) 太郎は，本を 100 ページ読んだ．

(176)に登場する「コップ 1 杯の(水)」も，「コップ 1 杯の」を属性数量詞として読むならば，「太郎は，あるコップを口にあてて，それに入っている水をすべて飲みほした」という読みであるが，もし「コップ 1 杯の」を数量数量詞として読むならば，太郎が別にコップを使用しなくても，湧き水を手ですくって飲んだ場合でも，あるいは水道の蛇口から直接水を飲んだ場合でも，要は飲んだ量がコップ 1 杯分に相当するのであれば真となるのである．

(176) 太郎は，<u>コップ 1 杯の水</u>を飲んだ．

後者の読みの場合に限り，(176)は(177)で言い換えできるのである．

(177) 太郎は，水をコップ1杯分，飲んだ．

以上の考察は，(163)の各名詞句は，その数量詞を数量数量詞として読むか，それとも属性数量詞として読むかに応じて曖昧であるということになる．この曖昧性は意味論レベルで規定すべき事実であり，語用論は関与しないのである．もちろん，(163)の各名詞句が実際に発話として用いられたときは，語用論的理由で，いずれかの読みが解釈されるのである．

▶ 注

1) 太郎が，医者でないにもかかわらず，雑誌などで自分の病気についてあれこれ調べ，その病気について長々と講釈し，勝手な判断で薬の服用をやめてしまったりする患者だとしよう．そのことを揶揄する目的で(3)が用いられたとき，「医者」は字義通りの意味ではなく比喩的に用いられている．「医者」のこのような使われ方は，「医者」の意味論的な意味の一つではなく，語用論的に解釈されたものである（第3章3.1.3.1の「アドホック概念構築」の項を参照）．
2) 名詞は語のカテゴリー（品詞）であるが，名詞を中心にして修飾語で膨らませた，語よりも大きい単位のことを名詞句とよぶ．以下では，名詞をN，名詞句をNPと略記する．(13)は[名詞＋の＋名詞]の例であるが，「金持ちの太郎の大きな車」(タイプA)，「いつも病気の母」(タイプB)，「美しい着物を着たときの太った母」(タイプC)，「画家である花子の欠点」(タイプD)，「指導教授であるチョムスキーの重要な主張」(タイプE)，「学会で発表した論文の長い目次」(タイプF)，なども実質的に同様である．これらをもカバーするためには[名詞＋の＋名詞]ではなくて，[名詞句＋の＋名詞句]，つまり，[NP_1のNP_2]まで拡張すべきであるが，ここでは便宜上，その基本型として，[名詞＋の＋名詞]の例のみあげておく．
3) 帝銀事件とは，1948(昭和23)年1月26日に東京都豊島区の帝国銀行(現在の三井住友銀行)椎名町支店で発生した銀行強盗事件をいう．この事件は，行員に青酸化合物を飲ませて金を奪うという昭和史に残る凶悪事件とされている．テンペラ画家の平沢貞通が犯人として逮捕され死刑が確定したものの，平沢は処刑されることなく獄中で病死した．この事件には謎が多く，平沢を真犯人とした判決に疑問をもつ人もいる．
4) 英語では at the station, from London, of Japan のように[前置詞＋名詞]の順序であるが，日本語では「駅で」「ロンドンから」「日本の」のように，[名詞＋助詞]の順序である．そのため，「助詞」は「後置詞」ともよばれる．
5) 「措定文」「倒置指定文」については第5章5.4節で説明する．「同定文」については西山(2003)を参照．
6) 「3人の女性の運転手」を《3人の女性が共有している運転手》や《3人の女性が好意をもっている運転手》の読みで解釈することはもちろん可能であるが，これは，「3人の女性の運転手」を《3人の女性と関係Rを有する運転手》の意味でタイプAとして読み，Rというスロット（変項）を飽和という作業によって語用論的に解釈したものである．しかし，「3人の女性の運転手」を《3人の女性デアル運転手》の意味で，つまりタイプBとして読むことはできないのである．

7)「飽和名詞」「非飽和名詞」という概念は西山(1990b)ではじめて導入され，西山(2003)でさらに展開されたものである．この概念をめぐって，三宅(2000)および西川(2010b)で肯定的な議論が，また影山(2011: 227-230)および大島(2010: 242-250)において批判的な議論がなされている．
8) 名詞句[NP₁のNP₂]の分類において，タイプAよりタイプEまでは西山(2003)で提案したものであるが，これらに加えてタイプFの存在の必要性を指摘したのは，西川賢哉氏である．西山(2003)では，非飽和名詞と譲渡不可能名詞の区別が明確ではなかった．たとえば，西山(2003)では「表紙」を非飽和名詞と見なしていたが，これは飽和名詞であり，譲渡不可能名詞と見なすべきである．
9) この点の指摘は西川賢哉氏に負う．
10) これは西川賢哉氏の観察による．
11) 田窪(1994)を参照．
12) 寺村(1977/1992)は，この種の名詞を「相対名詞」という術語で捉えようとしている．寺村のいう「相対名詞」が節をパラメータの値と見なす非飽和名詞と同一概念であるかどうかについてはさらなる検討を要する．
13) このことを初めて明確に述べたのは山泉(2010)である．西山(2003)では非飽和名詞のパラメータは名詞の場合しか考えていなかった．
14) 山泉(2010: 57)にも同様の観察がある．
15) 西山(2003)はそのように見なしていたがこれは問題である．
16) チョムスキーのこの見解の存在を筆者に指摘してくれたのは西川賢哉氏である．
17) もし(88)の「この薬を飲んだために」を「太った」にではなく，「訴訟を起こしている」にかかると見なすならば，「太った」を女性の恒常的状態を表すと読むことができる．
18) Nishiyama and Kajiura(2011)はこの考えを正当化する言語学的論拠を示している．
19) (108)の曖昧性を初めて明確に論じたのは西川(2010a)である．ここでの議論は西川の議論に従っている．
20) 要求読みの動詞「注文する」に対応する英語は order ではなくて make a request であろう．
21) (146d)の読みの可能性を筆者に指摘してくれたのは梶浦恭平氏である．
22) この種の曖昧性を筆者に指摘してくれたのは峯島宏次氏である．

第5章　文の曖昧性はどこからくるか

　第4章では，語や句のレベルでの曖昧性を見てきたが，本章では文レベルでの曖昧性を検討する．まず，文はどのような要因で曖昧になるかを概観しよう．

5.1　文の曖昧性をもたらす要因

　文は多様な要因で曖昧になりうる．その主要な要因には以下のようなものがある．

(1) a. 文を構成している構成素が曖昧である．
　　b. 文の統語構造が曖昧である．
　　c. 否定詞や数量詞，副詞などの操作詞の作用域が複数ある．
　　d. 文中の名詞句の意味機能が異なる：指示的名詞句と変項名詞句
　　e. 束縛変項読みと自由変項読み
　　f. 特殊な構文の曖昧性（たとえば because 構文）
　　g. 指示的不透明性（referential opacity）
　　h. 変項名詞句と潜伏疑問の組み合わせ

　まず，(1a)は，ある文に曖昧な語や句が含まれている場合は曖昧になりうることを示している．たとえば，第4章で詳しく見たように，(2)の各文の下線部はそれぞれ別の理由で曖昧であった．そして，まさにその曖昧性が文全体に投影されて，これらの文は曖昧になっている．

(2) a. もう少し<u>勉強</u>してください．
　　b. <u>看護師の娘</u>が結婚した．
　　c. <u>母親の教育</u>が重要だ．
　　d. <u>ふざけたやつ</u>は誰だ？
　　e. <u>あのときの課長</u>は鈴木さんです．

 f. 良い椅子を見つけたよ．
 g. 昨晩，私の弁護士の叔父が亡くなりました．
 h. 花子は，藤田の描いたアトリエを訪れた．
 i. 山猫軒は，注文の多い料理店だね．

たとえば，第 4 章 4.4.6 で見たように，(2h) の下線部は装定表現であるが，これを述定表現に展開しようとすると，「藤田」と「アトリエ」と「描いた」の関係により，(3) のような 3 通りの可能性がある．

 (3) a. 藤田が (その) アトリエを描いた．
   b. 藤田が (その) アトリエで絵を描いた．
   c. 藤田が (その) アトリエに絵を描いた．

したがって，(2h) 全体は，(4) のように 3 通りに曖昧になるのである．

 (4) a. 《花子は，藤田がモデルとして描いたアトリエを訪れた》
   b. 《花子は，藤田が絵を描くのに使用したアトリエを訪れた》
   c. 《花子は，藤田がそこに絵を描いたアトリエを訪れた》

(2) の他の例も同様である．したがって，(1a) の要因による文の曖昧性についてはこれ以上論じる必要はないであろう．以下では，それ以外の要因，つまり，(1b-1h) の要因による曖昧性を詳しく見ていくことにしよう．

5.2 文の統語構造が曖昧性をもたらす

 まず，文の意味と，その文を構成している語の意味との関係を押さえておこう．たとえば，(5) は，「父」「は」「好きな」「お酒」「を」「戸棚」「に」「隠す」「ている」「ようだ」といった語から構成されているが，(5) の文の意味に，これらの語の意味がなんらかの仕方で寄与していることは明らかである．

 (5) 父は好きなお酒を戸棚に隠しているようだ．

一方，(5) には，「母」「自転車」「リンゴ」「お菓子」「しかし」「できる」などの語は登場しないが，これらの語の意味が (5) の文の意味に一切効いてこないことは，これまた当然であろう．そこから，(6) はひとまず正しいといえるで

あろう．

(6) 文の意味には，その文に登場している語の意味が寄与している[1]．

5.1節で，(2)の各文の下線部の曖昧性が文全体の曖昧性に投影されていることを見たが，そのことは(6)が正しいことを裏付けている．そこで，(6)は基本的に正しいとして，問題は「語の意味がいかなる仕方で寄与しているか」である．一つの素朴な考えは，「文中の単語の意味が加えられれば，文の意味が構築できる」というものであろう．つまり，(7)の主張である．

(7) 文の意味はそれを構成している単語の意味の和である．

(7)は正しいであろうか．(8)と(9)を見てみよう．

(8) 警察官が犯人を追いかけた．
(9) 犯人が警察官を追いかけた．

(8)と(9)は同じ単語から構成されている文であるが，明らかに文の意味は互いに異なる．このことは，(7)が維持できないことを示している．(8)と(9)の事実から，むしろ語順が文の意味に寄与していることがわかる．そこからある人は(10)を主張するかもしれない．

(10) 文の意味に寄与するのは，文を構成している語の意味と語順である．

(10)はどこまで正しいであろうか．もし(10)が正しいならば，文を構成している語の意味および語順が固定している限り，文の意味も一つに決まり，曖昧でないはずである．この観点から(11)を見てみよう．

(11) 男の子と女の子の母親がやってきた．

(11)は同じ語が一定の順序に従って配列されているにもかかわらず，(i)《男の子と，女の子の母親，計二人がやってきた》，(ii)《男の子の母親でもあり，女の子の母親でもあるような一人の女性がやってきた》，という二つの意味があり，曖昧である．このことから，文を構成している語の意味および語順だけではなく，文中のどの語とどの語がまとまりをなしているかという側面も文の意味に寄与することがわかる．このことはまた，文はたんに語がいわば串団子のように線状的に並んでいるものではなく，ある語とある語が一つのまとまりを

なす構造を有していることを示す．この語のまとまりを**構成素**(constituent)とよぶ．今，構成素を[　]で括って表すとすると，(11)の文は(12a)と(12b)の2通りの構成素の可能性があるといえる．

(12) a. [男の子]と[女の子の母親]がやってきた．
b. [[男の子と女の子]の母親]がやってきた．

文はこのように構成素からなる統語構造を有しており，その構造の違いが文の意味の違いに投影されるわけである．同じことは，(13)についてもいえる．

(13) あそこに小さな女の子の学校があります．
(14) a. あそこに[小さな女の子]の学校があります．
b. あそこに小さな[女の子の学校]があります．

学校文法的にいえば，(13)の「小さな」が「女の子」にかかるか，「学校」にかかるかの違いによって，この文は曖昧になるのであるが，この「小さな」のかかり方の違いを構成素の分け方の違いとしてより明示的に表したのが(14)である．同じことは，英語の(15)についてもいえる．

(15) He saw the girl with a telescope.
(16) a. He saw the girl [with a telescope].
b. He saw [the girl with a telescope].

(15)は，《彼は望遠鏡を使って少女を見た》とも《彼は，望遠鏡を手にしている少女を見た》とも読むことができ曖昧であるが，それは，(15)の統語構造が単一ではなく，(16a)と(16b)のように，それぞれ異なる構成素からなる二つの統語構造があることに起因する．今度は次の例を見よう．

(17) Mary wrote a book about Obama.

(17)が曖昧であることはなかなか気づきにくいかもしれないが，この文は，a book about Obamaの部分をどのような構成素として分析するかに応じて異なった意味をもつのである．つまり，(17)の背後にある統語構造としては(18)と(19)の可能性がある(Akmajian and Heny 1975: 49-50)．

(18)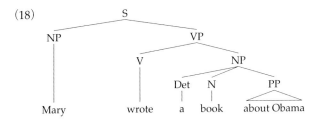

(19)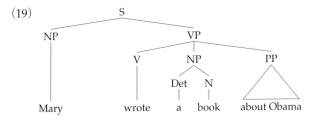

(18), (19)において, Sは文(Sentence), Nは名詞(Noun), NPは名詞句(Noun Phrase), Vは動詞(Verb), VPは動詞句(Verb Phrase), PPは前置詞句(Preposition Phrase), Detは限定詞(Determiner)をそれぞれ表す. (18)においてa book about ObamaがNPという構成素をなし, そのNPがwriteと姉妹関係を結んでいるが, (19)では, そのような構成素はなく, writeとa bookとabout Obamaが対等に姉妹関係を結んでいることに注意しよう.

(17)を(18)の統語構造として読むならば(20)の意味になるが, (17)を(19)の統語構造として読むならば, (21)の意味になる.

(20)《メアリはオバマに関する本を書いた》
(21)《メアリはオバマに関して, 本を書いた》

(20)と(21)の意味の違いは日本語でも微妙であるが, この違いは(22)を見れば明確になる.

(22) Mary wrote her first book about Obama last year.

(22)を(18)に類似した統語構造として読むならば(23)の意味になるが, (22)を(19)に類似した統語構造として読むならば, (24)の意味になる.

(23)《メアリは(すでに本を何冊も執筆しているが)オバマに関する最初の本を昨年執筆した》

(24) 《メアリは昨年，処女作を書いたが，それはオバマに関してであった》

(23)と(24)の意味の違いは歴然としている．

これまで見てきたケースは，いずれも単文(すなわち，従属節を含まない文)において，ある語がどの語と構成素をなすかという点で生じる曖昧性であった．今度は次の例を見よう．

(25) 先生はとつぜん花子が泣き出したと言った．

学校文法的に言えば，(25)の「とつぜん」が「泣きだした」にかかるか，「言った」にかかるかの違いによって，この文は曖昧になるのであるが，(25)はこれまで見てきた例と違って従属節を含む複文であることに注意しよう．つまり，「先生は…と言った」という文中の…の部分に「花子が泣き出した」という別の文が埋め込まれているのである．そして，「とつぜん」が主文に登場するか，埋め込み文に登場するかで文全体は異なる意味になるのである．このことを樹形図で描くと，(26)と(27)のようになる．

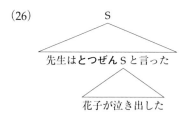

(26)では「とつぜん」が上のS(主文)に現れているのに対して，(27)では「とつぜん」が下のS(埋め込み文)に現れていることがわかるであろう．このように，(25)の文には(26)と(27)という異なった構造が背後にあり，その構造の違いを理解しないまま，(25)を語がたんに線状的に配列されたものと見なしていたのでは，(25)の曖昧性はわからないのである．同じことは，(28)についても

いえる.

(28) 太郎は自転車で逃げた泥棒を追いかけた.
(29) a. 太郎は[自転車で逃げた泥棒]を追いかけた.
   b. 太郎は自転車で[逃げた泥棒]を追いかけた.

(28)は(29a)のように,「自転車で」が連体修飾節に現れ「逃げた」にかかるか,それとも(29b)のように「自転車で」が主文に現れ「追いかけた」にかかるかの違いである.

同じことは英語についてもあてはまる.(30)を見よう.

(30) When did the boy tell his father that he hurt himself?
(31) 少年はお父さんにいつ怪我をしたと言ったのか.
(32) a. 少年はお父さんに[いつ怪我をした]と言ったのか.
   b. 少年はお父さんにいつ[怪我をした]と言ったのか.

(30)に対応する日本語は(31)であるが,(31)は,(32a, b)で明らかなように,「いつ」が埋め込み文にあるか,それとも主文にあるかに応じて曖昧である.英語の(30)もまったく同じように,疑問詞 when が that 節(埋め込み文)のなかに元々あったのか,それとも主節(主文)のなかに元々あったのかに応じて曖昧になるのである.英語では日本語と異なり,疑問詞 when は文頭にこなければならないという規則があるため,二つの構造の違いがわかりにくくなっているのである.同様の曖昧性は(33)についてもいえる.

(33) Why do you believe that he was joking?
(34) なぜ彼は冗談を言っていたと君は思うの.
(35) a. [なぜ彼は冗談を言っていた]と君は思うの.
   b. なぜ[彼は冗談を言っていた]と君は思うの.

(33)に対応する日本語は(34)であるが,(34)は,(35a, b)で明らかなように,「なぜ」が埋め込み文にあるか,それとも主文にあるかに応じて曖昧なのである.英語の(33)もまったく同じように,疑問詞 why が that 節のなかに元々あったのか,それとも主節のなかに元々あったのかに応じて曖昧になるのである.このように,ある語がどのような語順で配列されているかだけでなく,その語が文の構造上,元々どの位置に登場している要素であるかということ(言い換

えれば，深いレベルの文構造の情報)が文の意味に決定的に効いてくるのである．

今度は次の例を見よう．（この下線部は第4章4.1節の冒頭で出したものである．）

(36) <u>良寛さんが好きな子供たちがやってきた</u>．

(36)は，《良寛さんガ好いている子供たちがやってきた》という読みと，《良寛さんヲ好いている子供たちがやってきた》という二つの読みがある．つまり，「好く」の主語が「良寛さん」で，「好く」の目的語が「子供たち」である読みと，「好く」の主語が「子供たち」で，「好く」の目的語が「良寛さん」である読みとがあり，その違いは，より正確には(37)と(38)のような構造の違いとして捉えることができる．

(37)

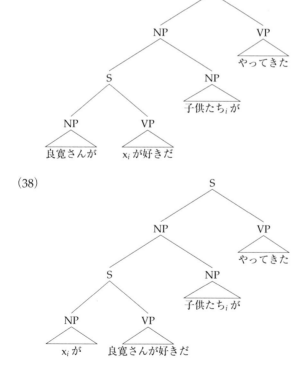

(38)

ここから，ある語が主語としての機能を果たしているか，それとも目的語としての機能を果たしているかという点が，文の意味に寄与していることがわかる．第4章4.4.6で見た「いつでも食べることができる坊や」(=第4章(133))の背後にある構文は(39)であるが，(39)も「坊や」を「食べる」の主語ととるか，それとも目的語ととるかに応じて(40)のような二つの意味が得られ，曖昧になるのである．

(39) その坊やはいつでも食べることができる．
(40) a. 《[x_i はいつでも食事をする用意ができている]坊や$_i$》
　　　b. 《[(われわれは)x_i をいつでも食べることができる]坊や$_i$》

ある語がどのような統語機能を果たすかという点で生じる曖昧性は英語の(41)や(42)にも見られる．これらの文の the chicken あるいは the lamb が eat の主語であるかそれとも目的語であるかによって，《　》のなかのような曖昧性をもつわけである．

(41) The chicken is ready to eat.
　　《①その鶏は餌を食べるべく待ち受けている，②その鶏肉はいつでも食べることができる》
(42) The lamb is too hot to eat.
　　《①その子羊はあまりに興奮しているため，餌を食べることができない，②その子羊の肉は熱すぎて，食べることができない》

このように，表面の形式が同一であっても，背後にある統語構造が異なることを**構造的ホモニム**とよぶ．構造的ホモニムである文は曖昧になるのである．
　次例は2012年5月の新聞記事から採ったものであるが，述語「ストーカー行為をしていた」の主語が「女性」であるか，それとも「36歳の男」であるかどうかに応じて意味が異なる．

(43) 警察は，ストーカー行為をしていた女性の自宅を放火したとして36歳の男を逮捕した．

前者の読みでは，《ある女性が36歳の男にストーカー行為をし，その男は(そのことに腹を立てて)女性の自宅を放火したため，警察はその男を逮捕した》という意味になる．一方，後者の読みでは，《36歳の男がある女性にストーカー

行為をし，さらにその男は女性の自宅を放火したため，警察はその男を逮捕した》という意味になる．新聞記事の意図は後者の読みである．

次例(44)は生成文法の教科書にしばしば登場する構造的ホモニムの有名な例である．

(44) Flying planes can be dangerous.
(45) a.《飛んでいる飛行機は時として危険だ》
　　 b.《飛行機を飛ばすことは時として危険だ》

(44)には，(45a)と(45b)の意味がある．学校文法的には，(45a)の読みでは flying planes は「形容詞的用法の現在分詞＋名詞」であり，(45b)の読みでは flying planes は「動名詞」であるとされる．たしかにそう言って間違いではないが，重要なことは，(45a)の読みでは，flying planes は planes which fly の意味であるから，planes が fly の主語であるのに対して，(45b)の読みでは planes が fly の目的語であるという点である．このように，planes が文中でどのような統語機能を果たすかという点でこれら二つの読みは互いに異なっている．このことは，(44)は互いに異なる統語構造を背後に有していることになる．要するに，文の背後にある統語構造(古典的生成文法では「深層構造」とか「基底構造」とよばれる)が文の意味解釈に決定的に効いてくるのである．

(46)も(44)とまったく同じタイプの構造的ホモニムの例である．

(46) Visiting relatives can be a nuisance.
(47) a.《家に訪ねてくる親戚はやっかいだ》
　　 b.《親戚を訪ねることはやっかいだ》

今度は少し複雑な文を見よう．

(48) What disturbed John was being disregarded by everyone.
(49) a.《ジョンを悩ませたのは，みなから無視されることであった》
　　 b.《ジョンを悩ませたことは，みなから無視されつつあった》

(48)には(49a)と(49b)の意味があり，曖昧である．まず，(48)に対する(49a)の読みから見ていこう．ここでは，(48)の what disturbed John は，[x disturbed John]のような変項を含んでおり，その変項 x の値を being disregarded by everyone で指定しているのである．この場合，(48)は(50)で言い

換えできる.

(50) Being disregarded by everyone disturbed John.

結局，(48)の背後に(50)の基底形があり，(50)の主語 being disregarded by everyone を強調した構文，つまり，《何がジョンを悩ませたかといえば，それは，みなから無視されることであった》と読むのである．(48)をこのように読んだ場合，それは擬似分裂文(5.4.4.2 参照)といわれる．この場合, being disregarded は動名詞であることはいうまでもない．

一方，(48)に対する(49b)の読みでは，(48)の what disturbed John は，the thing that disturbed John と言い換えでき，**自由関係節**(free relative clause)といわれるものである．したがって，what disturbed John は，何かジョンの心を悩ませていたことを指示する．たとえば，それは，禁煙車であるにもかかわらず，誰かがタバコを吸っていることを指示し，(48)全体は，《そのことがみなから無視されつつあった》と読むのである．この場合，was being disregarded は受身の進行形である．

また，次の例は，斜体部を自由関係節ととるか，疑問節ととるかに応じて曖昧になる．

(51) John discovered *what I have in my hand*.

もし斜体部を自由関係節ととるならば，《ジョンは，私の手のなかにあるものを見つけた》という意味になる．一方，もし下線部を疑問節ととるならば，《ジョンは，私が手のなかに何を持っているかがわかった》という間接疑問の意味になる．

以上の考察から，文の意味と曖昧性については次のことがいえる．

(52) 文の意味には，その文の背後にある統語構造(「深層構造」とか「基底構造」とよばれる)が大きく寄与する．ある文に対して，その背後に複数の異なった統語構造が存在する場合，その文は曖昧となる．

最後に次の比較的簡単な文の曖昧性に触れてこの節を終えることにしよう．

(53) 太郎は花子のように英語ができない． (畠山・本田・田中 2009)

この文はいうまでもなく(54)の否定文である．

(54) 太郎は花子のように英語ができる．

肯定文(54)の方は，「太郎は花子と同程度英語ができる」という意味であり曖昧ではない．ところが対応する否定文(53)は，(55)のような二つの意味があり曖昧になる．

(55) a.《太郎は花子ほど英語ができない》
　　 b.《太郎は花子と同程度英語ができない》

(55a)の読みでは，英語力の点で花子が太郎よりはるかに優れていることを述べている．一方，(55b)の読みでは，花子と太郎は同程度の英語力であることを述べている．また，(56)のように，(53)の「花子のように」という句の位置を単純に移動しただけでは(この移動操作は**スクランブリング**とよばれる)，その曖昧性は変わらない．ところが(57)のように，(53)の「花子のように」という句を文頭に出し，トピックとして「は」を付すと(この操作は**話題化**とよばれる)，曖昧ではなく，(55a)の意味しかもたない．

(56) 花子のように太郎は英語ができない．
(57) 花子のようには，太郎は英語ができない．

畠山・本田・田中(2009)は，これらの事実を考慮し，(53)の曖昧性を，「花子のように」という句が，この文の統語構造において占める位置(とりわけ，「ように」句と否定辞「ない」が同一節にあるかどうか)を考えることよってはじめて捉えることができると論じている．ここでその詳細に立ち入ることはできないが，(53)の文に見られるような，比較的単純に思われる曖昧性であっても，いざその曖昧性を統語構造に依拠してきちんと説明するためには，かなりの理論武装が要求されるのである．

5.3　要素の力の及ぶ範囲が曖昧性をもたらす

前節では文の統語構造が文の意味に寄与することを見たが，文の意味に寄与するものはそれだけではない．文中のある種の要素(否定表現，数量詞，副詞句)については，「それが力を及ぼす範囲」なるものがあり，この範囲が文の意味形成に効いてくるのである．本節では，そのような文中のある種の要素の力

が及ぶ範囲(これをその要素の**作用域**(scope)とよぶ)に伴う曖昧性について述べる．

5.3.1 「3個の問題に解答しなかった」の曖昧性

まず，次の例を見よう．

(58) 太郎は3個の問題に解答した．
(59) 太郎は3個の問題に解答しなかった．

(59)は(58)の否定文である．(58)は曖昧ではないが(59)には二つの読みがあり曖昧である．今，太郎に，10個の問題が与えられ，「これらのうち，3個の問題を選択して解答せよ」という指示があったとする．ところが太郎は2個の問題しか解答しなかったとしよう．この場合，(59)を言うことができる．これは，「太郎が3個の問題に解答した」ということを否定しているわけであり(60)を意味する．

(60)《太郎が3個の問題に解答したということは真ではない》

これは，太郎が解答した問題の個数は3個に満たないということを言っており，否定辞「ない」は「3個」という数量詞を否定しているのである．この場合，否定要素の力が及ぶ範囲のなかに，数量詞が入っているのである．このことを，否定の作用域が数量詞の作用域よりも広い読みであるといい，(61)のように表す．

(61) 否定辞 > 数量詞

今度は，太郎に，10個の問題が与えられ，「これらすべての問題に解答せよ」という指示があったとしよう．ところが太郎は7個の問題を解答したが，残りの3個の問題については解答しなかったとしよう．この場合も，(59)を言うことができる．これは(62)を意味する．

(62)《太郎が解答しなかった問題が3個ある》

この場合，否定辞「ない」は「3個」という数量詞を否定しているのではないことに注意しよう．つまり，否定要素の力が及ぶ範囲のなかに，数量詞が入っていないのである．これはむしろ，数量詞の作用域の方が否定の作用域よりも

広い読みであり，(63)のように表す．

(63) 数量詞 ＞ 否定辞

このような曖昧性は英語の(64)についてもいえる．

(64) John didn't solve three problems.

同様の曖昧性は，否定文に他の数量詞が含まれる場合にもいえる．

(65) 多くの矢が的に当たらなかった．

これを，(61)の方式で読めば(66)の意味になる．

(66) 《多くの矢が的に当たったということは真ではない》

この場合，否定辞「ない」が「多くの」という数量詞を否定しているのであるから，これは，的に当たった矢が多くないこと，つまり，(67)を意味する．

(67) 《的に当たった矢が少ない》

一方，(65)を，(63)の方式で読めば(68)という意味になる．

(68) 《的に当たらなかった矢が多い》

この場合，否定辞「ない」が「多くの」という数量詞を否定していないことに注意しよう．この読みでは，的に当たった矢が多いか否かについては何も言っていないため，たとえば，(69)のように言っても矛盾ではない．

(69) 多くの矢が的に当たらなかったが，当たった矢も多い．

一方，(65)を(66)として読んだ場合は，(69)のように言うと矛盾になる．
　今度は英語の(70)を見よう．

(70) All of the members didn't attend the meeting. （久野・高見 2007: 56-57）

(70)を(61)の方式で，つまり，all が not の作用域の内にある読みで解釈すると(71)の意味になる．つまり，not は all を否定している．

(71) a.《会員の全員は会議に出席しなかった》

b. 《会員の全員が会議に出席したわけではない》
   c. 《会議に出席したのは全員ではなかった》

一方，(70)を(63)の方式で，つまり，all が not の作用域の外に出る読みで解釈すると(72)になる．ここでは，not は all を否定していないことに注意しよう．

(72) a. 《会員の全員が会議に出席しなかった》
   b. 《会員の誰もが会議に出席しなかった》

(70)に対する(71)の読みは**部分否定**，(70)に対する(72)の読みは**全体否定**とよばれる．ただ，いかなる数量詞でも否定文に現れるとこのような曖昧性が生じるわけではない．(70)の all を most に変えた(73)および，対応する日本語(74)を見てみよう．

(73) Most of the members didn't attend the meeting.
(74) 大部分の会員が会議に出席しなかった．

(73)や(74)に対しては，(75)のような全体否定の読みは可能であるが，(76)のような部分否定の読みは可能ではない(久野・高見 2007: 61)．

(75) 《会員の大部分が会議に出席しなかった》
(76) a. 《会員の大部分が会議に出席したわけではない》
   b. 《会議に出席したのは会員の大部分ではなかった》

このように，同じ数量詞といっても，all と異なり，most や「大部分」は否定の作用域の外に出てしまい，部分否定の読みは得られないのである．

5.3.2 「12 月 29 日まで営業しなかった」の曖昧性

次の例を見よう．(77)は，「12 月 29 日まで」という副詞句と否定辞の作用域との関係で 2 通りに読むことができる．

(77) あの美容院は 12 月 29 日まで営業しなかった．

一つは，《あの美容院はクリスマス以降もずっと営業していたが，12 月 29 日まで営業していたわけではない，12 月 28 日で正月休みに入った》と読むので

ある．この読みでは(78)のように，「12月29日まで」が否定辞「ない」の作用域の内にあるのである．

(78) 《あの美容院は12月29日まで営業したということは真ではない》

もう一つは，《あの美容院は店舗改装工事のため，12月29日まで営業することがなかった．営業再開したのは12月30日からだ》と読むのである．この読みでは，(79)のように，「12月29日まで」が否定辞「ない」の作用域の外に出るのである．つまり「12月29日まで」は否定の対象になっていないのである．

(79) 《12月29日まで[あの美容院は営業しなかった]》

同様の曖昧性は英語にもある．(80)には(81)と(82)の意味があり曖昧である．

(80) They didn't talk until midnight.（大津 2004: 153）
(81) 《彼らは真夜中まで話していたわけではない》
(82) 《彼らは真夜中まで口をきかなかった》

until midnight のような副詞句だけでなく because 節のような副詞節も否定辞の作用域との関係で曖昧になりうる．(83)を見よう．

(83) John hasn't left because his ex-wife is here.

(83)には，まず，(84)の読みがある．

(84) 《ジョンは前妻がここにいるから，立ち去ったわけではない》

これは《ジョンは立ち去ったが，それは前妻がここにいるからではなく，別の理由で立ち去った》を言おうとしている．この読みでは，because 節が否定辞 not の作用域の内にあり，because 節が否定されているのに対して，主節の John has left は否定されていないのである．(83)に対するこの読みは(85)で言い換えできる．

(85) It is not because John's ex-wife is here that he (John) has left.

(83)には，もう一つ，(86)の読みがある．

(86) 《ジョンは前妻がここにいるから，立ち去らなかった》

これは，《ジョンが立ち去らなかったのは，前妻がここにいるからだ》のように，ジョンが立ち去らない理由を述べているのである．この読みでは，because 節が否定辞 not の作用域の外にあり，because 節は否定されていない．むしろ否定辞 not は John has left を否定しているのである．(83) に対するこの読みは (87) で言い換えできる．

(87) It is because John's ex-wife is here that he (John) hasn't left.

なお，日本語で否定辞が理由・原因節「…から」とともに使用された文は，(84) や (86) のようにいずれかの意味を表し，曖昧な表現にならないことに注意しよう．

5.3.3 「1 日だけの受講が可能」の曖昧性

本項では，「だけ」の作用域に伴う曖昧な文を取り上げる．まず次例を見よう．

(88) 花子だけが泳いだ．
(89) a. 《花子が泳いだ》
　　　b. 《花子以外の人は泳がなかった》

(88) のような「だけ」を含む文は，(89a) と (89b) を合わせて主張している文である．つまり，(88) と，「だけ」を欠いた「花子が泳いだ」との間の本質的な違いは，(89b) を主張するか否かにある．他の「だけ」を含む文も同様である．

(90) 先生は太郎だけを叱った．
(91) a. 《先生は太郎を叱った》
　　　b. 《先生は太郎以外の人を叱らなかった》
(92) 私は兄だけに相談した．
(93) a. 《私は兄に相談した》
　　　b. 《私は兄以外の人に相談しなかった》
(94) 花子は会社だけで新聞を読む．
(95) a. 《花子は会社で新聞を読む》

b.《花子は会社以外で新聞を読まない》

したがって，より一般的にいえば，「だけ」を含む文は(96)のような意味をもつ．

(96) A だけ(が/を/に/で)X ──→ A 以外の人/物(が/を/に/で)X でない

(A：名詞句など，X：述語要素)

このように「A だけ」は必ず述語要素 X を要求し，その述語要素 X を主要部とする文を「だけ」の作用域とする．そして，ここでいう「A 以外の人/物」というのは，「今，話題になっている人や物のなかで，A 以外の人や物」を意味する．以上の点をふまえて，(97)を見よう．

(97) この講演会は，1 日だけの受講が可能です．

今，岩波書店主催で，言語学の特別講演会が 3 日間連続で開催される予定であるとしよう．その案内のホームページには，事前申し込みが必要である旨と同時に，(97)が記されていたとしよう．それを見た人は，(97)をどのように解釈するであろうか．理論的には(98)と(99)の可能性がある．

(98)《この講演会は，(2 日間や 3 日間すべてを受講しないで) 1 日だけ受講することも可能だ》
(99)《この講演会は，(会場収容人数の関係上) 2 日以上の受講は不可能で，1 日だけの受講しかできない》

もちろん，いずれの解釈が正しいかは実際のコンテクストでは瞬時に決まるであろう．そこから(97)のもつこれら二つの解釈は，この文の意味の問題ではなくて，語用論的解釈の問題だという議論があるかもしれない．つまり，(97)自体は言語的意味としては曖昧ではなく，具体的なコンテクストにおける(97)の発話の表す明意(第 3 章 3.1.3 参照)がたとえば(98)や(99)である，とする考えである．しかしながら，(97)に対する(98)と(99)の読みは純粋に意味論の問題であり，この文は曖昧なのである．なぜであろうか．このことを考えるためにまず次の例を見よう．

(100) 先生は生徒たちに動物園だけを見学することを許した．（佐野 1997）

(100)には(101a)と(101b)の二つの意味がある．

(101) a.《先生は生徒たちに動物園以外は見学しないことを許した》
b.《先生は生徒たちに動物園以外は見学することを許さなかった》

　今，修学旅行で東京見学をすることになっている生徒たちが各グループで具体的な計画を立てているとしよう．先生としては，生徒たちに動物園，新聞社，美術館，国会議事堂の4箇所のうち最低2箇所は見学してもらいたいと思っている．ところが生徒のあるグループが，「私たちは新聞社，美術館，国会議事堂には関心ありません．1日中，上野動物園を見学したいのです」と言って譲らない．そこで，職員会議を開いた結果，先生がそれを許したとする．(100)がその報告として発話されたとき，それは(101a)の意味を有している．

　今度は，やはり修学旅行で東京見学をすることになっている生徒たちが各グループで具体的な計画を立てている状況で，生徒のあるグループが，「私たちは動物園，新聞社，美術館，国会議事堂を見学したいと思います」と言ったとする．ところが，新聞社，国会議事堂，美術館には当日の見学制限があり，先生は，生徒たちに動物園以外の見学は許さなかったとしよう．(100)がその報告として発話されたとき，それは(101b)の意味を有している．

　このような曖昧性はどうして生じるのであろうか．佐野(1997)によれば，「だけ」は副助詞として述語にかかるという性質をもつ．それゆえ，「だけ」がかかる述語的要素が文中に複数個あるとき，「だけ」を含む文の作用域が複数可能となる．(100)は，埋め込み文を含み(102)のような複文構造をもつ．

(102)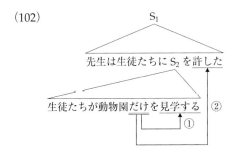

もし「だけ」が①のように，埋め込み文中の述語「見学する」にかかるならば，「動物園以外を見学しない」となるので，(101a)の読みが出てくる．この場合，

「だけ」の作用域は埋め込み文 S_2 だということになる．一方，もし「だけ」が②のように，主文の述語「許した」にかかるならば，「動物園以外を見学することを許さない」となるので，(101b)の読みが出てくる．この場合，「だけ」の作用域は主文 S_1 だということになる．

では，次の文はどうであろうか．

(103) 先生は生徒たちに動物園だけの見学を許した．

(103)は統語的には(述語が一つしかなく)単文であるが，(100)と実質的に同じ意味を表し，(100)と同様の曖昧性をもつ．なぜであろうか．それは，(103)における「見学」という名詞は「見学する」から派生した行為名詞(サ変動詞系名詞)だからにほかならない．したがって，(103)において，意味的には「見学」と「許す」の両方に述語性を有する要素があると認められ，「だけ」の作用域が曖昧になるのである．

実は，(103)とまったく同じことが，先の問題であった(97)についてもいえる．

(97) この講演会は，1日だけの受講が可能です．

(97)は統語的には(述語が一つしかなく)単文であるが，(104)のような複文と実質的に同じ意味を表す．それは，「受講」という名詞は「受講する」から派生した行為名詞(サ変動詞系名詞)だからである．

(104) この講演会は，[1日だけ受講すること]が可能です．

(104)は「だけ」の作用域に関して曖昧である．もし「だけ」の作用域が[ ]内(すなわち埋め込み文)にとどまり，「受講する」にかかるならば，《2日間や3日間の受講をしないことが可能だ》の意味が得られる．つまり，(98)の読みが得られるのである．

(98) 《この講演会は，(2日間や3日間すべてを受講しないで)1日だけ受講することも可能だ》

一方，もし(104)の「だけ」が主文の述語「可能です」にかかり，「だけ」の作用域が文全体になるならば，《2日間や3日間の受講は不可能である》の意味が得られる．つまり，(99)の読みが得られるのである．

(99)《この講演会は，(会場収容人数の関係上) 2 日以上の受講は不可能で，1 日だけの受講しかできない》

さて，統語的には単文である(97)は(104)と同様の曖昧性をもつ．つまり，(97)において，「受講」と「可能だ」の両方に述語性があると認められ，「だけ」の作用域が複数あることになる．このように(97)の曖昧性は(104)の曖昧性とまったく同じメカニズムで説明できるのである．佐野(1997)は，(105)のような一見，その曖昧性に気づきにくい文も同様の理由で曖昧であることを主張している．

(105) 太郎は左手だけでパソコンを打つ．

(105)の「左手だけで」の「で」は「…を使って」の意味であり，述語性がある．したがって，(105)は(106)と実質的に同じ意味を表す．

(106) 太郎は[左手だけを使って]パソコンを打つ．

(106)では，述語要素が「使う」と「打つ」の二つあるため，「だけ」の作用域の可能性が二つあることになり，曖昧になる．もし，「だけ」の作用域が(106)の[ ]内(すなわち埋め込み文)にとどまり，「使って」にかかるならば，(107)の読みが得られる．

(107)《太郎は左手以外(つまり，右手/両手)を使わないでパソコンを打つ》

一方，もし「だけ」が「打つ」にかかり，その作用域が文全体になるならば，(108)の読みが得られるのである．

(108)《太郎は左手以外(つまり，右手/両手)ではパソコンを打たない》

このように見てくれば，(105)は実際，曖昧であることがわかる．(105)がもつこれら二つの意味の違いは微妙であるが，(109)を見ればその違いは歴然としてくる．(109)は，(105)に「…がもちろん，両手でも打つ」を付加した文であるが，ここに矛盾が生じない読みは(105)を(107)として読んだ場合であり，そこに矛盾を感じる読みは(105)を(108)として読んだ場合である．

(109) 太郎は左手だけでパソコンを打つ，がもちろん，両手でも打つ．

一方，(105)と表面的には同じに見える(110)は，「太郎は会社以外の場所ではパソコンを打たない」という意味しかもたず，曖昧ではない．

(110) 太郎は会社だけでパソコンを打つ．

佐野(1997)によれば，これは，「だけ」がかかることのできる述語性を「で」がもつのは「…を使って」のように解釈される，具格としての用法に限られるのであり，(110)の「で」のように，純粋に場所を示すような「で」には述語性がなく，「だけ」のかかり先にもならないからだ，とされる．

このように，(97)，(100)，(103)，(104)，(105)に見られる曖昧性は，佐野(1997)のような深い分析をするならば，「副助詞「だけ」の作用域の違い」という観点から統一的に説明されるべき意味論的現象であって，コンテクストとの相互作用から出てくる語用論的現象ではないことがわかるであろう．

5.4 文中の名詞句の意味機能が曖昧性をもたらす

本節では，これまで見てきた曖昧性とまったく別のタイプの曖昧性を検討する．このタイプの曖昧性は従来の言語研究で十分認識されていたとは言い難いが，きわめて重要であるので，少し詳しく述べる．本節の構成は次の通りである．まず，文中の名詞句は多様な意味機能を果たすことに注目する．その多様な意味機能とは，指示的名詞句，叙述名詞句，変項名詞句，値名詞句などである．ついで，これらの意味機能の解明がコピュラ文「AはBだ」やA is Bの曖昧性を分析するために不可欠であることを論じる．さらに，名詞句が有するこの種の意味機能上の区別は，存在文，潜伏疑問文，変化文などコピュラ文以外の文の曖昧性を分析する際，深く関与してくることを論じる．

5.4.1 意味は同じでも意味機能は異なる

まず，名詞句自体の意味と文中で名詞句が果たす意味機能とを区別することの重要性について述べよう．たとえば，(111)の各文における「社長」の意味はすべて同じであるが，意味機能は一様ではない[2]．

(111) a. 社長は，天才だ．(指示的名詞句)
   b. 太郎がぶったのは社長(ヲ)だ．(指示的名詞句/値名詞句)

c. あの男は社長だ．（叙述名詞句）
d. あの男が社長だ．（変項名詞句）
e. 社長は，あの男だ．（変項名詞句）
f. （君の会社の）社長を教えてくれ．（変項名詞句/潜伏疑問）
g. 隣の部屋に社長がいる．（指示的名詞句）
h. 太郎の同期生には，社長はいない．（変項名詞句）

「社長」の意味機能の問題に入る前に，術語上の重要な注意をしておこう．(111a-e)は「Aは/がBだ」という形をもつコピュラ文である．この場合，Aを「主語名詞句」，Bを「述語名詞句」とよぶが，これは統語論上の区別である．それに対して，以下で述べる「指示的名詞句」「叙述名詞句」「変項名詞句」「値名詞句」はあくまで意味論上の区別である．したがって，統語論上の述語名詞句が指示的名詞句になることもあれば，叙述名詞句にも変項名詞句にもなることがありうる．同様に，主語名詞句が指示的名詞句になることもあれば，変項名詞句になることもありうるのである．

(111a)の「社長」は指示的名詞句であり，特定の対象を指し，(111a)はその対象について語っている文である．(111b)の「社長」も対象を指示するという点で指示的名詞句であるが，(111a)のそれと異なり，[太郎がxをぶった]を満たす値として働いている．このように，変項xを満たす値として機能する名詞句を**値名詞句**とよぶ．値名詞句は指示的名詞句であることが多いが，本章5.8節で述べるように，変項名詞句が値名詞句になることもある．一方，(111c)の「社長」は，主語名詞句「あの男」の指示対象が有する属性を表すという意味で叙述名詞句であり，非指示的名詞句である．(111d)は(111c)の主語名詞句「あの男は」を「あの男が」に変えただけの文であるが，(111c)とは大きく異なった意味をもつ．後に詳しく述べるが，(111d)の「社長」は，[xが社長である]という命題関数を表す変項名詞句であり，その意味で非指示的名詞句である．この場合，「あの男」の指示対象が変項xの値となっている．(111e)の「社長」は(111d)の「社長」と同じく変項名詞句という機能を果たしており，「あの男」の指示対象が変項の値となっている．(111e)は(111d)と同じ意味である．(111f)の「社長」は，「誰が社長か」という疑問の力をもつ変項名詞句であり，この文は**潜伏疑問文**(concealed question)とよばれる．(111g)と(111h)はいずれも存在文であるが「社長」の機能は互いに異なる．

(111g)の「社長」は指示的名詞句であり，その指示対象のしかるべき場所における存在を述べている．一方，(111h)の「社長」は，[xが社長である]という命題関数を表す変項名詞句であり，非指示的名詞句である．(111h)は，その変項xの値が太郎の同期生の中に存在しないことを述べており，場所辞は無縁である．

このように，ある名詞句が果たす意味機能はその名詞句が文の中で立ち現れる位置によって決まるのであって，文とは独立に名詞句自体で決まるものではない．名詞句の妥当な文法は，このような名詞句の多様な意味機能を正しく説明・予測できる理論でなければならない．本節では，このような理論を構築することによって初めて見えてくる「文の曖昧性」があることを述べる．そのためのお膳立てとして，名詞句の多様な意味機能を整理しておこう．

5.4.2 対象を指示する名詞句

文中のある名詞句が(具体的対象であれ抽象的対象であれ)現実世界もしくは可能世界の中の対象を指示するために用いられているとき，その名詞句は**指示的**(referential)であると言われる．(112)の下線部はこの意味で指示的機能を果たす名詞句である．

(112) a. その男は，日比谷公園で君の妹に話しかけた．
b. 私が彼女に多くの学生を紹介した．

もちろん，これらの名詞句が具体的に誰を，何を指すかということは文の意味レベルでは決まらず，コンテクストを参照にして語用論的に決まるのである．このような対象を指示する機能をもつ名詞句を**指示的名詞句**とよぶ．ここでいくつかの注意が必要である．まず，ある名詞句が指示的名詞句であるということと，それが現実世界や可能世界で指示対象をもつということは別の話である．

(113) かぐや姫は，世にもめずらしい宝物を探して持ってきた貴公子のところへ，お嫁に行きたいと思っている．

(113)の「かぐや姫」という名詞句は現実世界に指示対象をもたないし，「世にもめずらしい宝物を探して持ってきた貴公子」という名詞句は，『竹取物語』というフィクションの世界の中でさえ存在しないのである．それにもかかわらず，(113)という日本語の文における下線部はいずれも指示的名詞句であるこ

とには変わりない．

　また，(114)は5.4.3.1で述べる措定文であり，主語名詞句の下線部は指示的名詞句である．しかし，数学的事実からして自然数は無限に存在するので，「最大の自然数」の指示対象などはあらゆる可能世界においても存在しないのである．

(114)　<u>最大の自然数</u>は奇数である．

　第2に注意すべきは，ある名詞句が指示的であるということと，話し手・聞き手がその指示対象を同定できるということは独立であるという点である．次の例を見よう．

(115)　a．花子は，とにかく<u>犯人</u>に早く会いたがった．
　　　 b．<u>犯人</u>は画家に違いない．

(115a)は，もちろん，犯人が特定されている場合にも使用することができるが，事件直後で，犯人が誰であるかまだわからない場合でも使用することができる．この場合は，《犯人が誰であるかはわからないが，しかじかの犯行をおかした人に花子は会いたがっている》と読むことができる．このような名詞句「犯人」の使用を Donnellan(1966)は**帰属的用法**(attributive use)とよんだ．この帰属的用法で用いられた「犯人」であっても(115a)においては指示的名詞句なのである．同様に，(115b)は，「犯人」でもって特定の人物を指す場合にも用いることができるが，特定の人物を指さない場合でも用いることができる．この場合は，《犯人が誰であれ，しかじかの犯行手口からして犯人は画家に違いない》と主張する場合に使われるのである．ここでも「犯人」は帰属的用法として用いられているが，やはり指示的名詞句なのである[3]．

　ある名詞句が指示的であるかどうかは，基本的には，その名詞句が文中のいかなる位置に現れるかによって決まる．(112)〜(115)の下線部は，これらの文のこの特定の位置に登場するから指示的名詞句なのであって，後述(5.4.3.2)のように，同じ名詞句(たとえば「犯人」)が別の位置に現れると指示的でなくなる．しかし，名詞自体の意味特性からして本来的に指示的機能のみをもつものがある．「ぼく」「君」「彼ら」のような人称代名詞，「各人」「多数」「諸国」「大半」「国々」「両者」のような複数性や数量詞を内的意味として含んだ名詞，あるいは「某所」のような不定限定詞を内に含んだ名詞がそれである．この種

の名詞は文のどのような位置に現れても指示的なのである．

5.4.3 対象を指示しない名詞句

上述のように，文中の名詞句は対象を指示する機能をもつことが圧倒的に多いとはいえ，文中の位置によっては名詞句が対象指示の機能をもたないこともある．そのような名詞句は**非指示的名詞句**といわれる．非指示的名詞句には少なくとも叙述名詞句と変項名詞句がある．以下，一つずつ見ていこう．

5.4.3.1 属性を表す名詞句：叙述名詞句

自然言語には多様な構文があるが，いかなる言語にも存在する，もっとも基本的な構文は(116)のような構文である．

(116) a. A は B だ．/B が A だ．
　　　b. A is B.（英語）
　　　c. A est B.（フランス語）
　　　d. A ist B.（ドイツ語）
　　　e. A 是 B.（中国語）

これは，主語 A と述語 B を**繋辞**(コピュラ)とよばれる特殊な動詞で結びつけたものであり，**コピュラ文**とよばれる．しかし，コピュラ文はその表面の単純さにもかかわらず，意味的には複雑な構造を有しており，またそれゆえにしばしば曖昧である．まず，日本語のコピュラ文(117)を見よう．

(117) あの男は指揮者だ．

(117)の主語名詞句「あの男」は指示的名詞句であり，対象を指示する機能をもつ．問題は述語名詞句「指揮者」である．もし(117)の「指揮者」が対象を指示しているとすると，(117)は，「あの男」で対象を指示し，「指揮者」でも対象を指示し，両者は同一人物だ，ということになってしまう．しかし，(117)はそのようなことを述べているのではなく，「あの男」の指示対象について，「指揮者」という属性を帰している文である．(117)における「指揮者」のように，対象に帰す属性を表す機能をもつ名詞句を**叙述名詞句**(predicate nominal)とよぶ．叙述名詞句はもちろん非指示的名詞句である．叙述名詞句は名詞句でありながら，意味機能上は属性を表すという点で，(118)における

5.4 文中の名詞句の意味機能が曖昧性をもたらす　171

「可愛い」「新鮮だ」「勤勉だ」のような形容詞や形容動詞と同じ働きをする．

(118) a. この犬は可愛い．
　　　 b. この魚は新鮮だ．
　　　 c. 彼は勤勉だ．

(117)のようなコピュラ文は**措定文**(predicational sentence)とよばれる．(118)も**広義の措定文**とみなす．狭義の措定文の定義は(119a)であり，その意味構造を図式的に表すと(119b)となる（西山 1985, 1988, 1990a, 2003, 2009）．

(119) 措定文「AはBだ」
　　　 a. Aは指示的名詞句，Bは属性を表す叙述名詞句である．Aの指示対象について属性Bを帰す．Bは主語Aに帰される性質概念として機能している．
　　　 b.

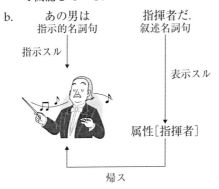

もし措定文「AはBだ」を倒置して(120)のように「BがAだ」をつくるとすれば措定文でなくなるし，仮に(120)が受け入れられるとしても，それは(117)とは意味が異なる．

(120) ?指揮者があの男だ．

英語のコピュラ文(121a)も同様である．

(121) a. That guy is a painter.
　　　 b. *A painter is that guy.

(121a)における主語のthat guyは指示的名詞句であるが，述語のa painterは

叙述名詞句であり，主語のもつ属性を表す．したがって，(121a)は措定文である．措定文 A is B は B is A で言い換え不可能である点は日本語と同じである．

なお，定名詞句であっても叙述名詞句でありうることに注意すべきである．

(122) なにしてるんだ．これは<u>ぼくの本</u>だよ．
(123) a. That person is not the king of France.
　　　b. Obama is the President.

(122)の第2文および(123)は措定文である．(122)の下線部は明らかに定名詞句である．また(123a)における the king of France は定名詞句でありながら叙述名詞句であり，非指示的である．(123b)は，後述(5.4.4.3)のごとく曖昧であるが，その一つの「オバマは大統領である」という読みに関する限り，やはり措定文であり，the President は定名詞句でありながら叙述名詞句である．このことは，名詞句が定(definite)であるかどうかということと指示的であるかどうかとは独立であることを示している．

ここで，(124a)と(124b)を比較してみよう．

(124) a. 太郎は画家だ．
　　　b. 太郎は，職業は画家だ．

両者は互いに意味が似ているだけにしばしば混同されやすいが，まったく異なる構文である．(124a)は措定文であり，「画家」は叙述名詞句である．一方，(124b)は《太郎は，職業は何かといえば，その答えは画家だ》という意味であり，「画家」は，後述(5.4.3.2)する命題関数[x が(太郎の)職業である]の変項 x を埋める値として機能している指示的名詞句/値名詞句である．したがって，(124b)は，措定文の述語の位置に「職業は画家だ」という別のタイプのコピュラ文が埋め込まれた複文であると見なすことができる．もしこの分析が正しければ，(124a)と(124b)に登場する名詞句「画家」はその意味機能の上で互いに異なることを意味する．このことを確認するために次の例を考えよう．

(125) 政治家と作家が討論会を開催した．
(126) 私たちは，政治家と作家にインタビューをした．
(127) a. 石原慎太郎は，政治家で作家だ．
　　　b. *石原慎太郎は，政治家と作家だ．

日本語の場合，指示的名詞句を連言でつなぐときは(125)や(126)のように「と」が現れるが，叙述名詞句を連言でつなぐときは(127a)のように「で」が現れ，(127b)のように「と」は不可である．このことをふまえて(128)を見よう．

(128) 石原慎太郎は，職業は政治家と作家だ．

(128)において「と」が現れうるということは，(124b)の「画家」と同様，(128)における「政治家と作家」が叙述名詞句ではなく，[xが(石原慎太郎の)職業である]のxを埋める値として機能している指示的名詞句/値名詞句であることを示している．

5.4.3.2 命題関数を表す名詞句：変項名詞句

今度は(129)を見よう．

(129) 犯人はこの男だ．（倒置指定文）

(129)の「この男」が世界の中のある個体を指示しようとしていることは明らかである．では，主語の「犯人」はどうであろうか．もし(129)の「犯人」が世界の中の個体を指示しようとしているのであれば，(129)は「犯人」の指示対象と「この男」の指示対象が同一だということを述べていることになってしまう．しかし，それは(129)の意味とは異なる．むしろ，(129)の「犯人」は，世界の中の個体を指示しようとしているのではなくて，[xが犯人である]という命題関数を表していると見なすべきであろう．そして，(129)全体は，「この男」の指示対象がxを満たしているということを言っている．結局，(129)は，《誰が犯人かといえば，この男がそうだ》を意味しているわけである．そして，(129)の背後には，(130)のような疑問文があり，それに対する答えが(129)であると見なすべきである．

(130) a. 犯人は誰であるか．
b. 誰が犯人であるか．

(129)のようなコピュラ文は**倒置指定文**(inverted specificational sentence)とよばれる．倒置指定文の定義は(131a)であり，その意味構造は(131b)である(西山 2003)．

(131) 倒置指定文「A は B だ」
    a. A は**変項名詞句**(NP involving a variable)［…x…］であり，B は変項 x を満たす値を表す．
    b.

倒置指定文「A は B だ」は，それと同じ意味を「B が A だ」というコピュラ文によっても表すことができる．「B が A だ」の方を**指定文**とよぶ．倒置指定文(129)に対応する指定文は(132)である．(132)は(129)と意味が同じである．

(132) この男が犯人だ．(指定文)

要するに，(129)と(132)の「犯人」は変項名詞句という意味で非指示的名詞句なのである．(133)も倒置指定文の例である．

(133) (この会社の)定年は60歳だ．

(133)は，《(この会社の)定年はいくつかといえば60歳だ》という意味である．(133)の主語名詞句「(この会社の)定年」は世界の中の個体を指示せず，［x が定年である］という命題関数を表している．(133)は，命題関数［x が定年である］の変項 x の値を「60歳」で指定(specify)しているわけである．倒置指定文(133)は指定文(134)で言い換えることができる．

(134) 60歳が(この会社の)定年だ．(指定文)

このように変項名詞句が典型的に現れるのは，倒置指定文の主語，もしくは指定文の述語の位置である．

  ほとんどの名詞句は，理論的には指示的名詞句，叙述名詞句，変項名詞句のいずれの解釈も許すはずであるが，当該の名詞句自体の意味からして，変項名詞句の解釈が自然である名詞句も存在する．たとえば，(135)～(139)の下線部のような数や計測にかかわる名詞句は，叙述名詞句と読むことは困難で，変項名詞句としての解釈が自然であり，文全体はいずれも倒置指定文である．

(135) この本の定価は1600円だ．

(136) 洋子の身長は 160 cm だ．
(137) 浅間山が大噴火した年は 1783 年だ．
(138) 東京-熱海間の距離は 100 km だ．
(139) あの部屋の温度は 23 度だ．

また，(140)〜(143)の下線部のように，原因，目的，欠点，理由などを表す名詞句も変項名詞句としての解釈が自然であろう．

(140) この火事の原因は漏電だ．
(141) われわれの目的は，あの橋を破壊することだ．
(142) 花子の欠点は，他人の話を最後まで聞かないことだ．
(143) 太郎が遅刻した理由は，彼の車が故障したことだ．

これらの下線部の名詞句は措定文の述語の位置に登場しにくい．これらの名詞句は叙述名詞句として機能することができないからである．

英語の場合も同じである．次の文を見よう．

(144) *The cause of the riot* was John's article.（その暴動の原因は，ジョンの執筆した記事だった．）

(144)の主語名詞句（斜体部）は特定の対象を指示しているわけではない．そうではなくて(145)のような命題関数を表している．

(145) [x is the cause of the riot]

そして(144)は，John's article が(145)における変項 x の値であるということを述べているのである．この読みでは(144)を(146)で言い換えることができる．

(146) John's article was the cause of the riot.（ジョンの執筆した記事がその暴動の原因だった．）

同様に，次の各 a．と b．も倒置指定文と指定文の対である．

(147) a． *The bank robber* is this guy.（銀行強盗はこいつだ．）
　　　b． This guy is *the bank robber*.
(148) a． *What I don't like about John* is his tie.（ジョンについて気にいらないことは彼の締めるネクタイだ．）

b. John's tie is *what I don't like about John.*
(149) a. *My favorite subject* is math.（私が一番好きな科目は数学だ．）
　　　b. Math is *my favorite subject.*

これらの斜体部の名詞句が対象を指示する機能をもたず，命題関数を表す変項名詞句としての機能を有していることは明らかであろう．同様に，次のような日常，人を紹介するときに使われる文も倒置指定文である．

(150) *His name* is Yamada Taro.（彼の名前は山田太郎です．）

(150)は，his name である名前を指し，その名前と Yamada Taro が同一だということを述べているのではない．また，(150)における Yamada Taro を，主語に属性を帰す叙述名詞句と見なすわけにもいかない．(150)は，《his name は何かといえば，その答えは Yamada Taro だ》ということを述べているのである．つまり，この文の主語 his name は対象を指示する名詞句ではなく，[x is his name]のような命題関数を表しており，(150)はその変項 x の値を Yamada Taro で埋めているのである．このことは，(151)や(152)の対話を見れば一層はっきりしてくる．

(151) a. John: When's *your birthday*?（あなたの誕生日はいつですか．）
　　　b. Mary: *My birthday* is April 23.（私の誕生日は4月23日です．）
(152) a. 空港係員：What's *the purpose of your visit*?（あなたの入国目的は何ですか．）
　　　b. Emi: *The purpose of my visit* is sightseeing.（私の入国目的は観光です．）

これらの斜体部の主語名詞句は対象を指示する機能をもたず，命題関数を表す変項名詞句としての機能を有している．(151a)，(152a)ではその変項を埋める値を問い，(151b)，(152b)では，その問いに答える形でその値を述べている．要するに，これらの文はいずれも倒置指定文であり指定文ではないのである．

5.4.4 「AはBだ」の曖昧性

このように見てくると，「AはBだ」やA is Bという形式をもつコピュラ文であっても，AやBの位置に登場する名詞句がどのような意味機能を有する

5.4 文中の名詞句の意味機能が曖昧性をもたらす 177

かに応じて曖昧になることが理解できる．本項ではこの種の曖昧性を考察する．

5.4.4.1 措定文と倒置指定文の曖昧性
まず，次の文を見よう．

(153) <u>私の意見</u>は大学の意見です．（上林 1988）

この文は措定文読みと倒置指定文読みで曖昧な文である．まず，ある大学の理事長が卒業生連合会の会合で「わが大学は近い将来，新設学部を作る予定であります」という趣旨の演説を 10 分間おこない，その最後に(153)を口にしたとする．これは，《私が今しがた述べた意見は，大学の意見を反映しています》という意味である．この場合，「私の意見」によって 10 分間の具体的な演説内容を指示し，それに「大学の意見」という属性を帰しているわけである．つまり，「私の意見」は指示的名詞句であり，「大学の意見」は叙述名詞句である．したがって，この場合，(153)を措定文として読んだことになる．

一方，ある大学で新設学部を作るかどうかで大学理事の間でも議論が割れていたとしよう．その問題をめぐって，緊急理事会が開催され，理事長が，理事一人ひとりにこの問題をめぐる意見を聞いたとしよう．ある日和見主義の理事が，理事長から「あなたの意見は何ですか」と質問されて，(153)で答えたとする．この場合，「私の意見」で，特定の意見を指示しているわけではない．そうではなくて，《私の意見は何かといえば，大学で決めた意見がそうだ》という意味である．つまり，ここでは「私の意見」は[x が私の意見である]という命題関数を表しており，(153)全体は，その命題関数の変項 x の値を「大学の意見」で埋めているわけである．したがって，「大学の意見」は叙述名詞句ではなく，値名詞句である．この場合，(153)を倒置指定文として読んだことになる．この倒置指定文読みでの(153)は指定文(154)と意味が変わらない．

(154) 大学の意見ガ<u>私の意見</u>です．

このように，(153)は措定文の読みと倒置指定文の読みで曖昧なのである．同様の曖昧性は次の文でも見ることができる．

(155) a. 甲：<u>花子をぶっている少年</u>は誰ですか．
      b. 乙：<u>花子をぶっている少年</u>は山田太郎です．

今，花子がある少年にぶたれているとしよう．その光景を目にした甲が乙に(155a)を口にし，乙が(155b)で答えたとする．この場合，甲も乙も下線部で，花子をぶっている特定の少年を指していることは明らかである．そして，甲はその少年はなんという名前の持ち主かを尋ね，乙はその少年は山田太郎という名前の持ち主であると答えているのである．したがって，(155a)も(155b)も措定文である．

今度は，花子が数人の少年に囲まれ，いじめられているとしよう．そのうち，誰かが花子をぶち始めたのであるが，少し離れたところにいる甲は，どの少年が花子をぶっているのかわからないとしよう．そこで，甲は乙に(155a)を口にして質問し，乙が(155b)で答えたとする．この場合，甲は，(155a)の下線部で，花子をぶっている特定の少年を指し，その少年について，あの子はなんという名前かと尋ねているのではない．なぜなら，甲は，どの少年が花子をぶっているのかわからない以上，花子をぶっている特定の少年を指しようがないからである．むしろ，甲は，数人の少年のうち，いったい誰が花子をぶっている少年であるかを尋ねているのである．より正確にいえば，この場合，甲は(155a)によって，命題関数(156)の変項 x を埋める値を尋ねているのであり，乙は(155b)によって，命題関数(156)の x を埋める値はほかならぬ山田太郎だと述べているのである．

(156) [x が花子をぶっている少年である]

したがって，(155a)も(155b)も倒置指定文である．このように，(155)は措定文の読みと倒置指定文の読みとでまったく異なった解釈ができるのである．次の文も同様の曖昧性をもつ．

(157) 私が食べないものは，犬用の餌だ．

(157)の下線部を指示的名詞句ととり，目の前の私が食べないで残している料理を指すとしよう．(157)はそれについて，「犬用の餌」という属性を帰していると読むことができる．この場合，「犬用の餌」は叙述名詞句である．これは(157)を措定文として読んでいるわけである．コンテクストにもよるが，この読みの場合，そこから，《私が食べないで残している料理は犬にくれてやれ》，あるいは，《こんなまずい料理を人間が食えるか》といった暗意を読みとることもできるであろう．

(157)に対するもう一つの読みは，この文を(158)に対する応答と見立てるものである．

> (158) あなたは嫌いな食べ物がないそうですが，あなたが食べないものは本当にないのですか．もしあるとしたら何ですか．

この場合，(157)の下線部は(159)のような命題関数を表す変項名詞句である．

> (159) ［x が私が食べないものである］

そして，(157)という文全体は，この変項 x を埋める値が犬用の餌だと述べているのである．したがって，「犬用の餌」は叙述名詞句ではなく，値名詞句である．この場合，(157)を倒置指定文として読んだことになる．この倒置指定文読みでの(157)は指定文(160)と意味が変わらない．

> (160) 犬用の餌が，私が食べないものだ．

このように，(157)には措定文読みと倒置指定文読みとがあり，曖昧なのである．英語の A is B についても，A を指示的名詞句ととり，B を叙述名詞句ととるか，それとも A を変項名詞句ととり，B を変項を埋める値名詞句ととるかに応じて日本語と同様，措定文と倒置指定文で曖昧になりうる．たとえば(161)を見よう．

> (161) *The winner of the contest* is John.（その競技の優勝者はジョンだ．）

今，ある競技の表彰台に立っている特定の人を the winner of the contest で指して，《優勝者はジョンという名前の持ち主である》という意味で(161)を口にする場合は措定文の読みになる．この場合，斜体部は指示的名詞句であり，ジョンは叙述名詞句である．一方，ある競技でいったい誰が優勝したのかを電話で尋ねられて，《優勝者は誰かといえば，ジョンだよ》という意味で(161)を口にした場合は倒置指定文の読みになる．この場合，(161)の斜体部は変項名詞句であり，ジョンはその変項を埋める値名詞句である．後者の読みの場合のみ(161)を(162)で言い換えることができる[4]．

> (162) John is the winner of the contest.

ここで注意すべき重要な点は，(161)に対する措定文読みと倒置指定文読み

の区別はこの文の真理条件に一切効いてこないという点である．いずれの読みであっても，ジョンがその競技に優勝したという事実のもとでは真になるのである．つまり，(161)に対する措定文読みでは真であるが，倒置指定文読みでは偽になるような(あるいはその逆であるような)状況は存在しないのである．それにもかかわらず，(161)に対する措定文読みと倒置指定文読みは明確に区別されなければならない．両者はまったく異なった読みであり，妥当な意味論は(161)のこのような曖昧性をきちんと説明できなくてはならないのである．したがって，(161)に対する措定文読みと倒置指定文読みの曖昧性を説明できる意味論は第1章1.4節で述べた真理条件的意味論とは別のタイプの意味論だということになる．本書が，真理条件的意味論とは異なるタイプの意味論の立場をとっていることは以上の点からも明らかであろう．

次の例も同様である．

(163) *The assassin* wasn't the king's brother. (Gundel 1977: 544)
(暗殺者は国王の兄弟ではなかった．)

今，ある国の国王が暗殺されたが，暗殺者がすぐ現場で捕らえられたとしよう．その暗殺者は当初，体格や顔つきなどからして国王の兄弟に違いないと思われていた．ところがよく調べてみるとその人は国王の兄弟とは別人であることが判明した．このような状況で，(163)が口にされると，それは措定文で読むことになる．この読みでは，the assassin は指示的名詞句であり，the king's brother はその暗殺者に帰すべき属性を述べる叙述名詞句なのである．

一方，ある国の国王が暗殺されたが，誰が暗殺したのかわからないとしよう．状況証拠などから，暗殺者は国王の兄弟に違いないと思われていた．ところがその後，国王の兄弟にはアリバイがあることがわかり，暗殺者は国王の兄弟ではないことがわかった．このような状況で，(163)が口にされると，それは倒置指定文で読むことになる．この読みでは，the assassin は変項名詞句であり，the king's brother はその変項を埋める値名詞句である．(163)に対するこのような倒置指定文の読みのときに限り，(163)を(164)で言い換えることができる．

(164) The king's brother wasn't the assassin.

ちなみに，(163)に対応する日本語は(165)となるが，これも同様の曖昧性をもつ．

(165) 暗殺者は国王の兄弟ではなかった．

なお，(163)に対する倒置指定文の読みでは(166)のような前提がある．

(166) The king has a brother.

一方，(163)に対する措定文の読みでは，(166)のような前提はないことに注意しよう．叙述名詞句は形は名詞句であるが，意味的には形容詞と同じく主語の属性を表す機能をもつのであって，世界の中の対象を指示するという機能とは無縁である．したがって，叙述名詞句 the king's brother は指示の前提と無関係である(Gundel 1977: 544)．そのことは次の例を考えればわかりやすいであろう．今，独身の太郎が花子と買い物をしているとき，次のような会話がなされたとしよう．

(167) a. 店主：奥様，若くてきれいですね．
　　　b. 太郎：こちらはぼくの妻ではありません．

(167b)はもちろん措定文であり，「ぼくの妻」は叙述名詞句である．(167b)が真であるためには，「太郎の妻」が指示対象をもつ必要はない．つまり太郎が結婚している必要はない．太郎が独身であってもこのコンテクストで(167b)は真でありうるのである．

今度は警察の取り調べ室での次の会話を見よう．

(168) a. 刑事：こんな手紙が出てきたのですが，奥様の字ですか．
　　　b. 太郎：この手紙を書いた人はぼくの妻ではありません．

(168b)は倒置指定文である．つまり，「この手紙を書いた人」が変項名詞句であり，「ぼくの妻」はその変項を埋める値名詞句である．ここにも「ぼくの妻」が登場するが，(168b)が真であるためには，「太郎の妻」が指示対象をもつ必要がある．つまり，太郎が結婚していなければ，(168b)は真にならないのである．このように，「ぼくの妻」という同じ名詞句が(167b)のように叙述名詞句であるか，それとも(168b)のように値名詞句であるかに応じて指示の前提に関して異なった振る舞いをするのである．

今度は次の例を見よう．

(169) *His first proposal* was a joke.　(Huddleston and Pullum 2002: 266)

(彼の最初の提案はジョークだった．)

(169)の斜体部を指示的名詞句ととり，この文を《彼が最初にした提案はその内容がふざけたものであった》と読むならば，措定文の読みになる．この読みでの(169)は(170)に近い意味をもつ．

(170) His first proposal was laughable.

一方，(169)の斜体部を(171)のような命題関数を表す変項名詞句ととり，変項 x の値を a joke が埋めていると読むならば，《彼が最初に提案したものは何かといえば，ジョークだった》，つまり，《彼はジョークを最初に提案した》という意味になり，倒置指定文の読みになる．

(171) [x is his first proposal]

この倒置指定文読みでの(169)は指定文(172)と意味が変わらない．

(172) A joke was his first proposal.

5.4.4.2 "what 節＋be＋XP" 構文の曖昧性

本項では，what 節を主語にもつ be 動詞構文の曖昧性を考える．まず，(173)を見よう．

(173) *What I don't eat* is food for the dog. (Declerck 1988: 69)

(173)は，5.4.4.1 で見た(157)に対応する英文にほかならない．

(157) 私が食べないものは，犬用の餌だ．

(173)のような what 節構文は，形式的には A is B という形をもつコピュラ文の一種である．したがって対応する日本語の(157)がそうであったように，措定文読みと倒置指定文読みとで曖昧になりうるはずである．事実，その通りである．今，(173)の主語 what I don't eat を the thing that I don't eat で言い換え可能であるような自由関係節と見なすことにしよう[5]．この場合，what 節は統語論的には NP(名詞句)である．今，この NP を，指示的名詞句と見なすことにしよう．たとえば，what 節で，私が食べ残した皿の上の食べ物を指すと考えるのである．そして，food for the dog はこの食べ物に帰す属性を表

す叙述名詞句であると考えよう．すると，(173)は，この食べ物について food for the dog という属性を帰している措定文ということになる．これは日本語の(157)に対する措定文の解釈とまったく同じ読みである．

一方，(173)の主語 what I don't eat を the thing that I don't eat で言い換え可能であるような自由関係節と見なし，今度はそれを指示的名詞句ではなく，(174)のような命題関数を表す変項名詞句と見なすことにしよう．

(174) [x is the thing that I don't eat]

この場合，food for the dog は叙述名詞句ではなく，(174)における変項 x を埋める値名詞句となる．すると，(173)は，主語に含まれる変項 x の値を補語 food for the dog で埋めている文，つまり，倒置指定文ということになる．これは日本語の(157)に対する倒置指定文の解釈とまったく同じ読みである．日本語の倒置指定文が対応する指定文で言い換えできるのと同様，(173)に対するこのような倒置指定文の読みの場合のみ，(173)は(175)で言い換え可能となる．(175)は指定文である．

(175) Food for the dog is what I don't eat.（指定文）
    （犬用の餌が，私が食べないものだ．）[= (160)]

このように，(173)のような what 節構文の主語の what 節は，指示的名詞句と変項名詞句の両方の解釈が可能であり，それに応じて措定文と倒置指定文の読みをもち曖昧になるのである．ここまでは問題ないであろう．ところが(173)のような what 節構文には，これら二つの読みとは別に，これを(176)と統語論的に関連づける擬似分裂文としての読みもあることに注意しよう．

(176) I don't eat food for the dog.

周知のように，英語には，文中の要素を焦点(focus)として際立たせるための強調構文として，It is a good rest that you need most. のごとく，強調する要素を it is...that の枠によって取り立て，残りの要素を that 節内に置く**分裂文**(cleft sentence)とよばれる構文があるが，それとは別に，what 節を主語とし，補語に焦点要素をおくコピュラ文もある．後者は**擬似分裂文**(pseudo-cleft sentence)とよばれる．擬似分裂文は一般に(177)の形式をもち，XP を強調する構文である．

(177) What S is XP.

what 節は範疇としては文である．その文には統語論的に欠けている要素(空所)があり，その欠けている要素が be 動詞の後の XP によって指定されている．XP には名詞句(NP)ばかりでなく，形容詞句(AP)も，副詞句(ADVP: Adverb Phrase)も，動詞句(VP)，さらには文(S)すらも生じうる[6]．さて，今，(173)をこの意味での擬似分裂文として読むということは，(173)は，(176)における food for the dog を強調するため，[I don't eat x]と[food for the dog]に分裂させた文だと見なすことにほかならない．つまり，(173)の what 節を，(178)のような統語論的に空所 x がある S と見なすのである[7]．

(178) [S I don't eat x]

そして，be 動詞の後の補語 food for the dog が(178)の x を埋めているわけである．ここで，food for the dog は I don't eat の目的語であることに注意しよう．したがって，(173)に対するこのような擬似分裂文としての読みは，日本語の(179)に対応するといえる．

(179) 私が食べないのは，犬用の餌(ヲ)だ．

(179)は，前項で見た(157)と似ているがよく見ると異なる．

(157) 私が食べないものは，犬用の餌(ガ)だ．

前項で述べたように，(157)には措定文読みと倒置指定文読みとがあり曖昧であったが，ここでは(157)の倒置指定文読みに焦点をあてて議論を進める．(157)の倒置指定文読みは，指定文(160)と意味が変わらないことを思い起こそう．

(160) 犬用の餌が，私が食べないものだ．

(157)の倒置指定文読みにおける「私が食べないもの」の「もの」はあくまで名詞であり，下線部は名詞句である．そして，この文は，《私が食べないものは何かといえば，犬用の餌がそうだ》という意味であり，(180)の意味構造をもつ．

(180)　<u>私が食べないもの</u>は　<u>犬用の餌</u>だ．（倒置指定文）
　　　　　変項名詞句　　　　　値名詞句
　　　　　[xが私が食べないものだ]
　　　　　　　　↑
　　　　　　　　指定スル

(180)の構造から明らかなように，「食べない」の目的語は「もの」であり，「犬用の餌」ではないことに注意しよう．「犬用の餌」は[xが私が食べないものだ]の変項xに値として入る要素であり，その点で主格である．

それに対して(179)はどうであろうか．(179)における「食べないの」の「の」は補文標識と見なすのが自然である[8]．つまり，(179)の下線部は名詞句ではなくて節(=文)である．この場合，(179)は「私が犬用の餌を食べない」に対応する分裂文であるから，「犬用の餌」は「食べない」の目的語である．結局，(179)の意味構造は(181)である．

(181)　<u>私が食べないの</u>は　　<u>犬用の餌</u>だ．（分裂文）
　　　　[私がxを食べない]
　　　　　　　↑
　　　　　　　指定スル

ここに，倒置指定文として読んだ(157)と分裂文(179)との間の重要な違いを見てとることができる．(173)に対する擬似分裂文の読みに対応する日本語は(157)ではなく，(179)なのである．

以上を整理すると，結局，英語の(173)は次の3通りに曖昧であることになる．

(182) a. 私が食べないものは犬用の餌という性質をもつ．（措定文）
　　　 b. 私が食べないものは何かといえば，犬用の餌（ガ）そうだ．（倒置指定文）
　　　 c. 私が食べないのは，犬用の餌（ヲ）だ．（[擬似]分裂文[9]）

要するに，(173)を倒置指定文として解釈した(182b)の読みと擬似分裂文として解釈した(182c)の読みは意味が近いとはいえ，微妙な点で異なるのである．(173)は，(182b)の読みでは，eatの目的語は自由関係節what I don't eatの内部に含まれている先行詞であって，food for the dogではない．そして，(173)は，(182b)の読みの場合だけ(175)という指定文で言い換えできる．一

方，(173)は，(182c)の読みでは擬似分裂文であり，food for the dog が eat の目的語になっている[10]．

このように，英語の(173)のもつ(182b)と(182c)の意味の違いは重要であるが，(182b)の読みと(182c)の読みはいずれも主語に含まれる変項に値を指定するという点では広義の倒置指定文であることも事実である．そこで，以下では議論を簡単にするため，英語の what 節構文を問題にする際は，(182b)と(182c)との間にあるこのような微妙な違いにはあえて立ち入らず，英語の擬似分裂文をも**広義の倒置指定文**として扱うことにする．

今度は(183)を見よう．

(183) *What we saw in the park* was a man and a woman.（Higgins 1979: 11）

(183)はこれを措定文の読みでとれば，《われわれが公園で会った人は，男でもあり女でもあるような(奇妙な)属性を有していた》という意味になる．この場合，what 節を自由関係節でしかも指示的名詞句と見なし，a man and a woman をひとまとまりの叙述名詞句と見なしているのである．一方，(183)を広義の倒置指定文(擬似分裂文)の読みでとれば，《われわれが公園で会ったのは，一人の男と一人の女だった》ということになる．この場合，what 節は [we saw x in the park] のごとく変項 x を含み，その x を a man and a woman という値で埋めているわけである．前者の読みでは会ったのは一人の人間であるが，後者の読みでは二人の人間に会ったわけで，この意味の違いは歴然としている．

同様に，(184)も措定文と広義の倒置指定文の読みがあり，曖昧である．

(184) *What he wants his next wife to be* is fascinating.（Akmajian 1979: 179）

(184)の what 節を自由関係節でしかも指示的名詞句と見なし，「彼が次の妻に望んでいるしかじかの特性」(たとえば「彼がどんなに失敗しても，あるいは浮気しても，いつも微笑んで励ましてくれるような性格」)を指示していると考えよう．そしてこの文はそのような特性について「魅惑的だ」と皮肉っぽく叙述していると読むならば，措定文の読みが得られる．一方，(184)の what 節を，[he wants his next wife to be x] のごとく変項 x が含まれていると見なし，この文はその x を fascinating という値で埋めているととるならば，広義の倒置指定文(擬似分裂文)の読みになる．この場合，(184)を《彼が次の妻に望んでい

ることは何かといえば魅惑的であることだ》，つまり，《彼は次の妻に魅惑的であってほしい》と読んでいるわけである．後者の読みの場合のみ，(184)は(185)で言い換え可能となる．

(185) He wants his next wife to be fascinating.

このように，what 節を主語にもつ be 動詞構文は，補語に名詞句や形容詞句が入るとき，措定文の読みと広義の倒置指定文(擬似分裂文)の読みとで曖昧になるのである．

以上のことを念頭において次の文を見よう．

(186) *What Henry whispered to Nancy* is a military secret. (Gundel 1977: 544)

この文は3通りに曖昧である．まず，斜体部を自由関係節でしかも指示的名詞句として解釈しよう．たとえば，ヘンリーがナンシーに「最高司令官が来週辞任するよ」とささやいたとすれば，斜体部はまさにこのささやいた内容を指示し，それは軍事上の機密だ，と言っていることになる．この場合，a military secret は叙述名詞句である．これは(186)を措定文として読んだことになる．

次に(186)の斜体部は，[Henry whispered x to Nancy]のごとく，変項 x が含まれているととり，(186)は a military secret が変項 x の値を埋めていると解釈しよう．この場合，《ヘンリーがナンシーに何をささやいたかといえば，軍事上の機密をささやいたのだ》という読みになる．これは，(186)を広義の倒置指定文(擬似分裂文)として読んだことになる．

(186)に対する3番目の読みは，斜体部を疑問節として解釈するものである．これは，《ヘンリーがナンシーにささやいた内容が何であるかは軍事上の機密だ》という読みである．この読みから《だから公表するわけにはいかない》という含意が得られる．この読みでは，ヘンリーがナンシーに，実際に軍事上の機密をささやいたか否かは問題ではない．この読みでは，a military secret は叙述名詞句であるので措定文に近い側面もあるが，主語が通常の指示的名詞句ではないという点で標準的な措定文とは異なり，新しいタイプのコピュラ文と見なすべきである．what 節は自由関係節ではなく間接疑問節である．間接疑問節が対象を指示することはありえず，したがって(186)を措定文と見なすわけにはいかないのである．

(186)についてグンデルは，上の2番目の広義の倒置指定文(擬似分裂文)の

読みを「同定(identifying)読み」とよび，3番目の読みを「帰属(attributive)読み」とよんで区別する．ところが，この同定読みと帰属読みの区別は，われわれのいう倒置指定文読みと措定文読みの区別にほぼ相当する．したがって，グンデルは，(186)に対する3番目の読みを措定文読みに分類していることになる．しかし，上で述べたように，3番目の読みは措定文読みではない．さらにグンデルは(186)に対する真の措定文読みである1番目の読みに気づいていないのである．なお，(186)に対応する日本語の文は(187)である．

(187) ヘンリーがナンシーにささやいたことは軍事上の機密だ．

興味深いことに，日本語の(187)は，英語の(186)がもつ3通りの読みに加えて，もう一つ別の読み，つまり，《ヘンリーがナンシーにささやいたということ，そのことは軍事上の機密だ》をも有することに注意しよう．これは，「ヘンリーがナンシーにささやいた」と「こと」との関係がいわゆる「外の関係」の連体修飾関係になっている．この場合，「ヘンリーがナンシーにささやいたこと」は当然指示的であり，文全体は措定文の読みということになる．結局，日本語の(187)は措定文として2個異なった読みをもつことになる．

ところで，(186)に対する3番目の読みのような新しいタイプのコピュラ文は，次の日本語の文に典型的に現れる．

(188) 来場所の優勝者は明らかだ．(それは白鵬だよ．)

(188)における「来場所の優勝者」はもちろん，世界の中の個体を指示するわけではない．個々の人間について「明らかだ」という述語は適用できないからである．(188)における「来場所の優勝者」は意味のあるレベルでは(189)のような変項名詞句であり，それを基礎にして潜伏疑問を表す名詞句となったものとして解釈すべきであろう．

(189) [x ガ来場所の優勝者である]

結局，(188)は，《誰が来場所の優勝者であるかは明らかだ》，つまり，《誰が来場所，優勝するかは明らかだ》という意味であり，新しいタイプのコピュラ文なのである．

次に，指示的名詞句と変項名詞句の違いに関して次の文を見ておこう．

5.4 文中の名詞句の意味機能が曖昧性をもたらす

(190) a. John: What is *the capital of Brazil*?
　　　b. Mary: *The capital of Brazil* is Brasília.

(190)の斜体部は，(191)という命題関数を表しており，変項名詞句である．

(191) [x is the capital of Brazil]

(190a)はその変項 x の値を尋ねており，倒置指定文である．そして，(190b)はその変項の値を述べているので，やはり倒置指定文である．(190a)に対応する日本語は(192)にほかならない．

(192) ブラジルの首都はどこですか．

つまり，日本語の(192)には，(190a)と同じ倒置指定文の意味がある．ところが興味深いことに，日本語の(192)には，英語の(193)に対応する読みもあることに注意しよう．

(193) Where is *the capital of Brazil*?

(193)は(190a)と大きく意味が異なる．(193)の斜体部は変項名詞句ではなく，指示的名詞句である．つまり，(193)は，the capital of Brazil はブラジリアであることがわかっている人に対して，「ブラジルの首都（ブラジリア）は地理的にどこにあるか」を尋ねているのである．これは，小学校の地理の先生が地図を見せながら，生徒に訊くような質問である．したがって，(193)は，倒置指定文ではなく，the capital of Brazil の所在を訊く文で，**所在文**とよばれる構文なのである．要するに，日本語の(192)は，英語の(190a)の倒置指定文に対応する読みと，(193)の所在文に対応する読みとがあり，曖昧なのである．前者の読みでは，「ブラジルの首都」は変項名詞句であるのに対して，後者の読みでは，「ブラジルの首都」は指示的名詞句であるという点に大きな違いがある．次の例も同様の曖昧性をもつ．

(194) この書類の提出先はどこですか．

今，ある大学の学生が大学キャンパスのなかで(194)を口にしたとしよう．(194)の「この書類の提出先」を変項名詞句と見なすならば，(194)は倒置指定文になる．その場合，答えは，「それは教務課です」とか「それは学生部です」

ということになるであろう．一方，「この書類の提出先」を指示的名詞句ととることもできる．たとえば，この名詞句で教務課を指示すると仮定しよう．この場合，(194)は，この書類の提出先，つまり，教務課は大学のどこに位置しているか，を尋ねていることになる．その場合，答えは，「6号棟の3階の奥の部屋です」のようなものとなろう[11]．

5.4.4.3 措定文と指定文の曖昧性
次の単純な文を見よう．

(195) Obama is the President.

実は，(195)は曖昧なのである．この曖昧性は，日本語で(196)と(197)に訳し分けることによって明確になる．

(196) オバマは大統領である．
(197) オバマが大統領である．

日本語の母語話者なら，(196)と(197)は「は」と「が」が入れ替わっており，その意味の違いは明らかであろう．つまり，(196)は，「オバマ」である人を指し，《その人はどんな人かといえば，大統領だ》という意味である．つまり，これは措定文の読みである．それに対して，(197)は，《誰が大統領かといえば，オバマがそうだ》という意味である．つまり，これは指定文の読みである．ところが，「は」と「が」の区別のない英語では(196)も(197)も(195)という形でしか表現できない．しかし，英語の母語話者でも，そう指摘されれば，(195)のもつ措定文と指定文の曖昧性にすぐ気づくはずである．そして，(195)を(197)の指定文の意味で読んだときにのみ，(195)は(198)のような倒置指定文で言い換えできることにも注意しよう．それに対応する日本語は(199)である．

(198) The President is Obama.
(199) 大統領は誰かといえば，オバマだ．

ただ，(198)には(199)の読みとは別に，(200)のような措定文の読みもあることに注意しなければならない．

(200) 《大統領はオバマという名前の持ち主だ》

この読みの場合，(198) の the President は特定の対象を指示する指示的名詞句であり，Obama はその対象に属性を帰す叙述名詞句なのである．日本語では，措定文は「A ハ B だ」で表され，指定文は「A ガ B だ」で表されるため，同一形式が措定文と指定文で曖昧になるということはないが，「は」と「が」の区別のない英語では A is B という形式しかないため，(195) のように措定文と指定文で曖昧になりうるのである．コピュラ文における措定文と指定文の違いの重要性は，Akmajian (1979), Higgins (1979), Gundel (1977), Ruwet (1982), Declerck (1988) などによって，擬似分裂文の分析との関係で早くから指摘され，今日までかなりの研究が進んだが，対応する日本語での研究は上林 (1988)，西山 (1985, 1988, 1990a, b, 1992, 2003, 2007), Nishiyama (2008) などによってやっと手がけられたばかりだといえる．「は」と「が」の区別を有するという点で形式面で顕著な日本語を手がかりにしたこの面での研究はもっと早く進んでしかるべきだったと思われる．

5.4.5 存在文の曖昧性

5.4.4 では，コピュラ文「A は B だ」あるいは A is B における名詞句が果たす意味機能に注目し，とりわけ A が指示的名詞句であるかそれとも変項名詞句であるかの違いが文の意味に寄与し，曖昧な文をつくることを多くの例で見た．このように，文中の名詞句が指示的名詞句の機能をもつかそれとも変項名詞句の機能をもつかに応じて曖昧になるということは別にコピュラ文に限られるわけではない．たとえば，「A がある/いる」あるいは There is A のようないわゆる存在文においても，A の意味機能をどう読むかに応じて曖昧になるのである．このことを考えるお膳立てとして，日本語の存在文について簡単に整理しておく．日本語の存在文「A がある/いる」の例としてすぐ浮かぶものは，(201) のタイプの文である．

(201) a. 机の上にバナナがある．
  b. 台所に母がいる．
  c. やばい，警察官がいるぞ．

これは，空間的場所における対象の有無を表すタイプの存在文で，**場所存在文**とよばれる．一般に場所存在文は次のように規定される．

(202) (場所)ニ+(存在の主体)ガ+アル/イル

もちろん，(201c)のように場所辞がコンテクストから明らかな場合は省略されうる．場所存在文の主語（下線部）は，(201a)のように不特定的であれ，(201b, c)のように特定的であれ，指示的名詞句であることに注意すべきである．

従来，言語学で存在文が取り上げられるときは，このタイプの場所存在文にのみ焦点があてられてきた．また，存在文の基本は場所存在文であることを強調する論者も多い[12]．日英語の存在文について詳しく論じている久野（1973: 288）は，いかなる存在文にも場所辞が不可欠であると主張した．しかし筆者の見解では，場所存在文は，数多くある存在文の一つのタイプにすぎず，場所存在文とは異質な存在文がいくつもあることに注意すべきである．

まず，(203)の例を見よう．

(203) この問題を解くことができる人間はいない．

(203)の話し手は，下線部によって世界の中のある個体を指し，その個体がしかじかの場所に存在しないことを主張しているわけではない．もし(203)の下線部がなんらかの個体を指しているとすれば，その個体について「その人は男性ですか」「その人は背が高いですか」「その人は日本人ですか」といった質問をすることが可能となるはずである．ところが，(203)とそのような問いは両立しないであろう．注意すべきは，(203)はその意味を変えずに，(204)のような存在文でない形で言い換えできるという点である．

(204) 誰もこの問題を解くことができない．

(204)について，「その人は男性ですか」「その人は背が高いですか」「その人は日本人ですか」などと聞く人はいないであろう．結局，(203)の下線部は(205)のような命題関数を表す変項名詞句であり，(203)全体は，この命題関数に含まれる変項xの値が空であることを述べているといえる．

(205) [xがこの問題を解くことのできる人間である]

(203)のように，存在主体を表す名詞句が変項名詞句であり，文全体が変項の値の有無を述べているタイプの存在文を**絶対存在文**とよぶ[13]．(206)も絶対存在文の例である．

(206)　洋子の好きな科目がある．

(206)は，「洋子の好きな科目」によってある科目（たとえば数学）を指し，その科目が世界のどこかに存在するということを述べているのではない．むしろ，(206)の下線部は(207)のような「変項名詞句」にほかならず，(206)全体は，その変項xの値が空でないことを述べている絶対存在文である．

　(207)　[xが洋子の好きな科目である]

ここで，(206)との関係で(208)のコピュラ文を見よう．

　(208)　洋子の好きな科目は数学だ．

(208)は，《洋子の好きな科目は何かといえば，それは数学だ》という意味であり，倒置指定文である．つまり，(208)の下線部もまた，(207)のような変項名詞句であり，(208)はその変項の値を「数学」によって指定しているわけである．結局，(208)のような倒置指定文は，変項名詞句における変項の値を指定する文であるのに対して，(206)のような絶対存在文は，変項名詞句における変項の値の有無を述べている文なのである．ここに倒置指定文というコピュラ文と絶対存在文とのあいだの密接な関係を見てとることができる．同様に，(209)はその自然な解釈では絶対存在文であり，「あなたが一番美しい」と言い換えることができる．

　(209)　あなたより美しい人はいない．

(210)は表面的には(202)の形式をもつため，場所存在文と思われるかもしれない．

　(210)　あなた方の中に，私を裏切った人がいる．

しかし(210)は，《あなた方の中の誰かが，私を裏切った》の意味であり，より厳密にはその意味を(211)で明示できる絶対存在文にほかならない．

　(211)　《[xが私を裏切った人である]の変項xを埋める値は，あなた方の中に落ちる》

つまり，(210)の「あなた方の中に」は場所辞ではなく，変項xの値の走る範

囲を限定している領域限定辞なのである[14]．以上のことをふまえると，(212)は場所存在文と絶対存在文で曖昧であることがわかる．

(212) あの大学にノーベル賞受賞者がいる．

今，(212)の「あの大学に」を場所辞ととり，「ノーベル賞受賞者」を指示的名詞句ととるならば，あの大学のキャンパス内に，学術講演かなにかで訪れているノーベル賞受賞者が所在しているという意味をもち，場所存在文の読みになる．一方，(212)の「あの大学に」を「あの大学のスタッフの中に」という意味での領域限定辞ととり，「ノーベル賞受賞者」を[xがノーベル賞受賞者である]のような変項名詞句と解釈するならば，(212)は(213)のような意味をもち，絶対存在文の読みが得られる．

(213) 《[xがノーベル賞受賞者である]の変項xの値があの大学のスタッフの中に落ちる》

上で述べたことは英語の存在文についてもあてはまる．いうまでもなく，(214)における on the table は場所辞であり，この文は場所存在文である．

(214) There are two books on the table.

それに対して，(215)は，しかじかの場所に，そのコースの必読書として指定されている本が2冊あるということを述べているのではなく，そのコースをとるためには2冊の本を読まなければならないということを述べている．

(215) There are two books required for the course.

つまり，(215)の books required for the course は指示的名詞句ではなく，[x is the book required for the course]という命題関数を表す変項名詞句であり，この文は，この命題関数を満たす変項xの値が2個存在することを述べていると見なすべきである．したがって(215)は絶対存在文なのである．同様に，(216)も(217)も，その斜体部を変項名詞句と解釈すべき絶対存在文である．

(216) There are many *Japanese expressions you can never translate into English*.

(217) There were some *problems that I didn't solve*.

(216)は,《英語にうまく翻訳できない日本語の表現が多い》ということを述べている絶対存在文であって,そのような表現の地理空間上の位置を問題にすることはそもそも意味がない.同様に,(217)は,《私は,(与えられた問題のうち,解いた問題もあるが)解かなかった問題もいくつかある》ということを述べている絶対存在文である.

なお,(218)は日本語の(212)と同様,場所存在文とも絶対存在文とも読むことができ曖昧である.

(218) There is a professor who won the Nobel prize at the university.
(熊本 2005: 4)

(218)の at the university を場所辞ととり,《ノーベル賞をとった外国の大学の教授がたまたま話者が問題にしている大学のキャンパスに滞在している》と解釈するならばこの文は場所存在文となる.一方,at the university を領域限定辞ととり,(218)を《その大学の教授の一人がノーベル賞をとっている》と解釈するならば絶対存在文となる.ところが久野(1973)の立場では,at the university はいずれの読みでも場所辞であり,この区別ができないのである.(219)も場所存在文と絶対存在文で曖昧な文である.

(219) There is *something John wouldn't eat*. (熊本 2005: 4)
(ジョンがどうしても食べようとしないものがある.)

(219)における斜体部を指示的名詞句と見なし,その指示対象がコンテクストから了解されているある場所に(たとえば,食卓の上に)存在していると読むならば,(219)は場所存在文となる.一方,斜体部を変項名詞句と見なすならば(219)は,《好き嫌いのないジョンではあるが,彼とてあらゆるものを食べるわけではなく,彼がけっして食べようとしないものがある》という意味の絶対存在文となる.要するに,(219)の曖昧性は,名詞句 something John wouldn't eat を指示的名詞句と見なすかそれとも変項名詞句と見なすかに依拠する純粋に意味論的な曖昧性なのである.同様に,次の例も曖昧である.

(220) 欲しいものがないわ.

今,ある女性が鹿児島へ出張し,以前から欲しいと思っていた「さつま揚げ」と「かるかん」と「ダイダイ」を求めていたとしよう.ところが,どうい

うわけか，鹿児島市内のあらゆる土産物店をさがしても，それらはどれも品切れで，手に入らなかったとしよう．そのとき，その女性は，(220)を口にするであろう．この場合，(220)の下線部は指示的名詞句であり，その指示対象（つまり，「さつま揚げ」「かるかん」「ダイダイ」）が鹿児島市内の土産物店に所在していないと読んでいるのであり，場所存在文となる．

一方，ある男性が鹿児島へ出張することになり，奥さんに「鹿児島へ出張するのだが，お前，何か欲しいものあるかね」と尋ねたとしよう．それに対して奥さんが，(220)を口にしたとしよう．この場合，(220)の下線部を[xが(私の)欲しいものである]を表す変項名詞句ととり，その変項xを満たす値が存在しないと読んでいるのであり，この文は絶対存在文となる．

ここで注意すべき重要な点は，(218)〜(220)がもつこのような曖昧性は文の意味構造に起因する純粋に意味論上の問題であって語用論上の問題ではない，という点である．つまり，(218)〜(220)の意味としては場所存在文と絶対存在文から中立的なものを仮定し，語用論的操作によっていずれかの読みを明意として得るというわけにはいかないのである．そもそも，文中のある名詞句について，それを指示的名詞句でもなく，変項名詞句でもない，中立的なものを仮定することなどは不可能だからである．また，(218)〜(220)の意味としては場所存在文の読みだけを仮定し，語用論的操作によって絶対存在文の読みを明意として得ることも，あるいは逆に，(218)〜(220)の意味としては絶対存在文の読みだけを仮定し，語用論的操作によって場所存在文の読みを明意として得ることも不可能である．文中の指示的名詞句をコンテクストによって変項名詞句に読み替えること，あるいはその逆に文中の変項名詞句をコンテクストによって指示的名詞句に読み替えることはありえないからである．したがって，(218)〜(220)のもつ場所存在文の読みと絶対存在文の読みは異なった意味構造として意味表示の段階で規定しておかなければならないのである．

最後に次の文を考えよう．

(221) 国立国会図書館に，太郎の読みたい本が1冊もない．

(221)にはいくつかの読みがある．第1の読みはこうである．太郎がA, B, C, D, Eという特定の5冊の本を以前から読みたいと思っていたとしよう．コンピュータで検索したところ，国立国会図書館にはAとBとDの3冊だけは所蔵されていることがわかったとしよう．そこで太郎は国立国会図書館に出か

けたが，残念なことにそれらの3冊はいずれも貸し出し中で，そのとき国立国会図書館には現物がないことが判明したとしよう．この状況を報告するために(221)を使用することができる．これは国立国会図書館という地理空間に，太郎の読みたい本，すなわち A, B, C, D, E が所在しないことを述べているので，場所存在文にほかならない．この場合，(221)の下線部は特定の本，すなわち，A, B, C, D, E を指示する指示的名詞句である．

(221)に対する第2の読みはこうである．今，太郎が A, B, C, D, E という特定の5冊の本を読みたいと思っていたとしよう．太郎がコンピュータで検索したところ，国立国会図書館にはそれらの本はいずれも所蔵されていないことがわかったとしよう．この状況を報告するために(221)を使用することができる．この場合，(221)の下線部は特定の本 A, B, C, D, E を指示する指示的名詞句である．これは第1の読みの場所存在文と似ているが，国立国会図書館という地理空間におけるそれらの本の所在を問題にしているのではなく，あくまで国立国会図書館の蔵書として登録されていないという意味であるので，**帰属存在文の読み**とよばれる．仮に(221)の発話時点で，国立国会図書館の利用者の一人のカバンの中に，たまたま，本 A と C があったとしても，それは国立国会図書館の蔵書でない以上，帰属存在文の読みとしての(221)は真なのである．ちなみに，この状況(つまり，国立国会図書館の利用者の一人のカバンのなかに，たまたま，本 A と C があった状況)においては，第1の場所存在文の読みとしての(221)は偽となるであろう．なぜなら，国立国会図書館という地理空間に，太郎の読みたい本である A と C が所在しているからである．

(221)に対する第3の読みはこうである．太郎は別にこれといった特定の本を読みたいとは思っていないとしよう．太郎は時間が十分あったので，国立国会図書館の蔵書を1点ずつ検索してみた．ところが，太郎が読みたいと思う本に1冊も出会わなかったとしよう．この状況を報告する文として(221)を用いることができる．この読みでは，(221)の下線部は(222)のような変項名詞句であり，「国立国会図書館に」は，変項 x を埋める値の走る範囲を規定している．これは，(223)のような意味を表す絶対存在文の読みとなる．

(222) [x が太郎の読みたい本である]
(223) 《[x が太郎の読みたい本である]の変項 x の値が国立国会図書館の蔵書の中に落ちない》

(221)に対する第2の読み(帰属存在文の読み)と第3の読み(絶対存在文の読み)との区別は次の点を考慮すると一層はっきりするであろう．(221)を帰属存在文として読んだ場合，それが真であるかどうかを確認するためには，太郎が読みたいと思っている特定の本，A, B, C, D, E が国立国会図書館に所蔵されているかどうかをチェックしさえすればよい．今，これをコンピュータで検索するとすれば，(221)がこの意味で真であるかどうかを確認するのに5分も必要としないであろう．それに対して，(221)を絶対存在文として読んだ場合，それが真であるかどうかを確認するためには，「国立国会図書館の蔵書のどの本も太郎は読みたいと思わない」ということを確認する必要がある．となると，国立国会図書館の蔵書が970万冊あるとすれば，その1点1点について，太郎はその本を読みたいと思うか否かをチェックしなければならないわけであるから，コンピュータを駆使するとしても絶対存在文で読んだ(221)の真を確認するためには莫大な時間がかかるであろう．このことからも，帰属存在文と絶対存在文とは大きく意味が異なることがわかるであろう．

以上の考察は，(221)は，場所存在文，帰属存在文，絶対存在文の3通りに曖昧な文であること，その曖昧性は名詞句「太郎の読みたい本」の果たす意味機能の違いに起因することを示している．

5.4.6　潜伏疑問文

文中の名詞句のなかには，形は名詞句でありながら意味的には疑問詞疑問(Wh-question)と等価な機能を果たすものがある．この種の名詞句を含む構文，すなわち潜伏疑問文の意味構造を説明する際にも変項名詞句という概念は不可欠である．まず，次の文を考えよう．

(224) 太郎は，<u>花子の好きな星</u>に関心がある．

この文の下線部は，指示的名詞句の解釈と変項名詞句の解釈を許し，文全体が曖昧である．まず，下線部を指示的にとれば，「花子の好きな星」によってある天体を指し，太郎もその天体に関心がある，という読みになる．これは，「花子の好きな星」が火星を指示するとき，太郎も火星に関心をもっているという読みになる．一方，(224)の下線部を変項名詞句ととるならば，この文は，《太郎は，花子の好きな星は何かに関心がある》という読みになる．この場合，太郎は，(225)という命題の変項 x の値を埋めることに関心があるのであって，

花子の好きな星，たとえば火星に関心がなくてもかまわないのである．

(225) [x が花子の好きな星である]

つまり，この読みでは，太郎の関心は，天体のような世界の中のある個体に向かっているのではなく，あくまで「花子の好きな星はいったい何か」という疑問およびそれに答えることなのである．(224)に対する後者の読みが潜伏疑問文の読みにほかならない．ここで，(225)と，「何が花子の好きな星であるか」という指定コピュラ疑問文との間に密接な関係があることに気づくであろう．このように，潜伏疑問文の読みと指定コピュラ文の読みとは変項名詞句を介して意味的につながるのである．筆者の考えでは，一般に潜伏疑問文を構築する名詞句(つまり，(224)の下線部)は，実は，このような指定コピュラ疑問文の意味構造を有する名詞句にほかならない．このように，ある名詞句が潜伏疑問文を構築する名詞句であるということと，その名詞句が意味の深いレベルでは変項名詞句として機能しているということとは密接な関係がある．潜伏疑問名詞句が有する疑問の意味は変項名詞句を基礎にして意味論的に構築された結果である．

「知っている」という述語は「関心がある」と同様，間接疑問文を構築する述語ではあるが，目的語の位置に，指示的名詞句と変項名詞句(非指示的名詞句)の両方と共起するため，文全体は意味が曖昧になる．次の例を見よう．

(226) 太郎は，花子の住んでいる町を知らない．

今，(226)の下線部を指示的にとろう．すると，「花子の住んでいる町」によってある町を指し，《太郎はその町について何も知識をもちあわせていない》という読みになる．これは，たとえば，「花子の住んでいる町」が軽井沢町を指示するとき，太郎は軽井沢町という町がいったいどこにあり，人口がいくらであり，どんな町であるかについて何も知らないということである．一方，(226)の下線部を変項名詞句ととるならば，この文は，《太郎は，花子の住んでいる町がどの町であるかを知らない》という読みになる．この場合，太郎は(227)という命題の変項 x の値を指定する能力がない，という意味になる．

(227) [x が花子の住んでいる町である]

ここでも，(227)が指定コピュラ文の形式をしている点に注意しよう．(226)に

対する後者の読みが潜伏疑問文の読みにほかならない．今，花子の住んでいる町が軽井沢町であり，太郎は軽井沢町長であるが，太郎は花子と面識がないと仮定しよう．その場合，太郎は当然軽井沢町についてはよく知っているので，(226)に対する前者の読みでは偽である．しかし，軽井沢町長である太郎は面識のない花子の住所を知らないので，(226)に対する後者の読みでは真となろう．

　今度は(228)を見よう．

　(228) 私は，花子が描いた絵がどうしてもわからない．

(228)は，その下線部を指示的名詞句にとるならば，《私は花子が描いた絵がどうしても理解できない》という読みになる．一方，下線部を変項名詞句ととるならば，《私は(多くの絵のなかで)どれが花子が描いた絵であるかがわからない》という読みになる．後者の読みは潜伏疑問文である．このように，(224)，(226)，(228)は曖昧であるが，そのうちの潜伏疑問文の読みは，(229)～(231)のような，間接疑問文と実質的には同じ意味をもつ．

　(229) 太郎は，花子がどの星が好きであるかに関心がある．
　(230) 太郎は，花子がどの町に住んでいるかを知らない．
　(231) 私は，花子がどの絵を描いたかわからない．

しかし，間接疑問文を構築する述語であればつねに直接目的語の名詞句の解釈が曖昧になるわけではない．たとえば，「教える」は(232)のように間接疑問文を構築する述語である．

　(232) 太郎は，警察に誰が犯人であるかを教えた．

しかし，(233)は曖昧ではなく，下線部は命題関数[xが犯人である]を表し，太郎は変項xの値を警察に教えた，という意味しかもたない．

　(233) 太郎は，警察に犯人を教えた．

したがって，(233)は実質的には(232)と同義である．
　最後に次の文の曖昧性を考えてみよう．

　(234) 太郎は，花子が白状したことを知っている．

この文は3通りに曖昧である．まず，(234)の下線部を外の関係の名詞節ととれば，この文は(235)で言い換え可能な意味をもつ．

(235) 太郎は，[花子が白状した]ということを知っている．

次に，(234)の下線部を内の関係の名詞節ととり，それを指示的名詞句と解釈すれば，この文は(236)で言い換え可能な意味をもつ．

(236) 太郎は，[花子が白状した]内容を（花子と独立に）知っている．

さらに，(234)の下線部を内の関係の名詞節ととり，さらにそれを変項名詞句と解釈するならば，この文は，(237)で言い換え可能な意味をもつ．

(237) 太郎は，花子が白状したことが何であるかを知っている．

この場合，(234)の下線部は，(238)のような命題関数を表す変項名詞句であり，(234)という文は，太郎がこの変項 x の値を指定することができる，という意味となる．

(238) [x が花子が白状したことである]

この最後の読みでの(234)は(239)のような間接疑問文と等価な意味，つまり，潜伏疑問文の意味をもつのである．

(239) 太郎は，花子が何を白状したかを知っている．

英語でも同様である．よく知られているように，(240)の各文は，対応する(241)の各文と実質的には同じ意味をもつ(Baker 1968, Heim 1979)．

(240) a. John announced *the winner of the contest*.
   b. Mary figured out *the plane's arrival time*.
   c. John refused to tell the police *the fellows who had been involved*.
   d. Mary knows *the price of milk*.
(241) a. John announced who won the contest.
   b. Mary figured out what the plane's arrival time would be.
   c. John refused to tell the police which fellows had been involved.
   d. Mary knows how much the milk costs.

この事実をいかに説明すべきであろうか．筆者の考えはこうである．たとえば(240a)の斜体部は世界の中の個体を指示する指示的名詞句ではなく，意味のあるレベルでは(242)のような命題関数を表す変項名詞句として機能していると見なすべきである．

(242) [x is the winner of the contest]

そして，(240a)の主語 John は，(242)の変項 x の値を announce したと読むのである．ここから，(240a)が潜伏疑問文であり，(241a)のような間接疑問文と実質的には同じ意味を表すことが明らかになる．(240)の他の文も同様である．このように，指示的名詞句かそれとも変項名詞句かという名詞句の意味機能上の区別は，日本語であれ，英語であれ，潜伏疑問文が成立するか否かを説明する際，不可欠なのである．

5.4.7 変化文の曖昧性

本項では，変化を表す文の曖昧性を考える．変化を表す文には，大きく分けて二つのタイプがある．一つは，(243)のような個体変化を表す文である．

(243) 10年ぶりに太郎に会ったが，彼はずいぶん変わったね．

(243)における「彼」は指示的名詞句であり，この文は，「彼」の指示対象について，その風采，容貌，性格，考え方などが変化したことを表している．このタイプの変化文を**変貌読みの変化文**とよぶことにする．これは，より厳密にいえば，たとえば，(244a)から(244b)への変化であると言うことができるであろう．

(244) a. (時刻 T_k において)彼は攻撃的だ．
    b. (時刻 T_{k+j} において)彼は穏やかだ．

ここで，(244a, b)がコピュラ文であり，しかも広義の措定文の形をしていることに注意しよう．結局，変貌読みの変化文は，同一指示対象についての属性変化を表しているわけである．

変化文のもう一つのタイプは，(245)のような文である．

(245) a. 花子の職業が最近変わった．

b. 洋子の住所が変わった.
   c. 太郎の座席が変わった.
   d. 卒業式の日程が変わった.
   e. その本の定価が変わった.

これらの下線部を指示的名詞句ととることはできない．たとえば，(245a)は，花子の職業が，たとえば，画家から弁護士になったような状況で用いられる．この場合，(245a)の下線部を指示的名詞句と見なし，画家とか弁護士といった職業を指示すると見なすことはできない．なぜなら，画家という職業自体が弁護士という職業に変化するわけではないからである．そうではなくて，(245a)の下線部は，(246)のような命題関数を表す変項名詞句と見なすべきである．

(246) [x が花子の職業である]

そして，(245a)は，(246)における変項 x を埋める値が，ある職業から別の職業に入れ替わったと読むべきである．このタイプの変化文を**入れ替わり読みの変化文**とよぶことにする．(245a)のような入れ替わり読みの変化文における変化は，たとえば，(247a)から(247b)への変化にほかならない．

(247) a. (時刻 T_k において)画家が花子の職業だ.
   b. (時刻 T_{k+j} において)弁護士が花子の職業だ.

ここで，(247a, b)がコピュラ文であり，しかも指定文の形をしていることに注意しよう．結局，入れ替わり読みの変化文は，変項名詞句における変項の値が，ある値から別の値へ変化することを述べているのである．(245)の他の例についても同様である．(245b)では，変項名詞句[x が洋子の住所である]における変項 x を埋める値が，ある住所から別の住所に入れ替わったと読むべきである．また，(245c)では，変項名詞句[x が太郎の座席である]における変項 x を埋める値がある座席から別の座席に入れ替わったと読むべきである．そして，(245d)では，変項名詞句[x が卒業式の日取りである]における変項 x を埋める値がある日から別の日に入れ替わったと読むべきである．さらに，(245e)では，変項名詞句[x がその本の定価である]における変項 x を埋める値がある価格から別の価格に入れ替わったと読むべきである．

結局，変化文の変貌読みと入れ替わり読みの違いは，コピュラ文の措定文の

変化と指定文の変化に還元できることになる．ここに変化文の意味構造の背後に，コピュラ文の意味構造を見てとることができるのである．このことはまた，「変わる」という述語に対する通常の辞書記述は十分ではないことを示している．通常の辞書では，この語には，《(i) 変貌する，(ii) 入れ替わる》の意味があるとだけ書かれているわけであるが，このような辞書記述では，変貌読みが主語名詞句に指示的名詞句を要求することも，入れ替わり読みが主語名詞句に変項名詞句という意味での非指示性を要求することも捉えられず，また，変貌読みと措定コピュラ文との間，および入れ替わり読みと指定コピュラ文との間に密接な関係があるという重要な意味論的事実が捉えられていないのである．さらに，(243)が変貌読みしかなくて，(245)の各文が入れ替わり読みしかないという意味論的事実は，変項名詞句や指示的名詞句という概念を導入することなくして説明できないのである．

以上の点をふまえて次の変化文を見よう．

(248) <u>花子の指導教授</u>が変わった．

(248)は下線部を指示的名詞句と解釈することも変項名詞句と解釈することもできる．それに応じて，この文は，変貌読みの変化文とも，入れ替わり読みの変化文とも読むことができ曖昧なのである．今，(248)の下線部を指示的名詞句と解釈すれば，「花子の指導教授」で指示されるある教師について，その性格，容貌，態度などが変貌したという読みになる．これは変貌読みである．一方，(248)の下線部を変項名詞句と解釈すれば，《以前はある教師が花子の指導教授だったが，いまでは別の教師が花子の指導教授になっている》という読みになる．これは，入れ替わり読みである．同様に，(249)も曖昧である．

(249) <u>鈴木教授の研究室</u>が変わった．

(249)には，まず，下線部で特定の部屋を指し，《その部屋が模様替えなどをした結果，見違えるように変わった》という読みがある．これは，変貌読みである．一方，(249)の下線部を(250)のような命題関数を表す変項名詞句と解釈すれば，(250)の変項 x を埋める値が，ある研究室から別の研究室に入れ替わったという意味になる．これは，入れ替わり読みである．

(250) [x が鈴木教授の研究室である]

次の例も変化文の一種であるが，曖昧である．

(251) この 5 年間で<u>社長の女性秘書</u>が次第に美しくなってきた．

まず，(251)の下線部を指示的名詞句と解釈し，ある特定の女性秘書 A 子を指すとしよう．その場合，(251)は，《A 子はこの 5 年間で次第に美しくなってきた》という読みになる．これは，特定の指示対象に帰す属性が時間の経過に従って変化したという読みであるので，措定コピュラ文の変化を表し，変貌読みの変化文の変種にほかならない．

一方，(251)の下線部を変項名詞句と解釈した場合は，《この 5 年間で社長の女性秘書は何人も入れ替わったが，秘書交代のたびに，前任者よりも一層美しい人が秘書になった》という読みになる．つまり，

(252) ［x が社長の女性秘書である］

という変項名詞句における変項 x を埋める値が時間の経過に従って入れ替わり，しかもそれらの値を美しさに関して比較しているので，入れ替わり読みの変化文の変種といえる．なお，(252)が，指定コピュラ文の形式であることに注意しよう．したがって，ここでも，コピュラ文と変化文という一見まったく無縁であるかに思われる二つの構文が，その曖昧性という観点から見ると，意味の深いレベルでは密接に関係していることがわかる．言い換えれば，措定文と指定文といったコピュラ文の構造は変化文の構造と内的に関係しているのである．

変化文のこのような曖昧性は英語にも見られる．たとえば，(253)は変貌読みと入れ替わり読みがあり曖昧である．

(253) Mary's favorite composer has changed.（メアリの一番好きな作曲家が変わった．）

(253)に対する変貌読みにおいては，Mary's favorite composer は指示的名詞句であり，その指示対象に帰す属性，たとえば「親切な」が別の属性「横暴な」に変化したと見なすことができる．一方，(253)に対する入れ替わり読みでは，Mary's favorite composer は指示的名詞句ではなく，命題関数を表す変項名詞句であり，文全体は，変項を埋める値の変化を表す．たとえば，(254a)から(254b)への変化のように，変項を埋める値が，ある時間 t_1 においてモー

ツァルトであったが，別の時間 t_2 においてベートーヴェンになったことを表す読みである．

(254) a. Mary's favorite composer is Mozart at t_1.
b. Mary's favorite composer is Beethoven at t_2.

いうまでもなく，(254)の各文は倒置指定文である．

Fauconnier(1985: 40)は，(255)には(256)と(257)のような異なった解釈が可能であり，曖昧であることを指摘している．

(255) The food here is worse and worse.（ここの食べ物は次第に悪くなる．）
(256) 《Some particular food in the cupboard is rotting away》
(257) 《The food served this week is worse than the food served last week》

(256)は，《特定の食べ物が時間の経過に従って次第に腐っていく》といった読みであり，(257)は，《ここで提供される食事は先週は良かったのに，今週は質が悪くなってきた》といった読みである．この曖昧性は，われわれのことばでいえば，(256)の読みが変貌読みの変化文の変種であり，(257)の読みが入れ替わり読みの変化文の変種であるということになる．前者の読みの場合，(255)の主語名詞句 the food here を指示的名詞句と捉えているのに対して，後者の読みの場合，the food here を(258)のような命題関数を表す変項名詞句と捉え，変項 x を埋める値を時間の経過に従って比較しているのである．

(258) ［x is the food served here］

Fauconnier(1985: 39)の次例も同様である．

(259) Your apartment keeps getting bigger and bigger.（あなたのアパートは，だんだん大きくなる．）

(259)は《あなたの同じ特定のアパートが増築などによってだんだん大きくなる》という読みと，《あなたは，引越しのたびにより大きなアパートに移る》という読みがあるが，この曖昧性の背後にあるのは，your apartment を指示的名詞句ととるか変項名詞句ととるかに起因する違いなのである．このように，

一般に,「Aが変わる」,「AがPになる」, A changes といった変化文はしばしば曖昧であるが,その曖昧性は主語名詞句Aが指示的名詞句であるかそれとも変項名詞句であるかの違いに依拠しており,究極的にはコピュラ文における措定文と指定文の曖昧性に直結していると考えることができる(西山 1995, 1996, 2003).

以上見てきたように,名詞句が文中で果たす機能,とりわけそれが指示的名詞句か変項名詞句かという点に注目することによって,「AはBだ」のようなコピュラ文ばかりでなく,存在文,潜伏疑問文,変化文など多様な構文の曖昧性が統一的に説明できるのである.

5.5 束縛変項読みと自由変項読み

まず,(260)の各文を見よう.

(260) a. 太郎が車を洗った.
b. 太郎が石を蹴った.
c. 太郎が画家をぶった.

これらの文はコンテクスト次第で多様に解釈できるにもかかわらず,文としては曖昧ではない.たとえば,(260a)は,《太郎が自分の車を洗った》,《太郎が勤務先の会社の車を洗った》,《太郎が花子の車を洗った》,《太郎が,太郎と無関係の,ある車を洗った》など多くの解釈がある.が,だからといって,(260a)の文自体の意味が複数個あると主張する者はいないであろう.これらの多様な解釈は,(260a)が発話として用いられたとき,その発話が表す明意(第3章3.1.3参照)の一つになるかもしれないが,文自体の意味ではないのである.(260)の他の例も同様である.では次の文はどうであろうか.

(261) 太郎が妹をぶった.

(261)にも,《太郎が自分の妹をぶった》,《太郎が話し手の妹をぶった》,《太郎が正夫の妹をぶった》,《太郎が社長の妹をぶった》など多くの解釈がある.では,これも(260)と同様,語用論的解釈の多様性の問題であって,文自体の曖昧性の問題ではないのであろうか.西川(2008, 2009b, c)は,(261)は(262)のような二つの意味をもち,曖昧であることを論じた.

(262) a.《太郎は自分の妹をぶった》
　　　b.《太郎は，話題となっている人の妹をぶった》

ここで，(262a)の読みの場合，「太郎」と「妹」の緊張関係に関して意味が完結しており，これ以上コンテクスト情報に頼る必要はないことに注意しよう．一方，(262b)の読みの場合，「話題となっている人の妹」の「話題となっている人」は具体的には誰であるかは意味のレベルでは決めることができず，コンテクストの助けが必要である．そこで，この文が使用される具体的なコンテクストを参照して，「話題となっている人」を「話し手」「正夫」「社長」などと語用論的に解釈するのである．つまり，(261)に対する(262a)の読みに関しては，語用論侵入の余地がないのに対して，(262b)の読みに関しては，意味のレベルでは未定の要素が放置されているため，語用論が不可欠なのである．

では，なぜ(260)は曖昧でないにもかかわらず，それと類似している(261)はこのように曖昧なのだろうか．それは，「車」「石」「画家」のような名詞と「妹」のような名詞がもつ意味性質の違いが効いているように思われる．ここで，第4章4.3.3で論じた飽和名詞と非飽和名詞の区別を思い起こそう．

(263) a. **非飽和名詞**：パラメータ α を含んでいて，α の値が具体的に定まらない限り，単独では外延を定めることができず，意味的に完結していない名詞．
　　　非飽和名詞の例：「主役」「優勝者」「敗者」「委員長」「司会者」「作者」「社長」「院長」「友達」「後輩」「上司」「敵」「味方」「妹」「夫」「妻」「母」「叔父」「息子」「原因」「結果」「癖」「趣味」「犯人」「故郷」「本場」「地元」など
　　b. **飽和名詞**：パラメータ α を含まず，単独で外延を定めることができ，意味的に完結している名詞．
　　　飽和名詞の例：「石」「車」「リンゴ」「俳優」「作家」「画家」など

(西山 2003: 33)

(260)の「車」「石」「画家」は飽和名詞であり，パラメータを含まないのに対して，(261)の「妹」は非飽和名詞であり，「α の妹」のようにパラメータ α を要求する．パラメータの充足の仕方には二つある．第1は，パラメータの値を同一文中の別の要素──(261)でいえば主語の「太郎」──とリンクを張るこ

とによって充足する場合である．このようなパラメータ α は，当の要素（「太郎」）によって束縛されているので，**束縛変項**(bound variable)とよばれる．パラメータ α の充足の第 2 の仕方は，パラメータ α の値をコンテクストから語用論的推論によって自由に与える場合である．これは第 3 章で飽和とよばれた操作である．このようなパラメータ α は，コンテクスト次第でいかなる値でも入りうるので**自由変項**(free variable)とよばれる．したがって，(261)は，「妹」のパラメータが束縛変項か自由変項かの違いに応じて(262a)と(262b)のような二つの意味表示をもつのであるが，そのことを意味表示としてより正確に表すと(264)のようになる．

(264) a.《太郎$_i$ が α_i の妹をぶった》[α：束縛変項(＝自分)]
    b.《太郎が α の妹をぶった》[α：自由変項]

(264a)において，「太郎$_i$」とパラメータ α_i のごとく，同じインデックスが付されているのは，パラメータ α_i は「太郎$_i$」に束縛されているという関係を示している．したがって，(264a)は意味論的に完結しており，飽和という語用論的操作の出番はない．一方，(264b)はパラメータ α が自由変項のまま残されているため，コンテクストを参照して値を埋める飽和という語用論的操作が不可欠である．

しかし，非飽和名詞が(261)のような文の目的語の位置にくればつねにこの種の曖昧性が生じるわけではない．次の例を見よう．

(265) 太郎が主役をぶった．

「主役」は非飽和名詞である．しかし，(265)は曖昧ではなく，「太郎はなんらかの芝居の主役をぶった」という意味しかない．つまり，(265)の意味表示は(266)のような自由変項だけであり，曖昧ではない．

(266)《太郎が α の主役をぶった》[α：自由変項]

これはなぜであろうか．「主役」は非飽和名詞ではあるが，そのパラメータは「芝居」や「映画」のようなものであり，「太郎」という個人は主役のパラメータになりえない．つまり，「太郎の主役」という表現は奇妙なのである．したがって，(265)において，「太郎」が主役のパラメータを束縛する読みは意味論的に排除され，(266)だけが可能な読みとなるわけである．

要するに，(261)に(264a)の束縛変項読みが可能なのは，「妹」がパラメータを要求する非飽和名詞であることだけでなく，主語の「太郎」がそのパラメータを束縛する意味的緊張関係を有するからにほかならない．

このように，一般に，非飽和名詞を含む(261)のような文には，束縛変項読みと自由変項読みがあり曖昧であると述べてきたが，この考えに対して次のような反論があるかもしれない．(261)に対する束縛変項読み(264a)は結局，(261)に対する自由変項読み(264b)の自由変項 α に主語と同じ値「太郎」が入った特殊なケースにほかならない．したがって，(261)の意味表示としては(264b)だけで十分であり，(264a)のような束縛変項読みを別個の意味表示としてたてる必要がない．(264a)のような束縛変項読みは実は文の意味レベルではなくて，明意のレベルではじめて得られるものである．したがって，(261)は曖昧ではない——と．

この反論は，つづめていえば，(267a)は(267b)と言い換えできるのだから束縛変項読みは自由変項読みの一種だ，というものである．

(267) a. 太郎は自分の妹をぶった．
b. 太郎は太郎の妹をぶった．

たしかに(267a)は(267b)と真理条件的には区別できないかもしれないが，西川(2008)が論じているように，(267a)と(267b)は同じ意味ではないのである．今，中学校の教室で教師が家庭内暴力の話をしたあとで，(268)を口にして生徒たちに質問したとしよう．

(268) みなさんのなかで，妹をぶった人はいますか．

もちろんこのコンテクストでは，(268)は束縛変項読みと解釈されるべきである．教師は各生徒に，自分の妹をぶった経験があるかどうかを尋ねているからである．今，(268)の問いに対して，太郎と花子が手を挙げたとしよう．このことを(269)を用いて報告することができる．

(269) 太郎と花子が妹をぶった．

今の場合，(269)はもちろん，(270)の意味であり，束縛変項読みである．

(270)《太郎と花子がそれぞれ，自分の妹をぶった》

しかし，上の反論にしたがえば，これも自由変項読みの特殊なケースであり，(264b)の自由変項 α に主語と同じ値が入った特殊なケースにほかならないということになる．ということは，この見解では，(270)の意味での(269)は，(271)の意味だということになってしまう．

(271)《太郎と花子が太郎と花子の妹をぶった》

(271)における「太郎と花子の妹」の意味は，《太郎と花子が共有している妹》のような意味となり，《太郎と花子がそれぞれ有する自分の妹》という意味から大きく逸脱してしまう．以上の考察は，(267a)は(267b)と意味が異なること，つまり，(261)に対する束縛変項読み(264a)は，(261)に対する自由変項読み(264b)の自由変項 α に主語と同じ値「太郎」が入った特殊なケースとは異なること，したがって，束縛変項読みは自由変項読みには還元できないことを示している．要するに，束縛変項読み(264a)を自由変項読み(264b)から語用論的に得ることはできないのである．このように，束縛変項読みは自由変項 α に主語名詞句を入れた読みとは意味が大きく異なることは，次の各文のa.をb.に言い換えができないことからも明らかである(西川 2008)．

(272) a．みんな，自分の妹をぶった．
　　　b．？みんな，みんなの妹をぶった．
(273) a．誰が自分の妹をぶったのか．
　　　b．？誰が誰の妹をぶったのか．
(274) a．自分の妹をぶったのは誰か．（分裂文）
　　　b．？誰の妹をぶったのは誰か．（分裂文）
(275) a．自分の妹をぶったのは太郎だ．（分裂文）
　　　b．？太郎の妹をぶったのは太郎だ．（分裂文）

要するに，(261)は，非飽和名詞「妹」のパラメータを自由変項ととる読みと，主語の「太郎」に束縛される束縛変項ととる読みとの二つが意味レベルで区別される必要があり，その点で曖昧な構文なのである．次の例も(261)と同様，束縛変項読みと自由変項読みとをもち，曖昧である．

(276) a．花子は先輩と結婚した．
　　　b．日本言語学会が会長を選出した．

c. 娘たちはみな，地元のスキー場へ出かけた．
d. ここにいる大部分の男は奥さんにぶたれた．（西川 2008）

(276a)は，《花子は自分の先輩と結婚した》という意味(束縛変項読み)と，《花子は，話題となっている人物の先輩と結婚した》という意味(自由変項読み)とがある．(276b)は，《日本言語学会は，自分の学会の会長を選出した》という読みが自然であるが，これは(277)のような束縛変項読みで読んでいるのである．

(277)《日本言語学会$_i$が α_i の会長を選出した》

しかし，(276b)には自由変項読みもある．わが国には，日本言語学会，日本英語学会，日本語学会，日本語教育学会など，言語に関わる学会がいくつもあるが，それらの学会の連携をはかる目的で 2010 年に「言語系学会連合」なるものが結成された．いま仮に(事実に反するが)，言語系学会連合にも会長職が必要とされ，その会長を幹事学会で輪番で決めることになったと仮定しよう．ある年，幹事学会である日本言語学会で言語系学会連合の会長を選出することになったとする．このようなコンテクストで(276b)が発話されたならば，この文は，《日本言語学会が，言語系学会連合の会長を選出した》と読むことができるが，これは明らかに(278)のような自由変項読みにおける自由変項 α に語用論的操作である飽和を施した結果にほかならない．

(278)《日本言語学会が，α の会長を選出した》

(276c)も同様に曖昧である．今，群馬県嬬恋村在住の太郎には 4 人の娘がいるが，それぞれ全国各地に嫁いでいるとしよう．太郎が 12 月の中旬，娘たちに電話したところ，4 人の娘はそれぞれ地元のスキー場に出かけていることがわかったとする．その場合，太郎が(276c)を口にしたとするとそれは，《4 人の娘はみな，それぞれの地元のスキー場へ出かけた》と読むことができる．これは束縛変項読みである．しかし，(276c)には自由変項読みも可能である．全国各地に嫁いでいる太郎の 4 人の娘がみんな，正月休みに，群馬県嬬恋村の実家に帰ってきたとしよう．元日の午後，4 人の娘が皆，嬬恋村にあるスキー場に出かけたとする．その場合，太郎が(276c)を口にしたとするとそれは，《太郎の娘たちはみな，太郎の地元の嬬恋村スキー場へ出かけた》と読むことがで

きる．これは自由変項読みである．

（276d）には，《ここにいる大部分の男はそれぞれ自分の奥さんにぶたれた》という意味（束縛変項読み）と，《ここにいる大部分の男は話題となっている人物の奥さんにぶたれた》という意味（自由変項読み）とがあり，曖昧である．興味深いことに，(276d)を(279)にすると《話題となっている人物の奥さんは，ここにいる大部分の男にぶたれた》という自由変項読みは可能であるが，《ここにいる大部分の男の奥さんはそれぞれ自分の夫にぶたれた》という束縛変項読みは不可能である．

（279）奥さんは，ここにいる大部分の男にぶたれた．

同様のことは英語にも観察される．

（280）Everyone hit his wife.
（281）Everyone visited a local bar.（Carston 2000: 21）

(280)には，《みんなが自分の奥さんをぶった》という束縛変項読みと，《みんなが，談話のなかで顕著な特定男性の奥さんをぶった》という自由変項読みとがあり，曖昧である．これは，wife という語が α's wife のようにパラメータを要求する非飽和名詞だからにほかならない．同様に，(281)には，《みんな，それぞれの地元の酒場に行った》という束縛変項読みと，《みんな，今話題となっている人の地元の酒場に行った》という自由変項読みとがあり，曖昧である．これは，local という語が[local to x]のように変項 x を要求する関係語だからにほかならない．

5.6　because 構文の曖昧性

この節では，しばしば見逃されがちであるものの，because 構文には重要な曖昧性があることを述べる．まず，次の例を見よう．

（282）He was drowned because he fell off the pier.（彼は桟橋から落ちたので，溺れた．）
（283）I memorized the poem because it touched me deeply.（その詩にいたく感動したので私はそれを暗記した．）

(284) The ground is wet because it has rained.(雨が降ったので地面がぬれている.)

(285) He is not coming to class because he is sick.(彼は病気なので,授業を休む.)

(286) The road is unsafe because it is icy.(この道は氷が張っているから危険だ.)

これらは,日本語訳からも明らかなように,because 節が原因を表し,主節がその結果を表している文である.これを**因果関係の because 構文**とよぼう.このような because 構文の意味は(287)と捉えてさしつかえない.

(287) S_1, because S_2: S_2 が原因で,S_1 が結果.

ところが,because にはもう一つ別の意味がある.次の例を考えよう.

(288) He was drunk, because he fell off the pier.(彼は酔っぱらっていたんだ,だって桟橋から落ちたのだから.)

(288)は,because 節が原因で,主節が結果を表しているのであろうか.そんなことはありえない.そもそも「彼は桟橋から落ちたことが原因で酔っぱらっていた」ということなどありえないからである.河を流れているのが水ではなくて,なんと酒だったといった状況でもない限り,そういうことは普通おこりえない.原因-結果ということでいえば,むしろ,「彼は酔っぱらっていたことが原因で,桟橋から落ちた」のであるから,主節が原因で,because 節が結果を表しており,(287)の因果関係の because 構文とは逆の関係になっている.つまり,(288)には(287)は適用できないのである.では,(288)の because 節はどう解釈すればよいのであろうか.実は,この because 構文は,因果関係の because 構文と大きく異なり,話し手が,主節 He was drunk を正しいと判断するための根拠を because 節で述べている文なのである.つまり,彼が桟橋から落ちたことを根拠にして,彼は酔っぱらっていたことを推論しているのである.したがって,この種の because 構文は(289)のように規定されてしかるべきものであり,**推論の because 構文**とよばれる.

(289) S_1, because S_2: S_2 から S_1 を推論する.S_2 は,話し手が S_1 と判断する根拠を示す.

5.6 because 構文の曖昧性

このように，(282)と(288)は，because he fell off the pier という同一の形式をもつにもかかわらず，because 節と主節との関係は大きく異なることがわかるであろう．(290)〜(293)はいずれも推論の because 構文の例である．

(290) It rained last night, because the ground is wet.（地面がぬれているから昨夜雨が降ったのだ．）

(291) You ate the cake on the table, because you have powdered sugar on your upper lip.（お前はテーブルの上のケーキを食べたんだ，だって，上唇に砂糖がついているから．）

(292) He is not coming to class, because his wife just told me.（彼は授業に来ないよ，なぜなら彼の奥さんがそう言っていたから．）

(293) It will rain, because the barometer is falling.（雨が降るだろう，というのは気圧計が下がっているから．）

これらの文について，because 節を原因，主節をその結果と考えることは通常できないであろう．ここでは，because 節を根拠として，そこから主節の判断を推論していると解釈すべきなのである．

このことは，ときによっては，because 構文は，因果関係の because とも，推論の because とも解釈ができ曖昧になりうることを示唆している．事実，その通りである．(294)を見よう．

(294) Tom has left because his wife isn't here.（Blakemore 1987: 78）

(294)には，(295)のような因果関係を表す because 構文としての意味と，(296)のような推論の because 構文としての意味がある．

(295)《トムは，奥さんがここにいないため，立ち去ったところだ》
(296)《トムは立ち去ったな，なぜそう判断するかというと，奥さんがここにいないんだもの》

同様に(297)は(298)と(299)の2通りの意味をもち曖昧である．

(297) John smokes, because he has cigarettes in his house.（上林 1994: 76）
(298)《ジョンは家にタバコがあるから吸ってしまう》
(299)《ジョンはタバコ吸う男だな，だって家にタバコがあるから》

(298)の読みでは，ジョンの家にタバコがあることとジョンがタバコを吸うこととの間に因果関係があることを主張している．つまり，《ジョンはタバコをやめることを決意したが，ジョンの家にタバコがあることからつい，手が出てタバコを吸ってしまう．なんと意志の弱いことよ》といった意味合いをもつであろう．一方，(299)の読みは，たとえば，ある事件の有力容疑者で，目下逃亡中であるジョンのアパートを捜索している刑事が言うセリフである．刑事は，ジョンの家にタバコがあるのを見つけて，そこから《ジョンはタバコ吸う男なのだな》という命題を推論しているわけである．

実は，because 構文の曖昧性は日本語の「S_2 カラ S_1」という構文(以下，「カラ構文」とよぶ)にもそのまま当てはまる．(300)の各文では，「…カラ」(S_2)が原因で，主節 S_1 が結果を表しており，因果のカラ構文である．一方，(301)の各文では，「…カラ」(S_2)が根拠で，主節 S_1 がそこから推論された判断を表しており，推論のカラ構文である．

(300) a. 私は熱があるから，今日，会社を休みます．
b. 昨夜，雨が降ったから，地面がぬれています．
c. あの学生は試験に合格したから，あんなに嬉しそうな顔をしている．

(301) a. みんな傘をさしているから，今，雨が降っているよ．
b. 地面がぬれているから，昨夜，雨が降ったんだ．
c. あの学生はきっと試験に合格したのだ．だってあんなに嬉しそうな顔をしているのだから．

なお，日本語の推論のカラ構文(301)の主節 S_1 の終わりに注意する必要がある．「んだ」や「よ」「のだ」が付いており，それを欠いた(302)は座りがよくないのである．

(302) a. ？みんな傘をさしているから，今，雨が降っている．
b. ？地面がぬれているから，昨夜，雨が降った．
c. ？あの学生はきっと試験に合格した．だってあんなに嬉しそうな顔をしているのだから．

ところが，因果のカラ構文(300)では，そのようなことは起こらない．このように，日本語では，因果のカラ構文と推論のカラ構文の違いが明示的な言語形

式に反映しているのである．したがって，因果関係と推論で曖昧な英語の because 構文に対応する日本語の「カラ構文」をつくろうとしても曖昧になりにくい．なお，日本語のカラ構文に関して興味深いことは，(282)〜(286)の日本語訳が示すように，因果関係の because 構文には「カラ」も使用可能であるとはいえ，「ノデ」が使用されやすいという点である．日本語学では昔から「カラ」と「ノデ」の使い分けは重要なテーマであり，多くの議論がなされた．その議論のなかから出てきた一つの有力な見解は，次のようなものである．

(303) 「カラ」は因果関係と推論の意味をもつが，「ノデ」は因果関係の意味しかもたない． 　　　　　　　　　　　　　　　　　　　（上林 1994: 78）

もし(303)の仮説が正しいならば，推論の意味に「ノデ」を使用している(304)は不自然だと予測することになる．

(304) みんな傘をさしているので，今，雨が降っているよ．

この判断は微妙であるが，筆者は，(304)は「カラ」を使用した(301a)に比べて日本語としてやや不自然だと感じる．もっともこれには個人差があるようである．特に，最近の若い人は，「カラ」と「ノデ」のこのような使い分けの言語感覚が薄れてきており，(304)のような文も抵抗なしに受け入れるようである．「ノデ」に関して，このような文法性の揺れがあるとはいえ，因果関係の「カラ」と推論の「カラ」を区別するということは日本語意味論のなかの重要な部分であること，そしてそれが「カラ構文」の曖昧性を構築しているということは否定できない．

5.7 指示的不透明性と指示的透明性

　文に登場する名詞句が指示的名詞句であるということは，その名詞句は世界の中の対象を指示しようとする名詞句であることを意味する．一般に，ある指示的名詞句 A の指示対象は別の指示的名詞句 B によっても指示することができる．この場合，A と B は**同一指示的**(co-referential)名詞句とよぶ．文に登場した指示的名詞句を同一指示的名詞句で置き換えても，通常，真理値は変わらない．たとえば，ソポクレスの有名な戯曲『オイディプス王』において，その登場人物，イオカステは，オイディプス王の母親にほかならない．したがっ

て,「イオカステ」の指示対象と「オイディプス王の母親」の指示対象は同一である．つまり，両名詞句は同一指示的である．さて，この戯曲では，よく知られているように，(305)は真である．

　　(305) オイディプス王は<u>イオカステ</u>と結婚した．

今,(305)の下線部を，それと同一指示的な名詞句「オイディプス王の母親」で置き換えると(306)ができる．

　　(306) オイディプス王は<u>自分の母親</u>と結婚した．

(305)が真である限り,(306)も真である．この推論は，より正確に書くと(307)のようになる．

　　(307) a.　　オイディプス王はイオカステと結婚した．
　　　　 b.　　イオカステ＝オイディプス王の母親
　　　　 c.　∴オイディプス王は自分の母親と結婚した．

(307a)はオイディプス王が，イオカステと結婚したことを主張している．イオカステが事実としてオイディプス王の母親と同一人物である限り，オイディプス王が自分の母親と結婚したことは否定できない．したがって,(307a)と(307b)が真であるならば,(307c)の真は論理的に帰結される．この推論はより一般的には「ライプニッツの法則」とか「代入法則」ともよばれ，次のように形式化できる．

　　(308) ライプニッツの法則：

$$\frac{Fa \\ a=b}{\therefore Fb}$$

(308)が言わんとするところは，aについてある述語Fが適用できるならば，aとbが同一対象を指示する名詞句である限り，bについても同じ述語Fが適用できる，というしごく当たり前のことである．次の推論もライプニッツの法則の適用例である．

(309) a. 　第64代内閣総理大臣は1918年，新潟県で生まれた．
　　　 b. 　第64代内閣総理大臣＝田中眞紀子の父
　　　 c. ∴田中眞紀子の父は1918年，新潟県で生まれた．

「第64代内閣総理大臣」と「田中眞紀子の父」は同じ指示対象，田中角栄を指示するのでこの推論が成立するわけである．ところが，このしごく当たり前の推論が成立しないケースがある．(310)を見よう．

(310) a. 　オイディプス王はイオカステと結婚したがっている．
　　　 b. 　イオカステ＝オイディプス王の母親
　　　 c. ∴オイディプス王は自分の母親と結婚したがっている．

(310c)は，『オイディプス王』の戯曲のなかでは明らかに正しい命題ではない．もしこの命題が正しかったならば，『オイディプス王』の話は悲劇でもなんでもないことになるし，オイディプス王は激しい心の苦しみの果てに，みずから両目を突きつぶすことなどしなかったはずである．かりに，ある人がオイディプス王に，「あなたは，自分の母親との結婚をお望みですか」と尋ねたとすれば，王は真っ赤な顔をして「誰が自分の母親と結婚したいと思うであろうか，馬鹿なことをきくな」と憤慨して答えたであろう．したがって，(310c)の命題は偽である．そして，このような偽の命題を帰結として導く推論(310)は妥当な推論とはいえない．妥当な推論(307)と妥当でない推論(310)が，大きく異なる点は，(307c)では「オイディプス王は自分の母親と結婚した」という客観的事実を述べているのに対して，(310c)では，「オイディプス王は自分の母親と結婚したがっている」というオイディプス王の心的態度を述べているという点にある．そこからひとまず(311)を仮定することができる．

(311) 「[……]$_S$したがっている」のような心的態度を表す述語は，その埋め込み文Sの中に登場する名詞句を，それと同一指示的な他の名詞句で置き換えることができない．

同様なことは，(312)～(314)の推論についてもいえる．

(312) a. 　オイディプス王はイオカステを探している．
　　　 b. 　イオカステ＝オイディプス王の母親
　　　 c. ∴オイディプス王は自分の母親を探している．

(313) a. オイディプス王はイオカステと結婚したことを知っている．
　　　b. 　イオカステ＝オイディプス王の母親
　　　c. ∴オイディプス王は自分の母親と結婚したことを知っている．

(314) a. オイディプス王はイオカステと結婚したと思っている．
　　　b. 　イオカステ＝オイディプス王の母親
　　　c. ∴オイディプス王は自分の母親と結婚したと思っている．

オイディプス王自身が「イオカステ＝オイディプス王の母親」を知らない限り，これらの推論は正しくないであろう．たとえば，かりに，ある人がイオカステを探しているオイディプス王に，「あなたは，自分の母親を探しているのですか」と尋ねたとすれば，王は否と答えるであろう．したがって，(312)の推論は成立しないのである．(313)，(314)も同様である．そこからより一般的には(315)を仮定することができる．

(315)「…したがっている」「探す」「信じている」「知っている」「思っている」などのような心的態度を表す述語は，その埋め込み文中に登場する名詞句を，それと同一指示的な他の名詞句で置き換えると全体の真理値が変わる[15]．

そして，(315)が適用されるタイプの文は**指示的に不透明な解釈**(referentially opaque interpretation)を受ける文とされる．(310a, c)，(312a, c)，(313a, c)，(314a, c)はいずれも指示的に不透明な解釈を受ける文である．要するに，指示的に不透明な解釈ではライプニッツの法則は成立しないのである．これに対して，(307a, c)，(309a, c)のように，心的態度を表す述語を含まず，ライプニッツの法則が成立するタイプの文は**指示的に透明な解釈**(referentially transparent interpretation)を受ける文とされる．

上で，(310c)の命題は偽であり，したがって(310)の推論は妥当でないとする解釈，つまり，指示的に不透明な解釈を提示したが，実は，(310)の推論は妥当であるとする別の解釈，つまり，指示的に透明な解釈も理論的には不可能ではない．たとえば，「イオカステ」で，王宮のバルコニーに立っている髪の長い，一人の美しい女性を指示するとしよう．(310a)からして，オイディプス王は，その女性と結婚したがっているわけである．さて，(310b)が正しいということは，その女性は，客観的には，オイディプス王の母親にほかならない

ということである．もちろん，オイディプス王は，その女性が自分の母親であるということに気づいていないのである．それにもかかわらず，オイディプス王がバルコニーに立っているその女性と結婚したがっているということは，客観的には，オイディプス王は自分の母親と結婚したがっている，と言い換えることができるわけである．もし(310)をこのように読むならば，この推論はむしろ妥当だということになる．これは(310a, c)に対して，指示的に透明な解釈をあてがっているわけである．

ということは，(316)は，指示的に不透明な読みと指示的に透明な読みの両方を有しており，曖昧である，ということになる．

(316) オイディプス王は<u>自分の母親</u>と結婚したがっている．（＝310c）

このように，(316)は曖昧な文である．ただ，(316)を指示的に透明な解釈で読んだ場合，下線部の名詞句を「指示的名詞句」とよび，(316)を指示的に不透明な解釈で読んだ場合，下線部の名詞句を「非指示的名詞句」とよぶ論者は少なくない．しかし，「指示的名詞句」「非指示的名詞句」という術語のこのような使い方は，本章における使い方と大きく異なるので注意を要する．本章では，対象指示が意図されている名詞句を「指示的名詞句」とよび，対象指示が意図されていない名詞句（たとえば，措定文の述語の位置に登場する「叙述名詞句」や命題関数を表す「変項名詞句」）を「非指示的名詞句」とよんだ．その観点でいえば，(316)を指示的に不透明な解釈で読んだ場合であっても，下線部の名詞句「自分の母親」は，叙述名詞句でもなければ変項名詞句でもなく，むしろ，世界の中の個体を指示しようとしている点で，やはり指示的な名詞句の一種なのである．それだからこそ，(316)の下線部を同一指示的な他の名詞句で置き換えができるか否かが問題になるわけである．もし，指示的に不透明な解釈において，下線部は対象指示が意図されていない名詞句であるならば，その名詞句を同一指示的な名詞句で置き換えできるが否かを問うこと自体が意味をなさないことになろう．

さて，今度は次の文を見よう．

(317) 太郎は，花子が正夫と結婚したことを信じている．
(318) 花子が正夫と結婚した．

(317)のような文は，太郎に，(318)で表される信念を帰している文であり，**信**

念文とよばれる．では，信念文を含む次の推論は妥当であろうか．

(319) a. 太郎は，花子が<u>正夫</u>と結婚したことを信じている．
b. <u>正夫＝その村一番の金持ち</u>
c. ∴太郎は，花子が<u>その村一番の金持ち</u>と結婚したことを信じている．

今，太郎は，「花子のやつ，正夫と結婚したんだよ」と言ったとしよう．そのことを聞いた人が「正夫＝その村一番の金持ち」を知っていて，(319c)で報告したとしよう．この場合，(319c)における「その村一番の金持ち」という記述は，太郎の信念に帰されるものではなく，話し手の信念に帰されるものである．このように読む限り，(319)の推論は妥当となる．これは，(319a)と(319c)を指示的に透明な解釈で読んだわけである．一方，(319a)と(319c)では太郎の信念内容が異なるので，太郎が(319b)を信じていない限り，(319)の推論は妥当とはいえないと読むことも可能である．これは，(319a)と(319c)を指示的に不透明な解釈で読んだことになる．語用論的な理由で，(319)については，むしろ後者の解釈の方が自然であるが，理論的には(319c)は，下線部を太郎の信念の内に入れるか，それとも太郎の信念の外に出すかに応じて曖昧なのである．今度は次の例を見よう．

(320) 太郎は，結婚している家政婦を未婚だと信じている．

(320)の一つの解釈は，太郎は，奇妙なことに，「結婚している家政婦は未婚である」という矛盾した信念をもっていると読むものである．もう一つの解釈は，その家政婦は結婚しているにもかかわらず，太郎はその家政婦を未婚だと誤って信じている，と読むものである．後者の読みの場合，「結婚している家政婦」という記述は，太郎の信念に帰されるのではなく，話し手に帰されるのである．いうまでもなく，語用論的理由により，後者の解釈が自然であるが，理論的には(320)は曖昧なのである．英語の(321)も同様に曖昧である．

(321) John believes that the richest girl in London is poor.
《①ジョンは，[ロンドンで一番の金持ちの少女は貧しいのだ]という(矛盾した)信念をもっている，②ロンドンで一番の金持ちの少女について，ジョンはあの子は貧しいのだと(間違って)思い込んでいる》

5.8 変項名詞句と潜伏疑問文の組み合わせ

最後に，次の文を考えよう．

(322) この部屋の温度は，18度だ．

(322)は本章5.4.4.1で述べた倒置指定文である．ここで，主語名詞句「この部屋の温度」は(323)のような命題関数を表す変項名詞句であり，その変項xの値を値名詞句「18度」でもって埋めているのである．

(323) [xがこの部屋の温度である]

では，(324)はどうであろうか．

(324) <u>今度の実験で一番重要なこと</u>は，この部屋の温度だ．

(324)の場合，下線部は(325)のような命題関数を表す変項名詞句であり，それを充足する変項xの値を「この部屋の温度」だと述べており，やはり倒置指定文である．

(325) [xが今度の実験で一番重要なことである]

ただ，ここで注意すべきは，(324)における値名詞句「この部屋の温度」は(322)における値名詞句「18度」と違って，指示的名詞句ではなく，それ自体が(323)のような変項名詞句を表すという点である．つまり，(324)はその意味は(326)ではなく，(327)ととらえるべき文なのである．

(326) 《今度の実験で一番重要なことは，18度だ》
(327) 《今度の実験で一番重要なことは，この部屋の温度は何度かということだ》

さて，次の文を考えよう[16]．

(328) 太郎は，今度の実験で一番重要なことを知っている．

(328)は二つの解釈が可能である．まず，(324)，つまり，「今度の実験で一番重要なことは，この部屋の温度だ」ということは話し手と聞き手のあいだで

すでに了解されていると仮定する．ただ，この部屋の温度の計測が技術的に難しく，苦慮していたとする．ところが，たまたま太郎がこの部屋の温度を知っているとしよう．そのときの報告が(328)である．この場合，(328)を(329)で読んでいることになる．

(329) 《太郎は，今度の実験で一番重要なこと，すなわち，この部屋の温度を知っている》(Aタイプ読み)

(329)における下線部は《この部屋の温度は何度であるか》を表すので，潜伏疑問文を構築している．(328)に対する(329)のような読みを「Aタイプ読み」とよぼう．Aタイプ読みについて注意すべきことは，厳密には，(329)は(328)の文自体の意味の表示としては不正確で，文の意味を超えた情報，つまり，語用論的解釈をほどこした明意であるという点である．つまり，(328)を，「今度の実験で一番重要なことは，この部屋の温度だ」ということが発話の前提として了解されているコンテクストで読んだからこそ，(329)のようになったわけで，この前提が変わって，「今度の実験で一番重要なことは，この部屋の気圧だ」いう前提で読めば(328)の明意は(330)のようになるであろう．

(330) 《太郎は，今度の実験で一番重要なこと，すなわち，この部屋の気圧を知っている》(Aタイプ読み)

いうまでもなく，(328)の文自体の意味はコンテクストから独立のものでなければならず，したがって，(329)や(330)のような個々の明意から中立的でなければならないので，(328)の文に対するAタイプ読みは，より正確には，(331)のように書くべきであろう．

(331) 《今度の実験で一番重要なことはφであるとき，太郎はφを知っている》(Aタイプ読み)［ここでφは，潜伏疑問文を構築する名詞句である．］

(331)におけるφは，コンテクストを参照にして「この部屋の温度」や「この部屋の気圧」などが入りうるスロットである．したがって，(328)に対するAタイプ読みに関しては，意味表示のレベルでは(331)のようにスロットが残ったままであり，意味を完結するためには飽和とよばれる語用論的操作が不可欠である．

一方，(328)には別の解釈もある．太郎は，たとえば，今度の実験で一番重要なことは，この部屋の温度だ，ということを知っているとする．そのときの報告が(328)である．この場合，(328)における「今度の実験で一番重要なこと」を潜伏疑問文を構築する名詞句と見なし，(328)全体を(332)で読んでいることになる．

(332) 《太郎は，今度の実験で一番重要なことが何であるのか(何が一番重要なことであるのか)を知っている》(Bタイプ読み)

(328)に対する(332)のような読みを「Bタイプ読み」とよぶ．(332)については，意味表示のレベルではスロットはないため，意味レベルで完結しており，語用論の出番はない．このように，(328)の文自体の意味に，Aタイプ読みとBタイプ読みという異なるものがあり曖昧であることは明らかであろう．

実は，この種の構文の曖昧性は，もともと，Heim(1979)が(333)に関して(334)の説明で指摘したものである．

(333) John knows the price that Fred knows.(ジョンは，フレッドが知っている価格を知っている．)
(334) 今，人びとが，たとえばミルクの価格，パンの価格，肉の価格についてあれこれ話しているような状況を考えよう．ただし，フレッドがこれらの食品のうちの一つの価格は知っているということ，たとえばミルクの価格が1ガロンあたり1ドル42セントであることをフレッドが知っているということは周知の事実であるとしよう．このようなコンテクストでなされた[(333)]の発話は，二つの異なった意味で使用されうるであろう．つまり，《ジョンも，フレッドと同じく，ミルクの価格が1ドル42セントであることを知っている》を言うためにも，あるいは《ジョンは，フレッドの知っている価格はほかならぬミルクの価格であるということを知っている》を言うためにもこの発話は使用できるのである． (Heim 1979: 57)

つまり(333)は，日本語訳と同様，曖昧なのである．一つの読みは，こうである．フレッドはミルクの価格がいくらであるのかを知っており，ジョンもまた，フレッドと独立に，ミルクの価格がいくらであるのかを知っているとする．このことを(333)で報告できるであろう．この読みでは(333)は(335)で言い換え

できる.

(335) John knows the same price that Fred knows.

これはAタイプ読みであり，その意味表示は(336)のようになるであろう.

(336)《フレッドが知っている価格がαの価格であるとき，ジョンもαの価格を知っている》(Aタイプ読み)

(336)におけるαは，コンテクストを参照にして「ミルク」や「バター」などが入りうるスロットである．したがって，(333)の文に対するAタイプ読みに関しては，意味表示のレベルではスロットが残ったままであり，意味を完結するためには飽和とよばれる語用論的操作が不可欠であるということになろう．このAタイプ読みについて注意すべきことは，ジョンはミルクの価格がいくらであるかを知っていさえすればよいのであって，ジョンは，フレッドがミルクの価格を知っているということを知らなくてもよいし，さらにいえば，ジョンはフレッドとまったく面識がなくてもかまわない，という点である．要するに，ジョンもフレッドもたまたま，同一の品物(たとえば，ミルク)の価格を知っているということだけがAタイプ読みのポイントなのである.

(333)が有するもう一つの読みはこうである．ジョンは，フレッドがいったい何の価格を知っているのかに強い関心をもちひそかに調査していたとしよう．その結果，ジョンは，フレッドがミルクの価格を知っていることがわかったとする．このことを(333)で報告できるであろう．この場合，(333)は(337)で言い換えできる.

(337) John knows what price Fred knows.(ジョンは，フレッドが何の価格を知っているかを知っている.)

これはBタイプ読みである．このBタイプ読みについて注意すべきことは，ジョンはフレッドが何の価格を知っているかに関心をもつのであるから，当然，ジョンはフレッドと面識がなくてはならない．ただし，ジョンはフレッドが(たとえば)ミルクの価格を知っているということだけがわかればよいのであって，ミルクの価格がいくらであるかまで知っている必要はないのである．(338)は，峯島(2009)があげている同様の例である.

(338) 先週末から気になっていたことがやっとわかった．

(338)をAタイプ読みで読むと，(339)のようになる．

(339)《先週末から気になっていたこと，つまり，パソコンが突然動かなくなった原因がやっとわかった》(Aタイプ読み)

ただし，(339)における「パソコンが突然動かなくなった原因」の部分は特定のコンテクストで語用論的読み込みをした結果であり，コンテクスト次第では，(340)のごとくいろいろありうる．

(340) a.《先週末から気になっていたこと，つまり，例の問題の答えが何であるのかがやっとわかった》
b.《先週末から気になっていたこと，つまり，恋人の花子があのとき，急に黙ってしまったのはなぜかがやっとわかった》

一方，(338)をBタイプ読みで読むと(341)のようになる．

(341)《先週末から何かが気になっていたのだが，いったい何が気になっていたのかどうしても思い出せない．しかし今日やっと先週末から何が気になっていたのかがわかった》(一例：それはパソコンが突然動かなくなった原因だった．)(Bタイプ読み)

(338)の文に対するAタイプ読みの一例である(339)においては，(342)のような倒置指定文の疑問文がその意味に深く関与し，「わかる」という潜伏疑問形成述語と相互作用していることが明らかであろう．

(342) パソコンが突然動かなくなった原因は何か．

一方，(338)の文に対するBタイプ読みである(341)においては，(343)のような倒置指定文の疑問文がその意味に深く関与し，「わかる」という潜伏疑問形成述語と相互作用していることが明らかであろう．

(343) 先週末から気になっていたことは何か．

以上のようなAタイプ読みとBタイプ読みの曖昧性を理論的にきちんと説明するためにはかなり高度な理論武装が必要であり，ここでその詳細に立ち入る

わけにはいかない[17]．しかし，上の説明からだけでも，少なくとも，「変項名詞句」「倒置指定文」「潜伏疑問を形成する述語」といった概念が決定的に効いてくることは容易に想像できるであろう．妥当な意味理論は，この種の曖昧性を，本章5.4節以降の議論と有機的に関連づけて統一的に説明するものでなければならない．このように，(338)のような比較的単純な文であっても，いざその曖昧性をきちんと説明するためには，壮大な理論武装が要求されるということの認識は重要である．

以上述べてきたように，文はいろいろな要因で曖昧になる．注意すべきは，本章で述べた文の曖昧性は純粋に意味論上の性質であって，コンテクスト次第では複数に解釈ができるという意味での不明瞭性(vagueness)とは異なるということである．つまり，本章で述べた曖昧性は，コンテクストに関する情報とは独立に，文という言語表現自体が有している性質であり，語用論で処理できるものではない．このことは，人間の言語知識のモデルである文法のなかには，統語論，音韻論と並んで，本章で述べたような文の曖昧性を的確に捉えることができる部門，すなわち意味論なる部門が不可欠であることを示している．では，このような意味論と第3章で述べた認知語用論との関係はどうなっているのであろうか．それが次章の課題である．

▶ 注

1) ただし，慣用句(イディオム)を含む文はこの例外である．たとえば，

 (i) それを聞いて，父は腹を立てた．

(i)の文の意味のなかには，「腹」「立てる」の語の意味は一切反映されていない．
同様に，

 (ii) John kicked the bucket.

の文の一つの意味《ジョンは死んだ》のなかには，bucket の意味は一切反映されていない．

2) 「社長」という名詞は「しかじかの会社の」というパラメータを含むという意味で，非飽和名詞である．ここでは，(111)の各文の発話において，コンテクストから「社長」のパラメータの値が適宜定まっていると仮定する．ただし，(111f)においては，「社長」のパラメータの値は「君の会社」によって与えられている．なお，「社長」が「社長はつらい職種だ」のように総称名詞として用いられる場合は，パラメータの値として特定の会社をとるわけではない．この場合，「社長」は，パラメータの値として会社一般を

とるという意味で非飽和名詞と見なすことができるかもしれないが、むしろ、「会社の最高責任者」という意味の飽和名詞と見なすべきであろう。したがって、「社長」は非飽和名詞としての意味を基本とするが、派生的に、飽和名詞としての意味もあると考えるべきである。その点、「社員」は「社長」と異なり、非飽和名詞としての意味しか有さないし、「会社員」は飽和名詞の意味しか有さないように思われる。

3) この点についての詳細な議論は Nishiyama (1997) を参照。
4) これは、(162) を指定文として読んでいるわけである。その読みの場合、(162) は

   (i) John is the winner of the contest.

のように is 以下が低く、弱く、早口で発せられることに注意しよう。もし、(162) を

   (ii) John is the winner of the contest.

のように、winner に強いアクセントを置いて発音すれば、(162) は指定文の読みにはならず、むしろ、John を指示的名詞句とし、the winner of the contest を叙述名詞句とする措定文の読みになるであろう。競技の表彰式などについての知識を欠く小さな子が、ジョンが表彰台にいるのを不思議がって「どうしてジョンはあそこにいるの？」ときいたとき、大人が (ii) を使って「それはね、ジョンは優勝者だからだよ」と教えてやる場面がそうである。要するに、(162) という文自体は指定文と措定文の両方の意味をもち曖昧であるが、アクセントによってその曖昧性は解消されるのである。

5) 自由関係節 (free relative clause) はそれ自体 NP の役割を果たしているので**名詞的関係節** (nominal relative clause) とか、別個の先行詞をもたないので**無主要部関係節** (headless relative clause) とか**独立関係節** (independent relative clause) とよばれることがある。自由関係節は間接疑問文とは区別されなければならない。たとえば、(i) の what 節は自由関係節であるが、(ii) の what 節は間接疑問文である。

   (i) John broke what I had made for him.
   (ii) John asked me what I had made for him.

6) 擬似分裂文の場合には、焦点の位置に立ちうる要素は次例が示すように、名詞句ばかりでなく、(iv) のごとく形容詞や (v) のごとく動詞句も可能であり、さらには (vi)、(vii) のごとく文ですら可能である (西山 2010)。

   (i) What you need most is a good rest.
   (ii) What killed him was excessive drinking.
   (iii) What Mary is is a high school teacher.
   (iv) What John is is silly.
   (v) What John did was answer the question.
   (vi) What he wants is for us to leave.
   (vii) What proves that he is wrong is that she has an alibi.

7) 最近では、擬似分裂文の what 節は S ではなく S' であるとする議論が有力であるが、ここでの議論には関与しないので、便宜上、S としておく。
8) ただし、この「の」を形式名詞と見なすことも不可能ではない。その場合、(179) は (157) と実質的には同じになる。この点については、北原 (1981: 298) を参照。
9) 英語と異なり、日本語では分裂文と擬似分裂文の区別はないので、「S なのは A だ」という形式をすべて分裂文とよぶ。
10) Declerck (1988: 69) や安井 (1995: 61-62) は、(173) の曖昧性について論じているが、

その議論は(182b)の読みと(182c)の読みを適切に区別していないという点で不十分である．彼らは，(173)を(182c)という[擬似]分裂文で読んだ場合は，(175)のような倒置形で言い換えできるという説明をしているが，これは[擬似]分裂文と倒置指定文の混同である．(175)は[擬似]分裂文として解釈した(173)の倒置形と見なすべきではない．むしろ(175)は，倒置指定文(182b)として解釈した(173)の倒置形，つまり指定文なのである．

11) (190)，(192)，(194)の例およびここでの議論は西川賢哉氏に負うものである．
12) 日英語の存在文を論じている久野(1973: 288)は，いかなる存在文にも場所辞が不可欠であることを主張しているが，これは場所辞を要求しない絶対存在文を認めない立場であり，筆者の立場と異なる．
13) 「絶対存在文」という概念は西山(1994)で初めて導入されたものである．絶対存在文の詳細については西山(2003, 2005a, 2009)を参照されたい．
14) 日本語の存在文について詳しく論じている金水(2006)は，場所辞を要求しないタイプの存在文として，「限量的存在文」を認めている．興味深いことに，金水(2006)のいう限量的存在文の典型である「部分集合文」という概念は，本書でいう絶対存在文に限りなく近い概念である．金水による部分集合文の定義は(i)のようなものである．

　　(i) 部分集合文は連体修飾節を用いて部分集合を言語的に設定し，その集合の要素の有無多少について述べる文である．　　　　　　　　　　(金水 2006: 24)

　たしかに，本書であげた絶対存在文の大部分の例は，(i)の定義による部分集合文とも見なすことができる．ところが，この定義では，(ii)のような絶対存在文を部分集合文と見なすことができないことに注意しよう．

　　(ii) 花子が会社を辞めた理由が二つある．

(ii)の論理構造は概略(iii)である．

　　(iii)《[花子が会社を辞めた]理由が二つ存在する》

「理由」は非飽和名詞である以上，「理由の集合」なるものは構築できない．それ故，(ii)は，連体修飾節[花子が会社を辞めた]を用いて，集合の部分集合を設定しているケースではなく，(i)の定義による部分集合文とはいえない(むしろ，[花子が会社を辞めた]は「理由」のパラメータになっているのである)．しかし，(ii)は(iv)のような変項名詞句の変項 x の値の存在を述べている文であり，絶対存在文と見なすことができる．

　　(iv) [x が[花子が会社を辞めた]理由である]

ここから，筆者のいう「絶対存在文」と金水のいう「部分集合文」は同じ概念ではないことがわかる．西山(2005b)でも述べたが，自然言語の多様な構文の意味を説明するのに「変項名詞句とその値」という概念は不可欠であるが，それを「集合と要素」という概念に置き換えることにはそもそも無理があるのである．
15) 「探す」は埋め込み文を要求しない動詞のように思われるかもしれないが，「A を探す」は「A を見つけようと試みる」の意味であるから，意味的には埋め込み文を要求すると考えてさしつかえない．
16) この文の曖昧性を筆者に指摘してくれたのは峯島宏次氏である．以下の議論は峯島氏に負うところが多い．
17) 峯島(2009, 2011)は，これを「変項名詞句の階層」という概念を用いて説明しようとしている．

第6章　意味をどう科学するか

　第4章では語や句の曖昧性を論じ，第5章では文の曖昧性を多くの具体例で見てきたが，これらはすべて意味論の話であった．このような意味論と，第3章で論じた認知語用論(関連性理論)との関係はどのようなものであろうか．本章ではこの問題を検討し，言語学全体のなかでの意味の科学の位置づけを明らかにしたい．

6.1　表現の意味と話し手の意味

　第3章で論じたように，言語表現Sの意味がわかるということと，話し手がその表現Sを用いて相手に伝えようとしている意味，すなわち「話し手の意味」がわかることとは別である．今，言語表現Sで文の場合を考えよう．Sの意味とは，当の言語体系のなかでS自体が有している意味であり，より正確には「文の言語的意味」とよばれる．これは，Sが使用される具体的なコンテクスト情報(話し手が誰でいかなる意図を有しているか，聞き手が誰でいかなる信念を有しているか，どのような状況でその文が使用されているか，といった言語外の情報)から完全に独立のものであり，当該言語の言語能力を有している者であれば，Sについて知っているところの情報である．たとえば，日本語を知っている者であれば(1)を聞いて理解できる情報Pがある．

　(1) 遅いね．

Pを(1)の言語的意味とよぶ．一方，話し手が(1)を用いて相手に伝達しようとしている意味(話し手の意味)は，(1)が使われるコンテクストに応じて多様である．たとえば，話し手は，しかるべきコンテクストでは，(2a-g)のそれぞれを意図して(1)を口にすることが可能である．そして，(1)を耳にした聞き手は当該のコンテクストでは，瞬時に(2a-g)を理解するであろう．

(2) a.《われわれが乗ることになっているバスの到着が遅いね》
　　b.《花子宛に送信したEメールに対する返信が遅いね》
　　c.《今年は，桜の開花が遅いね》
　　d.《会場予約のキャンセルしようとしても，今頃キャンセルするのは遅いね》
　　e.《『ことばの意味とはなんだろう』の刊行が遅いね》
　　f.《田中先生宅に電話したいけど，夜11時では，遅いね》
　　g.《渋滞とはいえ，このバス，のろのろ走っていて遅いね》

(2a-g)のような話し手の意味を(1)の言語的意味と見なす者はいないであろう．もし(1)の言語的意味を(2a-g)と見なすとすると，(1)が使われるコンテクスト次第では，話し手の意味は(2a-g)以外にも無数存在するわけであるから，(1)は無限に曖昧であることになってしまうであろう．「曖昧」という術語をそのように使うのは自由であるが，そのときの「曖昧性」は，第4章と第5章で取り上げた曖昧性とは本質的に異なることに注意しよう．たとえば，第5章で，(3)を措定文読みと倒置指定文読みで曖昧であると見なしたが，それは，この文がコンテクストから独立に，複数の読みがあるからであった．

　(3)　私の意見は大学の意見です．（＝第5章(153)）

つまり，日本語を知っている人であれば，(3)の発話のコンテクストが与えられなくても，(3)がもつ二つの意味，つまり《私の意見は，大学の意見を反映しています》という意味と，《私の意見は何かといえば，大学で決めた意見がそうです》という意味があることは予測できるのである．それに対して，(1)の発話に対する(2)のタイプの意味はコンテクストが与えられない限り予測できないものである．(1)の発話に対する(2)のタイプの話し手の意味のことを第3章で「明意」とよんだ．結局，(1)は言語的に曖昧な文と言うべきではなく，どの明意を表しているかという点で不明瞭な文と言うべきである．そして(2)は，不明瞭な文(1)の発話に対する多様な解釈の一例にすぎない．

　さて，聞き手がコンテクストに照らして，話し手の明意を捉えることは「発話解釈」の重要な側面である．ただし，(1)の発話に対する話し手の意味は，(2)のタイプの情報に限られるわけではない．(1)の話し手が，たとえば(2a)を明意として伝えようとしているとき，その話し手は同時に(4)をも相手に伝達

しようとしている可能性がある．

(4) 《間に合わないよ，タクシーで行こう》

(1)の話し手による(4)のタイプの「話し手の意味」のことを第3章で「暗意」とよんだ．

聞き手は，もちろん，(1)の発話を聞いて，(2a)の明意のみならず，(4)の暗意をも発話解釈として瞬時に受け取るわけである．このように，話し手の意味には明意と暗意があり，聞き手は発話を解釈する際，その両方を理解しなければならない．ここで，暗意は文の言語的意味から相当離れていることに注意しよう．たとえば，(4)のような暗意を(1)の文の言語的意味と混同する人はまずいないであろう．両者はそもそも命題形式がまったく異なるからである．それに対して，(2)のような明意は，(1)の文の言語的意味を基礎にしてそれを語用論的に膨らませたものであるだけに，命題形式という点では類似している．(2)のような明意を(1)の文の言語的意味と混同する人は少ないであろうが，アクセスしやすいコンテクストのなかで得られた明意は文の言語的意味としばしば混同されるので注意を要する．たとえば(5)の各文の言語的意味は何かと問えば，多くの人は，対応する(6)の各読みである，と答えるであろう．

(5) a. ピアノの音が大きい．
　　b. ねえ，あなた，肩を揉んでよ．
　　c. 交差点で，警察官は太郎の車を止めた．
　　d. 太郎は，その部屋に入り，壁にペンキを塗った．
(6) a. 《ピアノを弾いたときに生じる音が大きい》
　　b. 《ねえ，あなた，私の肩を揉んでよ》
　　c. 《交差点に立っていた警察官が，太郎が運転している車を制止した》
　　d. 《太郎は，その部屋に入り，その部屋の壁にペンキを塗った》

しかし，(6)のそれぞれは，対応する(5)の各文の言語的意味ではなく，聞き手がアクセスしやすいコンテクストのなかで語用論的に読み込んだ解釈にほかならない．その証拠に，別のコンテクストを考えてやれば，(5)の各文に対して，(6)とは別の(7)のような解釈も十分可能なのである．

(7) a. 《ピアノをビルの屋上から落としたときに生じる音が大きい》

b.《ねえ，あなた，あの男の肩を揉んでよ》
　　c.《交差点で，太郎の車を運転していた警察官がブレーキを踏んで止めた》
　　d.《太郎は，その部屋に入り，窓から身体を乗り出して，隣の部屋の壁にペンキを塗った》

このことから，われわれが通常，文の言語的意味と思っているものは純粋の「文の言語的意味」ではなく，聞き手(読み手)がアクセスしやすいコンテクストのなかで語用論的に読み込んだ解釈にほかならないことがわかる．つまり，われわれは，文の言語的意味を捉えているつもりでありながら，それと気づかぬうちに語用論的読み込みを深く浸透させているのである．そのような例をもう一つあげておこう．

　(8) モーツァルトは交響曲よりもオペラが良い．

われわれは，(8)に接すれば，誰でも(9)と読むであろう．

　(9)《モーツァルトは，彼が作曲した作品群のなかで，交響曲よりもオペラが優れている》

しかし，(9)は(8)の言語的意味ではなく，(8)を語用論的に読み込んだ結果(すなわち，明意の一つ)にすぎない．モーツァルトが有名な作曲家であり，多くの交響曲やオペラを書いたという百科全書的知識を多くの人が有しているため，一番アクセスしやすいコンテクストでこの発話を解釈しようとするから(9)のような解釈が容易に得られるだけである．もし，モーツァルトでもって「モーツァルト」という名前の指揮者が指されているコンテクストで(8)が発話されたならば，(9)ではなくて，(10)のような解釈が自然に得られるだろう．

　(10)《モーツァルトは，彼が指揮した作品群のなかで，交響曲よりもオペラが優れている》

同様に，もし，モーツァルトでもって「モーツァルト」という名前の音楽評論家を指すようなコンテクストで(8)が発話されたり，あるいはモーツァルトでもって「モーツァルト」という名前のコンサートのポスター制作者を指すようなコンテクストで(8)が発話されたならば，(11)や(12)のような解釈が得られ

(11) 《モーツァルトは，彼が評論した作品のなかで，交響曲の評論よりもオペラの評論が優れている》
(12) 《モーツァルトは，彼がデザインしたポスターのなかで，交響曲のポスターよりもオペラのポスターの方が優れている》

ということは，(8)の言語的意味表示は，(9)〜(12)から中立的なものでなければならないと同時に，その意味表示に語用論的操作を適用した結果，(9)〜(12)が得られるようなものでなければならないことを意味する．それが具体的にどのようなものであるかについてはここで立ち入るわけにはいかないが，(8)の言語的意味表示はかなり抽象的なものであることは容易に想像できるであろう[1]．

6.2 文の意味はいかにして捉えられるか

6.1 節で文自体の意味と話し手の意味とは別であることを強調した．しかし，語用論的読み込みを完全に排除した，抽象的な文自体の意味など，そもそも存在するのであろうかという疑問を抱く人もあるかもしれない．さらに，仮に存在するとしてもそれは一体どのようなものであり，いかにして把握できるのであろうかという問いも出てくるであろう．これらの問いに対する短い答えは，「それは，妥当な言語学的意味理論が教えてくれる，そして究極的には妥当な言語理論が教えてくれる」である．しかしこのような短い答えではわかりにくいと思われるので，本節ではこのことを具体例を用いてもう少し詳しく説明しよう．

第3章で述べたように，「話し手の意味」という観点からすると，発話された言語表現はきわめて不完全である．以下では，便宜上，「話し手の意味」のうち暗意を棚上げし，もっぱら明意に焦点を合わせて話を進める．明意という観点から文の意味を考えると，文は(13)のような特徴をもつ．

(13) a. 文の意味は，しばしば曖昧である．
　　 b. 文中の指示表現にあてがわれるべき指示対象は不定である．
　　 c. 文の意味はしばしば，スロット(自由変項)を含み，スロットの値が

埋められない限り，命題(真理値の担い手)を表出することはできない．
- d. 文の意味は輪郭のみで，十分特定化された情報を与えていない．
- e. 文の意味は，しばしば必要以上に厳密であり，狭すぎる．

そこで，聞き手が発話から明意を得るためには，第3章 3.1.3.1 で述べた「曖昧性除去」「飽和」「アドホック概念構築」「自由補強」といった語用論的操作が必要となるのであった．そして，これらの語用論的操作は「発話された言語形式を発展させる操作」と見なされ，それが「表出命題」をつくり，その部分集合，つまり，意図明示的に伝達された限りの表出命題が明意となるのであった．ここで，第3章で述べた「表出命題」に対する定義(14)を思い起こそう．

(14) 発話 U によって伝達される想定は，もしそれが U によってコード化された言語形式を発展(develop)させた想定の集合の部分集合であれば，そしてその場合に限り，「発話によって表出された命題」であり，「発話によって表出された命題」は明示的(explicit)である．(＝第3章(33))

ここで注意すべきは，「発話 U によってコード化された言語形式」という概念である．これはたんに，発話で用いられた文の表面形式を指すのでもなく，統語構造表示を指すのでもない．むしろこれは，文の言語的意味表示——これを**論理形式**(logical form)とよぶ——を指すものと解すべきである．なぜなら，文の言語的意味表示のレベルではじめて，第5章で述べた「だけ」などの作用域や名詞句の意味機能(指示的名詞句，叙述名詞句，変項名詞句，値名詞句)などが明示されるからであり，またこの言語的意味表示レベルで，個々の名詞のもつ飽和性の情報や，どの部分にスロットがあり，どの部分を飽和しなければならないかなどの重要な意味情報が明示されるからである．つまり，文の言語的意味表示という意味での「文の論理形式」は，文の統語構造表示には還元できないのである[2]．

このように，発話の表出命題は，あくまで文の論理形式に対して，曖昧性除去，飽和，アドホック概念構築，自由補強などの語用論的操作を適用した結果である．ということは，表出命題の部分集合である明意もまた「文の論理形式の発展形」であることになる．そこから，文の言語的意味である論理形式と明

意との関係については，(15)のテーゼが得られる．

(15) 文の論理形式に対して，曖昧性除去，飽和，アドホック概念構築，自由補強などの語用論的操作を適用した結果が表出命題であり，表出命題の部分集合が明意である．したがって，その意味で明意は文の論理形式の語用論的発展形である．

テーゼ(15)はきわめて重要である．なぜなら，このテーゼが，与えられた文の論理形式(言語的意味表示)がいかなるものであるかを検討するとき，語用論側から重要な示唆を与えてくれるからである．このことを具体例で説明しよう．今，(16)の言語的意味をあえて(17)であると仮定してみよう．

(16) ピアノの音が大きい．（= 5a）
(17) 《ピアノを弾いたときに生じる音が大きい》（= 6a）

この仮定のもとでは，(17)は(16)の論理形式(言語的意味表示)ということになるため，(15)に従えば，(17)の語用論的発展形が(16)の発話の明意だということになる．しかし，(16)の発話はコンテクストに応じては，(18)のような多様な明意を表しうる．

(18) a. 《ピアノの蓋を叩いたときに出る音が大きい》
b. 《ピアノをビルの屋上から落としたときに生じる音が大きい》
c. 《ピアノを製造している過程で生じる音が大きい》
d. 《ピアノを引きずったときに出てくる音が大きい》
e. 《余震でピアノが振動するときの音が大きい》

しかし，(17)に対して，曖昧性除去，飽和，アドホック概念構築，自由補強をどんなに適用したところで(18)のような明意は得られないのである．このことは，(17)は(16)の論理形式(言語的意味表示)ではないことを示している．(17)は(16)の論理形式(言語的意味表示)として強すぎるのである．さらに，(16)の発話の明意はコンテクストに応じては，(18)以外にも無数にあることはいうまでもない．しかしだからといって，(16)の発話の明意は，コンテクスト次第ではなんでも可能かといえばけっしてそうではない．たとえば，(19)のようなものは，いかなるコンテクストが与えられても(16)の発話の明意になりえないのである．

(19) a.《明日，大雨が降るだろう》
    b.《太郎は花子と結婚した》
    c.《2と9のあいだに素数がある》
    d.《浅間山は1783年に大噴火した》

したがって，(16)の論理形式(言語的意味表示)はその発展形が(19)を導くようなものであってはならない．結局，(16)の論理形式(言語的意味表示)は，それに語用論的操作を適用した結果，(18)のような無数にある明意を可能とするが，同時に，(19)のようなものを可能な明意から排除するものでなければならない．そこで，(16)に対する別の論理形式(言語的意味表示)の仮説として，(20)を立ててみよう．

(20)《ピアノと関係Rを有する音が大きい》

(20)におけるRはスロット(自由変項)であり，コンテクストから適当な値が入りうる位置を示している．(20)に飽和という語用論的操作を適用してやれば，(17)はもちろん，(18)のそれぞれは(20)の発展形として得ることができる．一方，(20)にいかなる語用論的操作を適用しても(19)のようなものはその発展形として生じえない．したがって，その限りで，(20)は(16)の論理形式(言語的意味表示)として妥当であることになる．

このように，文の意味表示なるものが，テーゼ(15)を仮定することによって，発話の明意から逆に推察できることは興味深い．第3章で述べた認知語用論(関連性理論)の考えがあるからこそ，文それ自体の意味表示とはいかなるものかが明らかになってくるのである．その意味で，妥当な語用理論を背景に備えておくことは，意味研究にとってもきわめて重要なのである．またこのことは，認知語用論がその力を十分に発揮するためには，各文に対する言語的意味をきちんと与えておくというお膳立てが必要だということを意味する．どの程度のお膳立てが必要であるかは，意味論と認知語用論の両方を見据えながら経験的に判断していかなければならない．以下，このことを敷衍する．

6.3　ウナギ文の意味

本節では，いわゆる「ウナギ文」を取り上げ，この構文の意味と解釈をどの

ように扱うのが適切であるかを論じる．この構文を取り上げるのは，それが意味論と語用論の関係を考える上で格好の材料を提供してくれるからである．

6.3.1 ウナギ文と語用論的解釈

まず，(21)と(22)を見よう．

(21) ぼくはウナギだ．

(22) I am an eel.

文法的には，(21)には「吾輩は猫である」と同様，英語の(22)と同じ意味があることを否定できない．この読みは，(23)で表すことができる．

(23) 《ぼくは，ウナギという属性を有している》

これは(21)を第5章5.4.3.1で述べた措定コピュラ文と見なした解釈である．しかし，(21)には(23)とはまったく別の読みもある．今，(21)が食堂などで注文を出すような状況で用いられた場合は，もちろん，(23)の意味ではなく，概略，(24a)もしくは(24b)の意味で用いられていることは明らかである．

(24) a. 《ぼくは，ウナギを注文したい》
　　 b. 《ぼくは，注文料理はウナギだ》

もちろん，コンテクスト次第では，(24a)の「注文したい」は，「釣りたい」「買いたい」「写生したい」などになるかもしれないし，(24b)の「注文料理」は，「釣るもの」「買いたいもの」「写生対象」などとなるかもしれない．(21)に対する(24)のタイプの読みをここでは**ウナギ読み**とよぼう．そして，このような読みを担う(21)のタイプの「AはBだ」の構文を以下では**ウナギ文**とよぶことにする．次の各文の応答文はいずれもウナギ文と見なすことができる．

(25) a. 山田先生の専門は何ですか．
　　　　——山田先生は音韻論です．
　　 b. 花子に赤ちゃんが産まれたそうだが，男の子，それとも女の子？
　　　　——花子は男の子です．
　　 c. 太郎さんは，誕生日はいつですか．
　　　　——太郎さんは，4月2日です．

d. あの火事は，原因は何ですか．
　　　　——あの火事は，放火です．
　　　e. あなたは好きな作曲家は誰ですか．
　　　　——私はシューマンです．
　　　f. 正夫さんは郷里はどこですか．
　　　　——彼は青森です．

　このようなウナギ文については，これまでさまざまな説が提案され，多くの議論がなされてきた．これらの先行研究については，筆者は西山(2003: 321-350)で詳しく論じたのでここでは省略し，本節では先行研究のなかで，ウナギ文をもっぱら語用論的に分析すべきとするアプローチ(以下，「語用論的アプローチ」とよぶ)に焦点をあてて批判的に論じることにする．

　ウナギ読みが日本語学で特に注目されたのは，ウナギ読みを言語記述のどのレベルでいかに規定するか，という点が理論的に興味深いからである．(21)に対する(23)のような読みは，文文法レベルで決定されると見なされるのが一般的であるが，(24)のようなウナギ読みについては具体的なコンテクスト情報が与えられない限り，決定できないという事実も否定できない．そこから，(21)は，文文法レベルでそもそも曖昧と見なしてよいかどうか，という問題が出てくる．もし曖昧であるという立場——この立場を[A]としよう——に立つならば，(21)は，(23)の意味での措定文構造以外にいかなる統語構造・意味構造をもつのか，ということが問題になってくる．一方，もし(21)は文文法のレベルではなんら曖昧でなく，具体的なコンテクストのなかではじめて，(24)のようなウナギ読みが解釈として出てくるのだ，という立場に立つならば，ウナギ読みの処理には語用論だけで十分だということになる．後者の立場，つまり，ウナギ文に対する語用論的アプローチには，さらに[B]と[C]の二つの立場がある．

　(26) a. [B]の立場：(21)の言語的意味は(23)だけであり，(24)のようなウナギ読みは(23)を基礎にして語用論的解釈の結果得られる．
　　　b. [C]の立場：(21)の言語的意味は，(23)からも(24)からも中立的なものであり，(23)の読みも，(24)のようなウナギ読みも，その中立的な言語的意味表示(論理形式)を基礎にして得られた語用論的解釈にほかならない．

[B]の立場は多くの論者が暗黙のうちに仮定している立場である．つまり，(21)の文の言語的意味は曖昧でなく，その意味は(23)のみであり，いわゆる(24)のようなウナギ読みは特定のコンテクストのなかで語用論的に読み込んだ結果であって文自体の意味から逸脱したものである，という考えは常識的であるとさえいえよう．

一方[C]の立場を鮮明に打ち出しているのは池上(1981)である．池上(1981)は，ウナギ文を彼の場所理論(localist theory)の立場で捉えようとする．池上は，「だ」を「である」に分解し，「である」の「で」は場所的・時間的近接関係を表し，「ある」は存在を表す，と主張する．池上によれば，近接関係をWITHで，存在をBEで表示するならば，「YはXだ」という構文は(27a)という構造をもつことになる．

(27) a.　Y　　BE　WITH　X
　　 b.　ぼく　BE　WITH　ウナギ

要するに，「YはXだ」という構文は，言語的には，YとXの間になんらかの場所的・時間的近接関係があるということを意味するだけであり，両者がいかなる関係であるかは言語のレベルでは決定できず，コンテクストにゆだねる，とするのが池上(1981)の立場である．この立場では，(21)に対するウナギ読みは言語レベルでは(27b)として表示し，「ぼく」と「ウナギ」との間にある種の近接関係(なんらかの密接な関係)があることを表す，とされる．この近接関係は，コンテクストによって具体化され，「ぼくの注文したもの/釣ったもの/描いたもの/欲しいもの等は，ウナギだ」ということになる[3]．ここで注意すべきことは，池上は，ウナギ読みだけではなく，(21)に対する(23)のような措定文読みも，(27)で捉えるべきである，と主張している点である．つまり，(23)の読みでは，(27b)における「ウナギ」が抽象的であるのに対して，ウナギ読みの場合は，(27b)における「ウナギ」が具体的であるという違いがある，とされる．このような池上の見解は，(28)のようにまとめることができる．

(28) a.　(21)は言語的意味のレベルでは，曖昧ではなく，(27b)の構造を有
　　　　 していると統一的に捉えるべきである．
　　 b.　(21)に結びつく(23)の読みと(24)のようなウナギ読みは，いずれも
　　　　 (27b)を基礎にして，具体的なコンテクストのなかではじめて出て

くる語用論上の解釈にすぎない．

池上(1981)では，もちろん，今日の認知語用論(関連性理論)でいう「文の言語的意味(論理形式)」とか「発話の明意」といった術語は使用されていないが，池上の立場は，あえて認知語用論の観点から言い直せば次のようになるであろう．

(29) (21)という文の言語的意味表示(論理形式)は(27b)であり，(21)の発話の明意は，コンテクスト次第で，(23)のような措定文読みになったり，(24)のようなウナギ読みになったりする．つまり，(23)や(24)は，(21)の言語的意味表示(論理形式)である(27b)を基盤にして語用論的に得られた発展形にほかならない．

筆者は，ウナギ文を分析するためには語用論が必要であると考えている．つまり，具体的なウナギ読みそのものは，コンテクスト情報を用いて語用論的な解釈の結果得られるものであると考えている．しかしながら，筆者の見解では，まず，[B]の立場は妥当ではない．措定文読み(23)を基礎にして語用論的な解釈をしたところでウナギ読みは得られないからである．また筆者は，(21)に対する措定文読み(23)とウナギ読み(24)をともに，(27b)という同一の論理形式から語用論的に導くとする[C]の立場にも与すことはできない．さらに，「ぼく」と「ウナギ」との間にある種の近接関係があるとする池上の規定はあまりにもルースであり，ウナギ読みの本質を捉えるのに適切ではない．要するに，筆者は，ウナギ文の分析に語用論が必要であることは十分認めた上で，ウナギ読みを語用論的に正しく捉えるためには，文の意味レベルで，ウナギ文特有の言語的意味表示(論理形式)を適切に規定しておく必要があるということ，その論理形式が，(27b)のような「近接関係」といったルースな形ではなく，より精密な形で規定しておく必要があると考えている．そのことを次項で述べる．

6.3.2 ウナギ文に対する措定文としての解釈

筆者は，西山(2003)において，ウナギ文の意味の基本構造は次のようなものであるとした．

(30) 《ぼくは[φはウナギだ]》

ここで，φ はコンテクストに応じて，「注文料理」「写生対象」「好きなもの」などが入るスロット（自由変項）を表す．たとえば料理屋のコンテクストが与えられていれば，φ に「注文料理」が入って(31)のような明意を構築する．

(31) 《ぼくは[注文料理はウナギだ]》

このように，φ の中身を埋めていく語用論的操作は第3章で述べた飽和である．したがって，(31)は，このコンテクストで，話し手が(21)を用いて相手に伝達しようとした内容，すなわち明意を表していることになる．そして，(21)の聞き手は，この発話を理解するために，発話のコンテクストを参照にして(31)のような明意を捉え，それを発話の解釈と見なすわけである．

ここで注意すべきことは，(31)の述語[注文料理はウナギだ]は，それ自体《注文料理は何かといえば，ウナギ(ガ)だ》という倒置指定文の意味を表しており，より正確には(32)のような意味構造を有している，という点である．

(32) [α_i の注文料理は x_j だ]　ウナギ$_j$ だ．
　　　　　　　　　　　　　　　　　　　　|値名詞句
　　　　　　↑
　　　　　指定スル

つまり，(語用論的に復元される)「注文料理」は指示的名詞句ではなく，(32)の[　]のような命題関数を表す変項名詞句なのである．そして，「ウナギ」はその変項 x を埋める値である．つまり，この考えでは，ウナギ文「A は B だ」の「B」は，それ自体では属性名詞句を表すのではなく，(語用論的に復元される)隠れた変項名詞句の変項の値を表す値名詞句であることになる．もしこの分析が正しければ，ウナギ文「A は B だ」は全体としては，主語名詞句の指示対象に属性を帰す措定文であるが，その叙述の部分に倒置指定文の意味構造が埋め込まれており，倒置指定文の主語である変項名詞句が省略されて，変項の値だけが形式上残っているケースであることになる．要するに，ウナギ文は，措定文の述語の位置に倒置指定文が埋め込まれた二重コピュラ文の意味構造を有する構文だ，ということになる．

(32)について，もう一つ注意すべきことは，「ぼく」と「注文料理」との関係である．「注文料理」は，その意味からして，「誰かの注文料理」であるから，パラメータ α を要求する非飽和名詞であることに注意しよう．さらに，そのパラメータは，主語「ぼく」に束縛されていると解さなければならない．平た

くいえば，(31)における「注文料理」を「花子の注文料理」と読んで，(33)と読むことはできないのである．

(33) ?《ぼくは，花子の注文料理はウナギだ》

かといって，(34)のように読むことも奇妙である．

(34) ?《ぼくは，ぼくの注文料理はウナギだ》

(31)は，主語名詞句「ぼく」の指示対象に[ぼくの注文料理はウナギだ]という属性を帰しているわけではないからである．ということは，パラメータ α は(コンテクストからいかなる値でも入りうる)自由変項と見なすわけにはいかず，主語「ぼく」とリンクを張っている変項，つまり，主語「ぼく$_i$」によって束縛されている束縛変項 α_i と見なす必要がある．このように，ウナギ文の主語名詞句(NP_1)と隠れた変項名詞句(NP_2)との関係は，変項名詞句が非飽和名詞であり，主語名詞句がパラメータであるという緊張関係を有していること，つまり，第4章4.3.3で述べたタイプDの[NP_1 の NP_2]であることに注意する必要がある．このことは，6.3.1で示した(25)の応答文についてもいえる．それらの応答文における隠れた変項名詞句を語用論的に復元すると(35)のようになる．

(35) a. 山田先生の専門は何ですか．
    ——山田先生は[専門が音韻論です]．
   b. 花子に赤ちゃんが産まれたそうだが，男の子，それとも女の子？
    ——花子は[(産んだ)子供は男の子です]．
   c. 太郎さんは，誕生日はいつですか．
    ——太郎さんは，[誕生日は4月2日です]．
   d. あの火事は，原因は何ですか．
    ——あの火事は，[原因は放火です]．
   e. あなたは好きな作曲家は誰ですか．
    ——私は[好きな作曲家はシューマンです]．
   f. 正夫さんは郷里はどこですか．
    ——彼は[郷里は青森です]．

これらの文の下線部の変項名詞句と主語名詞句との間の緊張関係は(36)に示すように，[非飽和名詞とそのパラメータ]の関係になっていることは明らかであ

ろう.

(36) a. 山田先生の<u>専門</u>
b. 花子の<u>子供</u>
c. 太郎さんの<u>誕生日</u>
d. あの火事の<u>原因</u>
e. 私の<u>好きな作曲家</u>
f. 彼の<u>郷里</u>

以上のことを考慮して，(21)「ぼくはウナギだ」を(31)のようなウナギ読みで読んだ含意の内的構造をより正確に書くと(37)のようになる．

(37)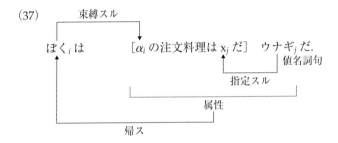

(37)は，(30)のφを「注文料理」によって語用論的に埋めた結果であるので，この語用論的操作が適用される以前の論理形式(30)をより正確に書くと(38)のようになる．

(38) ウナギ読み：
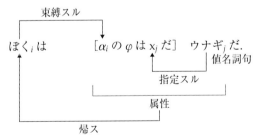

さらに，(21)には，(23)の意味を表す措定文読みもあることは否定できないが，それは(39)のような意味表示(論理形式)を有している．

(39) 措定文読み：

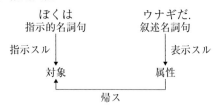

(38)の「ウナギ」は値名詞句であるのに対して，(39)の「ウナギ」は属性を表す叙述名詞句であり，両者が別の意味機能を有していることは明らかであろう．この違いは，池上(1981)の言うような「具体的-抽象的」の違いで捉えられるような単純なものではない．むしろ文のなかにおける名詞句の意味機能の本質的な違いとして捉えることが重要なのである．結論的にはこうなる．(21)という文は意味的に曖昧で，(38)と(39)という二つの意味表示(論理形式)を与えることができる．(38)も(39)もともに措定文であるが，その内的構造は大きく異なる．(38)の読みの場合，(38)の論理形式に自由変項 φ が含まれているため，これに飽和という語用論的操作を適用する必要がある．さもなければ，発話解釈は完結しないであろう．一方，措定文読みの場合，(39)の論理形式に自由変項はどこにも含まれていないので，発話解釈に至る過程で，この論理形式に飽和という語用論的操作は適用されないである．ウナギ文に対する以上のようなわれわれの見解は，(21)は言語的には曖昧ではないとし，ウナギ読みをすべて語用論のレベルでのみ処理しようとする立場，すなわち，6.3.1 の(26)で述べた[B]の立場や[C]の立場と根本的に異なることに注意しよう．

(26) a. [B]の立場：(21)の言語的意味は(23)だけであり，(24)のようなウナギ読みは(23)を基礎にして語用論的解釈の結果得られる．

b. [C]の立場：(21)の言語的意味は，(23)からも(24)からも中立的なものであり，(23)の読みも，(24)のようなウナギ読みも，その中立的な言語的意味表示(論理形式)を基礎にして得られた語用論的解釈にほかならない．

まず，[B]の立場は維持できない．[B]の立場では，(21)の言語的意味表示とされるのは(23)の措定文読みだけであった．ということは，(21)の論理形式はより正確には(39)で表示することができることを意味する．しかし，(39)のよ

うな論理形式を基礎にどんなに語用論的操作を適用したところで，(37)のように複雑な内的構造を有するウナギ読みの明意を得ることはできないのである．一方，[C]の立場も維持できない．[C]の立場では，(21)の言語的意味表示(論理形式)は(27b)と見なされている．

(27b) ぼく　BE　WITH　ウナギ

しかし，(27b)のような論理形式を基礎にどんなに語用論的操作を適用したところで，(37)のように複雑な内的構造を有するウナギ読みの明意を得ることはできないのである．

結局，(21)は，この構文に対する文法レベルで，(38)と(39)のような複雑な内的構造を有する二つの言語的意味表示(論理形式)を仮定しておく必要があるのである．そして，(38)の論理形式を基礎にし，それに語用論的な解釈メカニズムを働かせたときはじめて，(21)に対するウナギ読みを正しく捉えることができるのである．以上の考察は，認知語用論がその力を十分に発揮するためには，文の意味表示をきちんと与えておく作業が不可欠だということを意味する．つまり，意味論の方でしっかりとしたお膳立てをしておかなければ，語用論が働かないのである．ウナギ文のケースは，妥当な意味論なしでは，語用論は成立しないことを，また，何が妥当な意味論であるかは意味論のなかだけで検討すべきことではなく，語用論をも考慮してはじめてわかることであるということを，具体的に示してくれる良い例であるといえよう．

6.4 曖昧性と不明瞭性を区別する基準

6.4.1 曖昧性判別の古典的なテスト：do so テスト

第4章および第5章の議論で，曖昧性と不明瞭性は区別されるべきだということを強調してきたが，そのことは，与えられた文が曖昧であるかそれとも不明瞭であるかがつねに明らかだということを意味しない．両者の区別が直観的に明らかなケースもあるが，それほど明らかでないケースもたくさんある．たとえば，(40)を見よう．

(40) 太郎は，コンピュータのファイルをすべて削除してしまった．

(40)は，太郎が意図的にコンピュータのファイルをすべて削除した場合の報告

として使用することもできるが，太郎が誤ってコンピュータのファイルをすべて削除してしまった場合の報告としても使用できる．では，(40)は，これら二つの読みに関して，曖昧といえるであろうか，それとも不明瞭にすぎないのであろうか．われわれの直観ははっきりしない．そもそも与えられた文について曖昧性と不明瞭性を区別するテストがあるのであろうか．1970年代の言語学では，そのようなテストとして **do so テスト** とよばれるものが提唱され，多くの賛同者を得た(Lakoff 1970, Zwicky and Sadock 1975, Kuno 1974)．以下では，「曖昧性を不明瞭性から区別する古典的なテスト」とされるこのテストの妥当性を検討しよう．まず，次の例を見よう．

(41) John went to the bank.
(42) John went to the bank, and so did Tom.
(43) John went to the bank, and Tom went to the bank.

(41)は《ジョンは銀行へ行った》(R_1)と，《ジョンは土手へ行った》(R_2)の二つの意味があり曖昧である．(42)の so did は第1文の went to the bank を受けているわけであるから，(42)は(43)と同じ意味を表す．(43)の第2文は，それ単独ではやはり，《トムは銀行へ行った》(R_1)と，《トムは土手へ行った》(R_2)の二つの意味があり曖昧である．したがって，理論的には，(43)はその組み合わせによって，都合4通りに曖昧になるはずである．ところが，(42)には(44)の読みしかなく，(45)のような読みは排除される．

(44) a. 《ジョンは銀行へ行き，トムも銀行へ行った》
     b. 《ジョンは土手へ行き，トムも土手へ行った》
(45) a. 《ジョンは銀行へ行き，トムも土手へ行った》
     b. 《ジョンは土手へ行き，トムも銀行へ行った》

一般的にいえば次のようになる．今，第1文(S_1)と第2文(S_2)が連結しているとする．S_1 は単独では R_1 と R_2 の読みがあり曖昧であるとする．S_2 は，S_1 の主語を置き換え，S_1 の述語部を do so で置き換えて得られた文であるとしよう．その場合，S_1 と S_2 の連結において，(46a)のような並行的解釈(parallel interpretation)は可能であるが，(46b)のような交差的解釈(crossed interpretation)は不可能だということである．

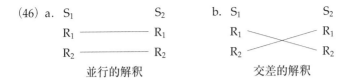

並行的解釈　　　　　　　　交差的解釈

このことは、S_1 と S_2 の連結において、S_2 に登場した do so は S_1 の述語部の表現形式自体を受けるのではなくて、S_1 の述語部が有する特定の意味（つまり、R_1 もしくは R_2 の該当部分）を受けるということを示唆している。たとえば、(42)について、(45)のような交差的解釈が不可能であるということは、(41)が有する《ジョンは銀行へ行った》(R_1)と《ジョンは土手へ行った》(R_2)の二つの読みは文の意味レベルでの話であることを、つまり、(41)はその点で曖昧であって不明瞭でないことを示唆する。

一方、不明瞭な場合は事情が異なる。たとえば、(47)を見よう。

(47) John kicked Bill.

通常、(47)の意味は《ジョンがビルを蹴った》以上のものではなく、ジョンがビルを右足で蹴ったか、それとも左足で蹴ったかは文の意味の違いには反映されないとされる。つまり、(47)に対する《ジョンがビルを右足で蹴った》(R_1)と、《ジョンがビルを左足で蹴った》(R_2)の二つの読みは曖昧性の問題ではなく不明瞭性の問題であると見なされるのである。では(47)に do so を付加した連結文(48)はどうであろうか。

(48) John kicked Bill, and so did Tom.

(48)の so did は kicked Bill を受けているわけであるから、(48)の第2文の意味は、それ単独ではやはり、《トムがビルを蹴った》以上のものではなく、トムがビルを右足で蹴ったか、それとも左足で蹴ったかはこの文の意味の違いには反映されない。ところが、(48)に対する解釈として、コンテクスト次第では、(49)のような交差的解釈は排除されないのである。

(49) a. 《ジョンがビルを右足で蹴った。そして、トムもビルを左足で蹴った》
b. 《ジョンがビルを左足で蹴った。そして、トムもビルを右足で蹴った》

つまり，(49)が真である状況で(48)が発話されることは十分可能なのである．以上の考察は，ある文が R_1 と R_2 に関して曖昧であるかそれとも不明瞭であるかを判別しようとするとき，do so を付加した連結文で R_1—R_2, R_2—R_1 の交差的解釈が可能かどうかが決め手になることを示唆している．もし交差的解釈が不可能であれば R_1 と R_2 は曖昧であり，交差的解釈が可能であれば R_1 と R_2 は文の意味の問題ではなく，不明瞭性の問題だ，ということになる．これが，Lakoff(1970), Zwicky and Sadock(1975) が提唱した do so テストの概要である．

実は，do so テストと同じことは日本語の「…もそうだ」を用いても言えそうである．第5章5.1節で述べたように，(50)には(51)のような3通りの意味があり，曖昧であった．

(50) 花子は，藤田の描いたアトリエを訪れた．(＝第5章(2h))
(51) a.《花子は，藤田がモデルとして描いたアトリエを訪れた》
    b.《花子は，藤田が絵を描くのに使用したアトリエを訪れた》
    c.《花子は，藤田がそこに絵を描いたアトリエを訪れた》

では(52)はどうであろうか．

(52) 花子は，藤田の描いたアトリエを訪れた．正子もそうだった．

(52)の「そうだった」は「藤田の描いたアトリエを訪れた」を受けているわけであるから，(52)は(53)と同じ意味を表す．

(53) 花子は，藤田の描いたアトリエを訪れた．正子も，藤田の描いたアトリエを訪れた．

(53)の第2文は，それ単独では(54)の3通りの意味があり曖昧である．

(54) a.《正子は，藤田がモデルとして描いたアトリエを訪れた》
    b.《正子は，藤田が絵を描くのに使用したアトリエを訪れた》
    c.《正子は，藤田がそこに絵を描いたアトリエを訪れた》

したがって，理論的には，(52)はその組み合わせによって，都合9通りに曖昧になるはずである．ところが，実際の(52)には(55)の3通りの読みしかない．

(55) a.《花子は，藤田がモデルとして描いたアトリエを訪れた．正子も，藤田がモデルとして描いたアトリエを訪れた》
   b.《花子は，藤田が絵を描くのに使用したアトリエを訪れた．正子も，藤田が絵を描くのに使用したアトリエを訪れた》
   c.《花子は，藤田がそこに絵を描いたアトリエを訪れた．正子も，藤田がそこに絵を描いたアトリエを訪れた》

つまり，(52)は(55)のような，第1文と第2文で並行的解釈のみが可能なのであって，たとえば(56)のような交差的解釈は排除されるのである．

(56) a.《花子は，藤田がモデルとして描いたアトリエを訪れた．正子も，藤田が絵を描くのに使用したアトリエを訪れた》
   b.《花子は，藤田が絵を描くのに使用したアトリエを訪れた．正子も，藤田がそこに絵を描いたアトリエを訪れた》
   c.《花子は，藤田がそこに絵を描いたアトリエを訪れた．正子も，藤田がモデルとして描いたアトリエを訪れた》

このように，(56)のような交差的解釈が排除されるということは，do so テストの日本語版に従えば，(50)が有する(51)のような3通りの意味はこの文の曖昧性の問題であって，不明瞭性の問題ではないことを示唆する．

　それに対して，不明瞭な文の場合は事情が異なる．第4章4.2節で見たように，「義姉」には，《兄の妻》，《配偶者の姉》，《父と前妻との間にできた，自分より年上の娘》などの多様な解釈が可能であるが，「義姉」という語は曖昧ではなく，不明瞭であるにすぎなかった．今，(57)を見よう．

(57) 花子は義姉と同居している．

(57)に対しては少なくとも(58)のような二つの解釈が可能であるが，だからといって(57)は曖昧な文ではなく，「義姉」という語の不明瞭性に起因する不明瞭な文でしかない．

(58) a.《花子は兄の妻と同居している》(R_1)
   b.《花子は夫の姉と同居している》(R_2)

では，(59)はどうであろうか．

(59) 花子は義姉と同居している．正子もそうだ．

(59)の「そうだ」は「義姉と同居している」を受けているわけであるから，(59)は(60)と同じ意味を表す．

(60) 花子は義姉と同居している．正子も義姉と同居している．

(60)の第2文に対しては少なくとも(61)のような二つの解釈が可能である．

(61) a. 《正子は兄の妻と同居している》(R_1)
b. 《正子は夫の姉と同居している》(R_2)

では，(59)は(62)のような，第1文と第2文で並行的解釈のみが可能であろうか．

(62) a. 《花子は兄の妻と同居している．正子も兄の妻と同居している》
b. 《花子は夫の姉と同居している．正子も夫の姉と同居している》

(59)の解釈としては(63)のような，第1文と第2文で交差的解釈も許されるのである．

(63) a. 《花子は兄の妻と同居している．正子も夫の姉と同居している》
b. 《花子は夫の姉と同居している．正子も兄の妻と同居している》

このことは，do so テストの日本語版に従えば，(57)がもつ(58)の二つの解釈，つまり，《花子は兄の妻と同居している》(R_1)と《花子は夫の姉と同居している》(R_2)の区別はこの文の意味の問題ではなく語用論上の区別，すなわち不明瞭性の問題であることを示唆する．以上の要点は(64)のようにまとめることができる．

(64) S_2 に登場する do so や「…もそうだ」表現は，S_1 の述語の言語的意味の同一性を要求するのであって，言語的意味を超えたレベルの語用論的解釈の同一性までは要求しない．

このような見解を前提にして，Lakoff(1970), Zwicky and Sadock(1975)は，曖昧性を不明瞭性から区別するテスト，すなわち do so テストを提案したわけであるが，その日本語版にまで拡張すると，このテストは，次のように整理でき

る.

(65) do so テスト

S_1 に R_1 と R_2 という可能な解釈があるとする. S_1 の述語部を do so 表現や「…もそうだ」表現で置き換えて得られた文を S_2 とする. S_1 と S_2 の連結において, もし R_1—R_2 あるいは R_2—R_1 という交差的解釈が可能ならば, S_1 は R_1 と R_2 に関して不明瞭である. もし交差的解釈が不可能であるならば, S_1 は R_1 と R_2 に関して曖昧である.

6.4.2 do so テストに対する反例

この do so テストは,これまで見た例に関する限りでは有効であるように思われるかもしれないが,実は重大な問題がある.特に,do so テストの最後の部分は「もし交差的解釈が不可能であるならば, S_1 は R_1 と R_2 に関して曖昧である」とあるが,これにはすぐ反例が見つかる.

第 4 章 4.3.3 において,「太郎の車」にはコンテクスト次第で (66)(＝第 4 章 (20)) のような多様な解釈が可能であることを見た.

(66) 《太郎が所有している車/太郎が運転している車/太郎が後部座席に座っている車/太郎が買いたがっている車/太郎が販売している車/太郎が塗装している車/太郎が修理している車/太郎がデザインした車/太郎がトランクに押し込められている車/太郎が CM に登場している車》

しかしだからといって,「太郎の車」は曖昧であると言うべきではなく,この名詞句の言語的意味としては,《太郎と関係 R を有する車》で十分であった.つまり,「太郎の車」は不明瞭であっても曖昧ではないのである.では,(67)を見よう.

(67) 花子は太郎の車に乗ったことがある.

(67) は文として曖昧ではないが,「太郎の車」の解釈に応じて多様な解釈が可能である.たとえば,(67) には,(68) のような解釈が可能であり,その限りで (67) は不明瞭な文であるといえる.

(68) a. 《花子は太郎が運転している車に乗ったことがある》(R_1)
b. 《花子は太郎がデザインした車に乗ったことがある》(R_2)

では，(69)はどうであろうか．

(69) 花子は太郎の車に乗ったことがある．正子もそうだった．

(69)に対する解釈としては(70)のような並行的解釈は可能であるが(71)のような交差的解釈は不可能である．

(70) a.《花子は太郎が運転している車に乗ったことがある．正子も太郎が運転している車に乗ったことがある》
b.《花子は太郎がデザインした車に乗ったことがある．正子も太郎がデザインした車に乗ったことがある》
(71) a.《花子は太郎が運転している車に乗ったことがある．正子も太郎がデザインした車に乗ったことがある》
b.《花子は太郎がデザインした車に乗ったことがある．正子も太郎が運転している車に乗ったことがある》

ところが(65)の do so テストによれば，「もし交差的解釈が不可能であるならば，S_1 は R_1 と R_2 に関して曖昧である」とされるため，(67)は(68a)と(68b)に関して曖昧であるという間違った判定をしてしまう．これは重大な問題である．同様のことは，英語の(72)についても言える．

(72) John is too young.

(72)は英語の言語的意味としては《ジョンは若すぎる》という以上のものではなく，いかなる点で若すぎるのかについては意味のレベルでは未確定のままである．もちろん，(72)は，それが具体的に使用されるコンテクスト次第で，飽和という語用論的操作によってたとえば(73)のような解釈を得る可能性がある．

(73) a.《ジョンは結婚するには若すぎる》(R_1)
b.《ジョンは社長になるには若すぎる》(R_2)

しかし，(73)はあくまで語用論的に解釈された明意であって，(72)という文自体の言語的意味ではない．つまり，(72)はこの点で不明瞭であっても曖昧ではないのである．では，(74)はどうであろうか．

(74) John is too young, and so is Bill.

(74)に対する解釈として,(75a)や(75b)のような並行的解釈は可能であっても,(76a)や(76b)のような交差的解釈は不可能である.

(75) a. 《ジョンは結婚するには若すぎる.ビルも結婚するには若すぎる》
b. 《ジョンは社長になるには若すぎる.ビルも社長になるには若すぎる》

(76) a. 《ジョンは結婚するには若すぎる.ビルも社長になるには若すぎる》
b. 《ジョンは社長になるには若すぎる.ビルも結婚するには若すぎる》

ここでも,第1文における解釈と第2文における解釈は並行的でなければならず,交差的な解釈は許されない.ところが,(65)のdo soテストに従えば,(76a)や(76b)のような交差的解釈が不可能である以上,(72)に対する(73a)と(73b)という二つの解釈は不明瞭性の問題ではなく,曖昧性の問題であると予測してしまう.これは明らかに奇妙である.(74)について交差的解釈が不可能だからといって,(72)を(73a)と(73b)で曖昧な文だと見なすわけにはいかないのである.これらの事実はdo soテストは,本来,曖昧でない読みを曖昧であると間違って予測するという点で,曖昧性判別テストとして成功していないと言わざるをえない[4]).

では,do soテストのいったいどこに問題があったのであろうか.それは,do soテストの背後にある仮説(64)である.

(64) S_2に登場するdo soや「…もそうだ」表現は,S_1の述語の言語的意味の同一性を要求するのであって,言語的意味を超えたレベルの語用論的解釈の同一性までは要求しない.

(64)は明らかに誤りである.do soテストの主唱者(ツヴィッキー,サドック,G.レイコフ,久野ら)は,曖昧性が除去された結果は明意(の一部)であるにもかかわらずそのことを認識せず,それを文の意味と誤解し,「do soは第1文の意味を受ける」と見なしたのである.つまり,do soテストは,現代の認知語用論(関連性理論)の観点からすれば,文の言語的意味と発話の明意を区別しないところから出てきた誤った仮説であるといえる.筆者の考えでは,do so表現は文の言語的意味の同一性(identity of linguistic meaning)を要求するのではなく,むしろ発話の明意の同一性(identity of explicature)を要求するのである.そのことを次項で敷衍しよう.

6.4.3 do so テストと明意

筆者の考えでは，do so 表現もしくは「…もそうだ」表現は次のような条件に従うものと思われる．

(77) **明意の同一性条件**(Explicature Identity Condition(EIC))
第1文(S_1)と第2文(S_2)が連結しているとする．S_2 は，S_1 の主語を置き換え，S_1 の述語部を do so 表現(もしくは「…もそうだ」表現)で置き換えて得られた文であるとする．[S_1, S_2]の連結文が具体的なコンテクストのなかで用いられたとき，S_2 における do so 表現(もしくは「…もそうだ」表現)は，S_1 の発話が表す明意の述語部分を受けるのである．

(77)を 6.4.2 で見た(67)と(69)の例で説明しよう．

(67) 花子は太郎の車に乗ったことがある．
(69) 花子は太郎の車に乗ったことがある．正子もそうだった．

(67)は文自体は曖昧ではないが，コンテクスト次第で「太郎」と「車」の関係に関して多様な解釈が可能である．今，(67)の発話が《花子は太郎が運転している車に乗ったことがある》という明意を得るコンテクストでなされたと考えよう．その同じコンテクストにおいて(69)が用いられたとしよう．この場合，(69)に対する解釈としては(70a)のような並行的解釈は可能であるが(71a)のような交差的解釈は不可能であった．

(70a) 《花子は太郎が運転している車に乗ったことがある．正子も太郎が運転している車に乗ったことがある》
(71a) 《花子は太郎が運転している車に乗ったことがある．正子も太郎がデザインした車に乗ったことがある》

この事実は，(65)の「do so テスト」説にとってはやっかいな問題であったが，(77)の「明意の同一性条件」説にとってはなんら問題ではない．なぜなら，(77)の「明意の同一性条件」を仮定するということは，(69)の第2文における「もそうだった」は，(69)の第1文の述語部分「太郎の車に乗ったことがある」が表す意味表示，つまり《太郎と関係 R を有する車》を受けるのではなくて，

(69)の第1文の発話が表す明意の述語部分《太郎が運転している車に乗ったことがある》を受けると考えるからである．

今度は次の例を見よう．

(78) 新入社員の田中は飲むよ．

(78)は文自体は曖昧ではないが，コンテキスト次第で多様な解釈が可能である．あるコンテキストでは，《新入社員の田中は酒を多く飲む》という明意を得るであろう．これは，(78)の「飲む」に，第3章 3.1.3.1 で述べたアドホック概念構築の操作を適用して《酒を多く飲む》を得た結果である．こんどは同じコンテキストで用いられた(79)を考えよう．

(79) 新入社員の田中は飲むよ，新入社員の佐々木もそうだよ．

(79)に対しては，第1文と第2文における解釈が(80a)のように並行的でなければならず，(80b)のような交差的解釈は許されない．

(80) a. 《新入社員の田中は酒を多く飲むよ，新入社員の佐々木も酒を多く飲むよ》
　　 b. 《新入社員の田中は酒を多く飲むよ，新入社員の佐々木も水を多く飲むよ》

なぜなら，(79)の第2文における「もそうだよ」は，(79)の第1文の述語部分「飲む」が表す意味を受けるのではなくて，(79)の第1文の発話が表す明意の述語部分《酒を多く飲む》を受けるからである．このように，(79)は交差的解釈は排除されるが，だからといって，(78)という文が意味のレベルで《新入社員の田中は酒を多く飲む》と《新入社員の田中は水を多く飲む》に関して曖昧であることを示すわけではない．このことは，「…もそうだ」表現については，(65)の do so テストではなくて，(77)の「明意の同一性条件」が働いていることを裏付けている．

(81)は，Lakoff(1970)が do so テストを使用することによってはじめてその曖昧性を立証できるとした有名な例である．

(81) John cut his arm with a knife.

Lakoff(1970)によれば，(81)は《ジョンが自分の腕をうっかりナイフで切った》

(R_1) とも，《ジョンが自分の腕を意図的にナイフで切った》(R_2) とも読むことができる．では(81)は，R_1 と R_2 の読みに関して曖昧なのであろうか，それともこの点で不明瞭にすぎないのであろうか．レイコフはこの問題を do so テストを適用することによって解決しようとする．(82)を見よう．

(82) John cut his arm with a knife, and so did Bill.

レイコフは，(82)に対する解釈として，(83)のような並行的解釈は可能であるが(84)のような交差的解釈は不可能であることに注目する．

(83) a.《ジョンが自分の腕をうっかりナイフで切った．ビルも自分の腕をうっかりナイフで切った》
b.《ジョンが自分の腕を意図的にナイフで切った．ビルも自分の腕を意図的にナイフで切った》

(84) a.《ジョンが自分の腕をうっかりナイフで切った．ビルも自分の腕を意図的にナイフで切った》
b.《ジョンが自分の腕を意図的にナイフで切った．ビルも自分の腕をうっかりナイフで切った》

そこからレイコフは，do so テストに従い，(81)に対する《ジョンが自分の腕をうっかりナイフで切った》(R_1)と，《ジョンが自分の腕を意図的にナイフで切った》(R_2)という読みの違いは文の意味の問題であり，この文は曖昧であると結論づける．レイコフのこの議論は妥当であろうか．

　まず，発話が表す明意なるものは話し手が相手に明示的に伝達しようと意図した情報であって，発話がなされる状況描写と混同されるべきではないことに注意すべきである．(81)が使用され，それが真である状況では，「ジョンが自分の腕をうっかりナイフで切った」か，それとも「ジョンが自分の腕を意図的にナイフで切った」かのいずれかであることは当然である．しかし，だからといって，(81)の発話によって話し手が表している明意のなかに，「意図的」と「非意図的」の違いがつねに反映されなければならないかというと必ずしもそうではない．(81)が発話される明意のなかに，「意図的」か「非意図的」かの違いが反映されるかどうかは，発話のコンテクスト次第なのである．たしかに比較的多くのコンテクストでは，(81)が発話される明意にこの違いは効いてくるであろう．しかし，この違いが明意に反映されないコンテクストもあるので

ある.

　今,中学校のクラスで先生が生徒たちに「きみたちのなかで,意図的であれ非意図的であれ,自分の腕をナイフで切った者はいますか.もしいたら,手を挙げてください」という問いを発したとしよう.それに対して,ジョンとビルが手を挙げたとする.後日,先生がそのことを教頭に報告する文として(82)が使用されたとしよう.その場合,(82)の発話は,ジョンが自分の腕をうっかりナイフで切り,ビルは自分の腕を意図的にナイフで切ったような状況とも両立するのである.したがって,この状況では,(84a)のような交差的解釈が成立するともいえる.ということは,この状況で(82)が発話された場合,(65)のdo soテストに従えば,交差的解釈が可能である以上,レイコフは,元の文(81)は,《ジョンが自分の腕をうっかりナイフで切った》の読み(R_1)と,《ジョンが自分の腕を意図的にナイフで切った》の読み(R_2)に関して,不明瞭である,と言わざるを得なくなるであろう.

　このように,交差的解釈が可能か否かはどのようなコンテクストでその文の発話を解釈するかに依拠するのである.ところが,文の曖昧性なるものは文が有する意味論上の性質であり,コンテクストから独立の概念である.つまり,与えられた文Sが,あるコンテクストでは曖昧であるにもかかわらず,別のコンテクストでは曖昧でなくなる,といったことはそもそもありえない話である[5].そして,(65)のdo soテストは与えられた任意の文について,それが曖昧であるか否かを判定できるようなテストとして提唱されたものである.したがって,そのテストの決め手である「交差的解釈の可能性」がコンテクストに依拠するようではテストとしての役割を果たさないのである.要するに,(81)が意図的読みと非意図的読みに関して曖昧であるか否かは,(65)のdo soテストを用いて決定できないのである.

　今度は次の例を見よう.

(85) John went to the park.

(85)は,ジョンが公園へ歩いて行ったのか,自転車で行ったのか,それとも船で行ったのか,タクシーで行ったのかといった,「交通手段」については何も述べていない.しかし,だからといって(85)をこの点で曖昧な文だという人はいない.通常,(85)は「公園へ行くとき使用した交通手段」に関しては不明瞭であると言われている.このことは,do soテストを用いて検証できるように

思われるかもしれない．(86)を見よう．

(86) John went to the park, and so did Mary.

(86)の意味は，《ジョンは公園へ行った．そしてメアリも同じ公園へ行った》ということだけであり，ジョンとメアリが同じ交通手段で行ったかどうかまで求められていないであろう．do soテストの主唱者は，(86)が「公園へ行くとき使用した交通手段」に関して不明瞭であるということは，(87)のような交差的解釈が可能であることによって確かめることができると主張するであろう．

(87)《ジョンは公園へ歩いて行った．そしてメアリも同じ公園へ自転車で行った》

しかしこの議論がどこまで妥当であるかは慎重に検討しなければならない．たしかに，上のデータを見る限り，「公園へ行くとき使用した交通手段」が発話の明意に効いてこないコンテクストで解釈され，交差的解釈が可能であるように思われるかもしれないが，「公園へ行くとき使用した交通手段」が発話の明意に効いてくるようなコンテクストで(86)が発話されるケースもありうるのである．今，ジョンとメアリが交通事故に遭い，足を負傷して手術を受けたと仮定しよう．手術は無事成功し，二人は今，病院で，毎日，リハビリテーションに励んでいるとする．リハビリテーションの最終目標は，病院から200 m離れた公園まで歩くことである．そのようなコンテクストで，ある日，ジョンとメアリの友人が，病院の担当医に電話し，二人の回復状況を尋ねたところ，病院の担当医が(86)で答えたとしよう．この場合は，(86)は(88)のように解釈されなければならない．

(88)《ジョンは公園へ歩いて行った．そしてメアリも同じ公園へ歩いて行った》

また，そこから，聞き手の友人は，(89)のような暗意を得るかもしれないであろう．

(89) a.《ジョンもメアリも順調に回復している》
    b.《ジョンとメアリが退院する日が近い》

上の事実は，(85)について，(87)のような交差的解釈が可能であることを根拠

にこの文は「公園へ行くとき使用した交通手段」に関して不明瞭であることを証明しようとする do so テストにとっては具合の悪いデータかもしれない．しかし，上の事実は，われわれの主張する(77)の「明意の同一性条件」に従えば，次のように自然に説明できる．上のコンテクストでは，「公園へ歩いて行ったかどうか」が，明意の構築に深く関与するのである．いうまでもなく，(86)の第1文の発話が表す明意は，《ジョンは公園へ歩いて行った》である．そして，(86)の第2文における so did は，第1文の発話が表す明意の述語部分，すなわち《公園へ歩いて行った》を受けるのである．ということは，このコンテクストでは，(86)に対する(87)のような交差的解釈が排除されるのは当然である．もちろんそのことは，(85)が「公園へ行くとき使用した交通手段」に関して曖昧な文であることをなんら意味しない．要するに，交差的解釈が可能であるか，それとも排除されるかは，その文の発話の解釈に依拠するのであり，文の曖昧性と無関係なのである．

最後に，典型的な曖昧文，(41)のケースを思い起こそう．

(41) John went to the bank.

(41)は《ジョンは銀行へ行った》と《ジョンは土手へ行った》の二つの意味があり曖昧であるが，この場合，(42)には(44)のような並行的解釈しか可能でなく，(45)のような交差的解釈が排除されるという事実がある．したがって，このケースに関する限り，do so テストがうまく適用されているように思われる．

(42) John went to the bank, and so did Tom.
(44) a.《ジョンは銀行へ行き，トムも銀行へ行った》
　　 b.《ジョンは土手へ行き，トムも土手へ行った》
(45) a.《ジョンは銀行へ行き，トムも土手へ行った》
　　 b.《ジョンは土手へ行き，トムも銀行へ行った》

しかし，上の事実は，do so テストを特に使用しなくても，われわれの主張する(77)の「明意の同一性条件」から自然に説明できるのである．第3章3.1.3.1で論じたように，曖昧性除去も明意を獲得するために必要な語用論的操作であった．したがって，(42)の第1文，すなわち(41)は文としては曖昧であるが，この文が発話された特定のコンテクストでは曖昧性が除去され，たとえば，《ジョンは銀行へ行った》が明意になる可能性がある．その場合，(42)の第2文

における so did は,「明意の同一性条件」に従えば,第 1 文の発話が表す明意の述語部分,すなわち曖昧性を除去された特定の意味である《銀行へ行った》を受け,(44a)の解釈を得る.したがって,「明意の同一性条件」を仮定する限り,(42)に対する(45)のような交差的解釈が排除されるのは当然である.このような説明の方が,do so テスト説よりもはるかに一般性のある説明であることは明らかである.

(65)の do so テストは,曖昧性を不明瞭性から区別する古典的テストとして意味論において重要なものである.もしこのテストに対するわれわれの上の議論が正しくて,このテストに内在する問題点を浮き彫りにすることに成功しているとするならば,それはわれわれが認知語用論(関連性理論)を背景にしているからのことである.「文の意味」から区別された「発話の表す明意」という概念なしにはわれわれの議論は成立しないことに注意しよう.ここにわれわれは,現代の語用論研究が意味論研究に大きく寄与する具体例を見てとることができよう.

6.4.4 「良い」の曖昧性と明意

前項で述べた(77)の「明意の同一性条件」は文の言語的意味を考える上でもきわめて重要である.まず,第 4 章 4.4.3 で(90)のような文の意味を論じたことを思い起こそう.

(90) この椅子は良い.(= 第 4 章(91a))

そこでの議論の結論は(90)は(91)と(92)の二つの意味を有し,曖昧であるということであった.

(91) 《この椅子は座るという本来の機能を良く果たす》(= 第 4 章(92a))
(92) 《この椅子は,φ という観点からすると良い》(= 第 4 章(96))

(91)の意味については,「良い」と「椅子」の関係に関する限り意味論的に完結しており,これ以上,語用論が侵入する余地はない.一方,(92)は,φ というスロット(空所)を含んでおり,この文が使用される具体的なコンテクストに照らして飽和という語用論的操作によって φ に適切な値が入らなければならない.したがって,コンテクスト次第ではたとえば(93)のような語用論的解釈が得られるが,(93)は(90)の意味ではなく,それぞれのコンテクストにおける

発話が表す明意にほかならない.

(93) a. 《この椅子は, 太郎が天井の電球を取り替える際の踏み台として良い》
   b. 《この椅子は, ドアの支えとして良い》
   c. 《この椅子は, バリケードとして良い》
   d. 《この椅子は, その上で体操をするのに良い》

さて, 今度は次の例を考えよう.

(94) この椅子は良い. あのベッドもそうだ.

バリケードを築くのに良い資材を探しているコンテクストで(94)が用いられたとき, 自然な解釈は(95)のようなものであろう.

(95) 《この椅子はバリケードとして良い. あのベッドもバリケードとして良い》

(94)の第1文, すなわち, (90)自体は, 上述のとおり, (91)と(92)の意味をもち曖昧であるが, コンテクストからその曖昧性を除去して(92)として解釈し, さらに, スロットφを語用論的に埋めた結果が, 《この椅子はバリケードとして良い》である. そして, (94)の第2文における「そうだ」は, (77)の「明意の同一性条件」に従えば, (94)の第1文の発話が表す明意の述語部分, すなわち《バリケードとして良い》を受けるのであるから, 《あのベッドはバリケードとして良い》という解釈を構築でき, 最終的に(95)の解釈を得ることができる. したがって, このデータもわれわれが前項で提案した(77)の「明意の同一性条件」の有効性を裏付けているといえよう. ちなみに, (94)に対する(95)のような解釈は**厳密な同一性読み**(strict reading)とよばれる.「バリケードとして良いか否か」という完全に同一の基準を椅子にもベッドにも適用しているからである.

ところが(94)にはもう一つ別の読みがある. それは, この文がたとえば, 家具屋を訪れた客がいろいろな家具を物色しているコンテクストで使われた場合の読みである. このコンテクストで(94)が用いられたときの自然な解釈は(96)のようなものであろう.

(96)《この椅子は，座るという本来の機能を果たすという点で良い．あのベッドも寝るという本来の機能を果たすという点で良い》

この場合は，椅子を良いとする基準とベッドを良いとする基準はもちろん異なる．(94)に対する(96)のような解釈は**ゆるやかな同一性読み**(sloppy reading)とよばれる．これは，(94)の第1文，すなわち，(90)については，その曖昧性を除去して(91)として解釈したもののはずである．ところが，(94)の第2文における「そうだ」は，(77)の「明意の同一性条件」に従えば，(94)の第1文の発話が表す明意の述語部分，すなわち《座るという本来の機能を果たすという点で良い》を受けるのであるから，《あのベッドは座るという本来の機能を果たすという点で良い》という間違った解釈を得ることになるであろう．つまり，われわれの主張する(77)の「明意の同一性条件」を用いても，(96)の正しい解釈が得られないのである．

Nishiyama and Kajiura (2010, 2011)はこの問題を扱い，(94)に対する(96)のような「ゆるやかな同一性読み」を得るためには，(90)の言語的意味表示(論理形式)として，(91)は不正確で，より厳密には，(97)のようなものを仮定する必要があることを論じた．

(97)《この椅子[本来の機能：座る]$_i$ は，φ_i の点で良い》

(97)は，(92)にあるような自由変項 φ ではなく，束縛変項 φ_i を含んでいることに注意しよう．この束縛変項は，主語の「椅子」の意味の一部である[本来の機能：座る]とリンクを張っており，束縛されているのである．つまり，「良い」の基準がコンテクストから規定されるのではなくて，主語名詞の意味の一部から規定されている．ということは，「椅子」と「良い」とのあいだの緊張関係は，(97)のような言語的意味表示(論理形式)のレベルで完全に決定されており，ここに語用論が侵入する余地はないのである．

この観点から，家具屋を訪れた客がいろいろな家具を物色しているコンテクストを念頭において(94)をもういちど見よう．まず，(94)の第1文，すなわち，(90)については，それが有する曖昧性を除去して一つの意味である(97)として解釈するであろう．次に，(94)の第2文における「そうだ」は，(77)の「明意の同一性条件」に従えば，(94)の第1文の発話が表す明意の述語部分，すなわち《φ_i の点で良い》を受けるのであるから，《あのベッド[本来の機能：寝る]$_j$ は，φ_j

の点で良い》という正しい解釈を得ることになるであろう[6]．つまり，「明意の同一性条件」を用いることによって，(98)の解釈を獲得できるのである．

(98)《この椅子[本来の機能：座る]$_i$は，φ_iの点で良い．あのベッド[本来の機能：寝る]$_j$も，φ_jの点で良い》

(98)は，(94)に対する(96)のような「ゆるやかな同一性読み」をより正確に表示したものにほかならない．このように，文の言語的意味表示(論理形式)のなかに束縛変項が含まれている場合は，「椅子」と「良い」とのあいだの緊張関係は言語的意味表示(論理形式)のレベルで完全に決定されているため，文の言語的意味表示(論理形式)と明意とのあいだに実質的な相違はないのである．

以上を整理するとこうなる．(90)は(92)と(97)の二つの言語的意味表示(論理形式)を有し，曖昧である[7]．

(90) この椅子は良い．
(92)《この椅子は，φという観点からすると良い》
(97)《この椅子[本来の機能：座る]$_i$は，φ_iの点で良い》

まず，(90)の発話は，コンテクストに応じて曖昧性が除去される．もし曖昧性除去によって(92)が選ばれた場合，(92)には自由変項φがあるため，語用論的操作である飽和が適用され，たとえば(93)のような多様な解釈が明意として得られる．一方，曖昧性除去によって(97)が選ばれた場合，(97)には束縛変項しか含まれていないため，飽和は適用されない．こう仮定することによって(94)のような「…もそうだ」構文に対する二つの解釈，すなわち，厳密な同一性読みとゆるやかな同一性読みが，われわれの主張する(77)の「明意の同一性条件」と矛盾することなく自然に説明できるのである．このように，最近の認知語用論(関連性理論)の研究成果を十分ふまえると同時に，(77)の「明意の同一性条件」を仮定することによってはじめて，われわれは，(90)のような文の意味表示を正しく規定することができるのである．このことは，意味論研究を深めるためにも最近の語用論の研究成果は不可欠であることを示している．

(94)のような「…もそうだ」構文に「厳密な同一性読み」と「ゆるやかな同一性読み」があること，そしてそのことを根拠に(94)の第1文である(90)に自由変項読みと束縛変項読みがあり曖昧であるとする上の議論は，別に「…は良い」構文だけにあてはまることではない．第5章5.5節で述べた(99)の曖昧性

を思い起こそう．

(99) 太郎が妹をぶった．（＝第5章(261)）
(100) a.《太郎は，話題となっている人の妹をぶった》（＝第5章(262b)）
　　　b.《太郎は自分の妹をぶった》（＝第5章(262a)）

(99)は，(100a)と(100b)の意味をもち曖昧であった．なぜこのような曖昧性が生じるかといえば，第5章5.5節で説明したように，「妹」は，「αの妹」のように，つねにパラメータαを要求する非飽和名詞だからである．このように非飽和名詞「妹」を含む(99)は，「妹」のパラメータαの値をコンテクストから飽和という語用論的操作によって自由に与えられると見なすか（つまりαを自由変項と見なすか），それともパラメータαが主語の「太郎」によって束縛されている束縛変項と見なすかの違いに応じて(100a)と(100b)の二つの意味をもつのであった．より正確にいえば，(99)の言語的意味表示(論理形式)は，(101)のようになるのである．

(101) a.《太郎がαの妹をぶった》［α：自由変項］
　　　b.《太郎$_i$がα_iの妹をぶった》［α：束縛変項(＝自分)］

では，次の「…もそうだ」構文はどうであろうか．

(102) 太郎が妹をぶった．三郎もそうだ．

(102)はやはり二つの解釈ができる．ひとつは，太郎も三郎も話題となっている人，たとえば，正夫の妹をぶったという解釈である．他は，太郎も三郎もそれぞれ，自分の妹をぶったという解釈である．「…もそうだ」構文に関する(77)の「明意の同一性条件」を用いると，この事実は自然に説明できる．今，(102)の言語的意味表示(論理形式)として(103)が与えられていると仮定しよう．

(103) a.《太郎がαの妹をぶった．そして三郎もαの妹をぶった》
　　　b.《太郎$_i$がα_iの妹をぶった．そして三郎$_j$もα_jの妹をぶった》

まず，(102)の発話のコンテクストに応じて曖昧性が除去される．曖昧性除去によって(103a)が選ばれた場合，(103a)には自由変項αがあるため，語用論的操作である飽和が適用される．第1文に飽和が適用され，たとえば，《太郎が正夫の妹をぶった》のような明意が得られるとしよう．「明意の同一性条

件」に従って，(102)の第2文における「そうだ」は，第1文の明意の述語部分，すなわち《正夫の妹をぶった》を受ける．よって，(102)の発話は，(104)という解釈を明意として得ることになる．これは，厳密な同一性読みである．

(104)《太郎が正夫の妹をぶった．そして三郎も正夫の妹をぶった》

(103a)に登場する α は自由変項であるため，二つの α に異なる値を入れることも論理的には可能である．その場合は，《太郎が正夫の妹をぶった．そして三郎も花子の妹をぶった》のような読みが得られるであろう．しかし，(77)の「明意の同一性条件」はその可能性を正しくブロックしているのである．

一方，もし(102)の発話のコンテクストに応じて曖昧性が除去された結果，(103b)が選ばれた場合，(103b)には束縛変項しかないため，語用論的操作である飽和が適用されることはない．そこで，第1文の発話から，たとえば，《太郎が自分の妹をぶった》のような明意が得られる．「明意の同一性条件」に従って，(102)の第2文における「そうだ」は，第1文の明意の述語部分，すなわち《自分の妹をぶった》を受けるのであるから，(102)の発話は，(105)という解釈を明意として得る．これは，ゆるやかな同一性読みである．

(105)《太郎が自分の妹をぶった．そして三郎も自分の妹をぶった》

以上のように，「…もそうだ」構文に対する二つの解釈，厳密な同一性読みとゆるやかな同一性読みを，われわれの主張する(77)の「明意の同一性条件」と矛盾しないように説明するためには，(102)のような「…もそうだ」構文における第1文，すなわち，(99)の言語的意味表示（論理形式）として，(101a)の自由変項読みと(101b)の束縛変項読みの両方を仮定しておかなければならないのである．その点で，この議論は，(90)のような「…は良い」構文について，(92)の自由変項読みと(97)の束縛変項読みの両方を仮定しておく必要があるとする議論と本質的には同じなのである．

Falkum(2007)は，関連性理論の立場からgoodを含む発話の解釈を問題にしている．ファルカムは，われわれのように(90)が(92)と(97)で曖昧であるとは考えず，この種の「曖昧性」はすべて語用論的な解釈の問題と見なす．つまり，具体的なコンテクストのなかでgoodが用いられたとき，goodによって実に多様な概念が伝達されることに注目し，それを飽和ではなく，アドホック概念構築によって分析しようとした．ファルカムのgoodに対する分析をそのまま

日本語の「良い」にあてはめて述べると次のようになる．「良い」という語は，具体的なコンテクストに応じてたとえば，(106)のように適宜調整して解釈される．

(106) a. 《良い*》=《座るのに良い》
b. 《良い**》=《ドアの支えとして良い》
c. 《良い***》=《バリケードとして良い》
d. 《良い****》=《その上で体操をするのに良い》
e. 《良い*****》=《天井の電球を取り替える際の踏み台として良い》
f. 《良い******》=《寝るのに良い》

ここで，星印を付しているのは，「良い」の字義通りの意味《良い》がコンテクストに応じて伝達されるアドホック概念として調整された結果を表す．星印の数は，イコールの右に示したアドホック概念の違いを表すための省略記号である．ここで，(77)の「明意の同一性条件」を仮定しよう．この条件に従えば，ファルカム流の分析では(107)に対する解釈として，(108)は可能であるが，(109)は不可能であることを予測する．

(107) この椅子は良い．あのベッドもそうだ．(=94)
(108) a. 《この椅子は良い**．あのベッドも良い**》
b. 《この椅子は良い***．あのベッドも良い***》
c. 《この椅子は良い****．あのベッドも良い****》
d. 《この椅子は良い*****．あのベッドも良い*****》
(109) a. 《この椅子は良い**．あのベッドも良い****》
b. 《この椅子は良い***．あのベッドも良い**》
c. 《この椅子は良い****．あのベッドも良い*》
d. 《この椅子は良い*****．あのベッドも良い**》

なぜなら，(107)の第2文における「そうだ」は，「明意の同一性条件」に従えば，第1文の発話が表す明意の述語部分を受けるのであるから，第1文と第2文で同一のアドホック概念が構築されていると見なすことができるからである．この予測は正しい．たとえば，(108b)は(95)を表し，可能な解釈であるが，(109b)は(110)を表し，不可能な解釈である．

(95) 《この椅子はバリケードとして良い．あのベッドもバリケードとして良い》

(110) 《この椅子はバリケードとして良い．あのベッドもドアの支えとして良い》

同様に，ファルカム流の分析は，(107)に対する(111a)の読み，すなわち(111b)のような読みをも可能とする．

(111) a.《この椅子は良い*．あのベッドも良い*》
b.《この椅子は座るのに良い．あのベッドも座るのに良い》

たしかに，(107)にこのような読みが可能であることは否定できない．実際，(107)について，この椅子とあのベッドがともに座るのに適しているという解釈はコンテクスト次第で可能であるからである．しかし問題は，ファルカム流の分析では，(107)が家具屋を訪れた客がいろいろな家具を物色しているコンテクストで使用されたときに浮き彫りになるもう一つの重要な読み，すなわち(96)のような「ゆるやかな同一性読み」を不可とする間違った予測をしてしまうという点にある．

(96) 《この椅子は，座るという本来の機能を果たすという点で良い．あのベッドも寝るという本来の機能を果たすという点で良い》

なぜなら，(96)の読みをアドホック概念構築を用いて導くためには，(107)の第1文の述語「良い」と第2文の述語「そうだ[＝良い]」とで(112)のように，異なるアドホック概念を構築しておかなければならないからである．

(112) 《この椅子は良い*．あのベッドも良い******》

ところが，このような操作は，「明意の同一性条件」に明らかに違反する．つまり，「良い」に対するファルカム流のアドホック概念構築による分析では(108)のような厳密な同一性読みは捉えることができても，(96)のようなゆるやかな同一性読みを捉えることができないのである．一方，上述のごとく，(90)について，(92)と(97)の曖昧性を意味論レベルで認めるわれわれの立場では，厳密な同一性読みとゆるやかな同一性読みとの両方を正しく捉えることができるのである．もし以上のわれわれの考察が正しいならば，「良い」を含む

構文については,「良い」に対するアドホック概念構築によるファルカム流の説明よりも,この構文の意味レベルに曖昧性を認定し,複数の言語的意味表示(論理形式)を仮定した上で,その一つの言語的意味表示についてのみ飽和という語用論的操作を適用する,といったわれわれの説明の方が優れているといえよう.このように,意味論研究を深めることは,認知語用論(関連性理論)におけるファルカム流の説明の妥当性を検証することにもつながるのである.

6.5 語用論はどこまで意味論から自由であるか[8]

本章では,これまで,語用論研究と意味論研究の接点の問題をいくつか考えてきた.特に,最近の語用論研究の成果をふまえることによってはじめて,文の言語的意味の豊かさが浮き彫りにされる例を見てきた.本節では,逆に,意味論側から語用論的操作に対して重要な制約が課されるケースがあるということを述べる.

6.5.1 明意構築に働く四つの語用論的操作

第3章 3.1.3.1 で述べたように,認知語用論(関連性理論)の現行の仮説では,明意の導出にかかわる語用論的プロセスに(113)の四つのタイプがあるとされていた.

(113) a. 曖昧性除去
　　　b. 飽和
　　　c. アドホック概念構築
　　　d. 自由補強

本節では,「語用論的プロセスが言語的制約のもとにあるかどうか」という観点から,この四つのプロセスを整理し,(113d)の自由補強が他の三つのプロセスとは本質的に異なる「純粋に語用論的なプロセス」であることを確認する.

まず,(113a)の曖昧性除去は,曖昧な言語表現がもつ可能な読みのなかから,話し手が伝達しようと意図した一つの読みを選び出すという語用論的操作である.たとえば,第5章で例にあげた(114)は①と②の二つの意味をもち曖昧であった.

(114) 良寛さんが好きな子供たちがやってきた．（＝第5章(36)）
　　　① 《良寛さんガ好いている子供たちがやってきた》
　　　② 《良寛さんヲ好いている子供たちがやってきた》

曖昧性除去はこれら複数の意味のいずれかを選択するわけであるから，語用論的解釈の可能な候補は言語体系からすでに与えられており，その意味で解釈の範囲は言語の側から制限されていることはいうまでもない．また，(114)の発話によって伝達される命題を同定するためには曖昧性除去を適用しなければならないという意味で，曖昧性除去は言語的に義務付けられたプロセスである．

次に，ある種の言語表現は，適切な値が補充される必要があることを明示的ないし非明示的に示している．(113b)の飽和は，このような値をコンテクストから供給する語用論的操作である．たとえば(115)の発話で伝達される命題を同定するためには，(115)における下線部の意味に内在している変項 x の値をコンテクストから埋めなければならない．

(115) a. この論文は長すぎる．［x にとって長すぎる］
　　　b. 太郎の本を読んだ．［太郎と関係 x にある本］
　　　c. 作者はまだ学生だ．［x の作者］

さらに，(116a)の発話で伝達される命題を同定するためには，その言語的意味表示(116b)におけるインデックス x, y, z に適切な値を付与する必要がある．これも「飽和」の操作である．

(116) a. 昨日，太郎が彼女をぶった．
　　　b. 《昨日$_x$，太郎$_y$ が彼女$_z$ をぶった》

いずれの飽和のプロセスも言語的に義務付けられたプロセスである．ただし，おなじ「飽和」といっても，(115)の場合は，概念を固める作業であるのに対して，(116)の場合は，「昨日」「太郎」「彼女」のような指標概念に指示対象を付与する作業であり，作業の中身は大きく異なることに注意しよう．

一方，(113c)のアドホック概念構築は，(117)の下線部の語彙概念をコンテクストに応じて調整し，それを適切な概念に置き換える語用論的操作である．この操作の結果，コード化されている語彙概念と異なる概念が伝達されうる．

(117) a. 山田代議士は鈴木大臣の右腕[*]だ．

　　　　　b. こんな大学は大学*ではないよ．

　アドホック概念構築は，この操作を加えなければ完全な命題が得られないという性格のものではないという点で言語的に義務付けられた操作ではない．しかし，アドホック概念構築がもたらす解釈の可能な範囲は，もとの語彙概念について聞き手の側がもっている言語的・百科全書的な知識によって制約されている，という点に注意すべきである．つまり，(117)における右腕*や大学*は「右腕」や「大学」の字義通りの意味から無縁ではないのである．

　これまでに見てきた三つのタイプの語用論的プロセスはいずれも，言語的制約のもとにある．ここで，「言語的制約」という概念について整理しておこう．語用論的プロセスPが言語的制約のもとにあると言えるのは，次の二つの意味においてである．

(118) a. Pは言語的に義務付けられたプロセスである．すなわち，Pは，問題となっている言語表現が使用されるあらゆるコンテクストにおいて遂行されなければならない．もしPを遂行しなければ，当の言語表現を含む文の発話は完全な命題を表現しない．
　　　b. Pを適用した結果，伝達される解釈の候補は，(i)言語体系によって与えられる，もしくは，(ii)論理形式(言語的意味表示)に現れるコード化された概念と結びついた言語的・百科全書的知識によって与えられる．

　曖昧性除去は，(118a, b)のどちらも満たす．飽和は，(118b)は満たさないが，(118a)を満たす．アドホック概念構築は，(118a)を満たさないが，(118b)を満たす．このような(118)の意味において，これら三つのタイプの語用論的プロセスは，言語的制約のもとにあると言えるのである．これに対して，自由補強は，一切の言語的な義務付けなしに論理形式に新たな概念をつけ加えるという語用論的な操作である．たとえば，(119)の各文の発話に対する解釈は，適切なコンテクストにおいて，矢印の右側で示すように[　]内の要素を伴いうるであろう．

(119) a. 学生が皆いなくなった．
　　　　→《[さっきまでこの教室にいた]学生が皆いなくなった》
　　　b. 雨が降ってきた．

　　　　→《雨が[ウィンブルドンで]降ってきた》
　　c. 私は昼食を済ませました．
　　　　→《[30分ほど前]私は昼食を[会社の食堂で]済ませました》

これら[　]で示された要素は，発話の明示的な内容の一部をなしているが，飽和の場合とは異なり，それがなくては完全な命題が手に入らないという性格のものではない．したがって，自由補強は，(118a)の条件を満たしていない．さらに，自由補強によって新たに付加される概念は，論理形式上の語彙概念が引き金となって得られるものではない．つまり，コンテクストが与えられない限り，いかなる要素を補充すべきか言語の側ではまったく予測できないのである．したがって，自由補強は，(118b)の条件も満たしていない．ゆえに，自由補強は，(118a)と(118b)のいずれの意味においても，言語的な制約のもとにあるとは言えない．自由補強は，言語の側からの要請もなければ，解釈の幅にいかなる制約もないところで，論理形式上に新たな概念を付加するという，その意味で「純粋に語用論的なプロセス」なのである．以上を整理すると次の表のようになる．

(120) 語用論的操作と言語的制約

語用論的操作	義務的かどうか (118a)	解釈の幅に言語的制約があるか (118b)
曖昧性除去	YES	YES
飽和	YES	NO
アドホック概念構築	NO	YES
自由補強	NO	NO

この表が示唆するところでは，自由補強が働く際，言語的なコントロールは一切なく，語用論的な原理（認知的関連性原理）による制約を受けるだけであるように思われるかもしれない．しかし，実はそうではないのである．西山・峯島(2006)，Nishiyama and Mineshima (2005, 2007a, b, 2010) は，自由補強についても言語の意味論側からの強い制約が課せられていることを論証した．以下，その要点を述べる．

6.5.2 措定コピュラ文と叙述名詞句

第5章で述べたように,「AはBだ」(A is B)の形式をもつコピュラ文は少なくとも措定文の読みと倒置指定文の読みをもつ.その要点を整理すると以下のようになる.まず,コピュラ文「AはBだ」が措定の解釈を受けるのは,(121)のように,Aが指示的名詞句であり,Bが叙述名詞句であるときであった.Bの位置に現れている「画家」「天才」「この村の村長」は叙述名詞句であり,対象を指示せず,属性を表すという意味において,非指示的名詞句である.そして文全体は,(122)に示すように,Bで表された属性をAに帰すということを表している.(123)のごとく,英語のA is Bも同様である.

(121) a. 太郎は画家だ.
　　　 b. 花子は天才だ.
　　　 c. あの人はこの村の村長だ.

(122)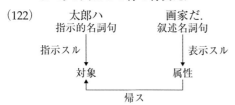

(123) John is a painter.

一方,コピュラ文「AはBだ」が倒置指定の解釈を受けるのは,(124)のように,下線部のAが命題関数を表す名詞句(変項名詞句)であり,Bが変項を埋める値を表す名詞句であるときであった.

(124) a. <u>犯人</u>ハあの男だ.(＝あの男ガ<u>犯人</u>だ.)
　　　 b. <u>花子の故郷</u>ハ,青森だ.(＝青森ガ<u>花子の故郷</u>だ.)
　　　 c. <u>父の好物</u>ハおはぎだ.(＝おはぎガ<u>父の好物</u>だ.)
　　　 d. <u>この会社の定年</u>ハ60歳だ.(＝60歳ガ<u>この会社の定年</u>だ.)
　　　 e. <u>この火事の原因</u>ハ漏電だ.(＝漏電ガ<u>この火事の原因</u>だ.)

たとえば,倒置指定文(124a)は,(125)が示すように,[xが犯人である]における変項xの値を[あの男]で埋めるという関係を表している.

(125)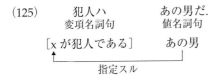

なお，(125)のような倒置指定文「A は B だ」は，(126)のような指定文「B が A だ」と同じ意味を表す．(127)のごとく，英語の A is B も同様である．

(126)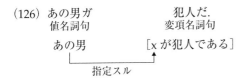

(127) a. *The bank robber* is John.（＝John is *the bank robber*.）
　　 b. *The cause of the riot* was John's article.（＝John's article was *the cause of the riot*.）

6.5.3　叙述名詞句と自由補強

自由補強の適用可能性に関して，指示的名詞句と叙述名詞句とのあいだにコントラストが存在することに注意しよう．まず，「画家」という名詞が指示的名詞句として現れる(128a)を見よう．

(128) a. 画家がいなくなった．
　　 b. 《[この村に住んでいる]画家がいなくなった》

いま，ある村で会合が開かれ，それに参加していた村人である画家が会合の途中で姿を消したとしよう．この状況で，村長の花子が(128a)を発話したとする．このとき，語用論的な理由だけに基づいて，(128a)を(128b)の命題を表現するものとして解釈することは自然だろう．つまり，(128a)の「画家」に対して[ ]の要素[この村に住んでいる]を自由補強によって拡充して理解しているのである．このことは，自由補強が指示的名詞句に対して適用可能であることを示している．

では今度は，「画家」が叙述名詞句として現れる文を見よう．いま，村長の花子が，村の住人について話をしているときに，(129a)を発話したとしよう．

このような場合，(129a)の発話を，[ ]の要素を自由補強し，(129b)で示される明意を表現するものとして解釈することは不可能であろう．

(129) a． 太郎は画家だ．
　　　b． 《太郎は[この村に住んでいる]画家だ》

実際，(129a)における「画家」がコード化している概念が自由補強によって拡充されるようないかなるコンテクストも想像することは不可能である．このことは，次の議論によって確認することができる．ある酒場で何人かの画家がテーブルを囲んでビールを飲んでいるとしよう．そのうち彼らがみな笑い始めたとする．この状況で，それを見た花子が(130a)を発話したとしよう．

(130) a． 画家がみな笑い出した．
　　　b． 《[あのテーブルでビールを飲んでいる]画家がみな笑い出した》

このとき，花子の発話は真であろう．この場合，(130a)の発話は，[ ]の要素を補強し，(130b)で示される命題を表現するものとして解釈されている．さもなければ，世界中の画家がみな笑い出したわけではない以上，花子の発話は偽となってしまうであろう．

これを次のケースと比較しよう．花子があるパーティーに参加し，そこでワインを飲んでいる画家を探しているとしよう．花子は，何人かの画家がテーブルを囲んでビールを飲んでいるのを見つけたが，彼らがワインを飲んでいないことに気づいたとしよう．この状況で，花子が(131a)を発話したとしよう．

(131) a． あそこにいる人々は，画家ではない．（偽）
　　　b． 《あそこにいる人々は，[ワインを飲んでいる]画家ではない》(真)

このとき，花子の発話(131a)は明らかに偽である．あそこにいる人々は実際に画家であるからである．しかし，語用論的には，たとえば，(131a)の「画家」が表す概念に自由補強を施して，(131b)のような真なる命題を花子が伝達していると見なすこともできたはずである．実際，ワインを飲んでいる画家を探しているというこのコンテクストでは，関連性理論に従えば，そのように解釈するのが聞き手にとってアクセスもしやすいし，もっとも認知効果のある解釈であったはずである．それにもかかわらず，このコンテクストでは聞き手は誰も花子の発話を(131b)のように[ ]の要素を自由補強して読もうとはしない

のである.むしろ,聞き手は,花子の発話(131a)を端的に偽の発話をしたと判断するだけである.聞き手は,(131a)の発話に対して,(131b)のように,「画家」に自由補強を適用することによって明らかに関連性が高まるにもかかわらず,このような語用論的操作を適用しないのである.この事実は,(131a)における「画家」のような属性を表す概念には,自由補強がもともと適用不可能であることを裏付けている.このことの理論的意義はすこぶる大きい.なぜなら,自由補強という純粋に語用論的な操作の適用を阻止するという事実が語用論上の理由に求められるのではなくて,この表現が叙述名詞句であるという点,すなわち属性表現という意味機能を果たしているという純粋に意味論上の理由に求められるからである.この点で,(130a)と(131a)とのあいだにははっきりとしたコントラストがある.(130a)の場合,指示的名詞句「画家」がコード化している概念を自由補強により拡充することによって,発話を真と見なすことが可能である.一方,(131a)の場合,叙述名詞句「画家」がコード化している概念を自由補強によって拡充して,発話を真と見なすことはもともと不可能なのである.それは,自由補強は,指示的名詞句には適用可能であるのに対して,叙述名詞句には適用不可能だからなのである.以上から,西山・峯島(2006),Nishiyama and Mineshima(2005, 2007a, b, 2010)は次の仮説を立てた.

(132) **自由補強に対する意味論的制約仮説**
   a. 叙述名詞句を解釈する際,自由補強は阻止される.
   b. 叙述名詞句以外の名詞句(指示的名詞句や変項名詞句)を解釈する際,自由補強は適用可能である.
   c. 自由補強以外の操作(曖昧性除去,飽和,アドホック概念構築)は,叙述名詞句にも適用可能である.

(132)の仮説は,自由補強という語用論的操作の適用可能性に対して意味論的な制約が存在することを述べている.この仮説によれば,自由補強が名詞句の解釈に適用可能であるかどうかは,問題となっている名詞句が文中でどのような種類の意味機能を担っているかに依存して決まるのである.つまり,文中の名詞句が叙述名詞句であるかどうかが,自由補強という語用論的操作にとっては決定的に効いてくるのである.とりわけ,(132a)は,措定文は自由補強という純粋に語用論的な操作が絶対に侵入できない位置を含んでいることを意味する.注意すべきは,自由補強以外の語用論的プロセスには同じことが当てはま

らないという点である．たとえば，次の文はいずれも措定文であり，下線部は叙述名詞句である．

(133) a. あれは<u>小さな女の子の学校</u>だ．
    ［(小さな女の子)の学校/小さな(女の子の学校)］(曖昧性除去)
  b. 豊臣家は<u>敵</u>ではない．［徳川家の敵］(飽和)
  c. これは<u>良い辞書</u>だ．［枕にするのに良い辞書］(飽和)
  d. ぼくは今週，<u>独身</u>*だ．［妻に束縛されないで自由］(アドホック概念構築)

これらの文の発話の解釈は，しかるべきコンテクストが与えられれば，曖昧性除去，飽和，アドホック概念構築という語用論的プロセスを用いることで，[ ]で示された要素を読み込むことができる．このことは，自由補強だけが叙述名詞句の解釈に適用されないという点において，自由補強は他の三つのタイプの語用論的プロセスから根本的に区別されることを示している．自由補強はもっとも「純粋に語用論的なプロセス」と見なされているだけにこの区別は意味論と語用論の関係を考える上できわめて重要であるといえる．

6.5.4 予想される反論と応答

もっとも上の議論に対しては次のような反論があるかもしれない．今，村長の花子が，来客に，その村に住んでいるピアニスト，画家，陶芸家，書家など多くの芸術家を紹介している，という状況で(134)を発話したと仮定しよう．

(134) この方は画家です．

聞き手である来客は(134)の発話を(135)のように，[ ]の要素を補強して理解するのが自然であろう．

(135)《この方は[この村に住んでいる]画家です》

これは一見，叙述名詞句に自由補強が適用されているケースのように思われるかもしれない．したがってここに仮説(132a)に対する反例を見ることができそうである．この反論はどこまで妥当であろうか．たしかに，(134)の発話の聞き手(来客)は，この発話から(135)を理解するのは事実だとしても，(135)は(134)の発話の明意であろうか．実は相手の発話を聞いて理解する内容すべて

が明意とは限らないことに注意すべきである．筆者の考えでは，(135)は(134)の発話の明意ではなく，むしろコンテクスト的含意と見なすべきである[9]．なぜなら，上のコンテクストにおいては村長が来客に，その村に住んでいる芸術家や文化人を紹介しているのであるから，(134)の主語名詞句の指示対象がその村に住んでいる人だと考えるのは当然である．つまり，(134)の発話を聞いた来客は(136)のような推論をおこなっているのである．

(136) a. この方はこの村に住んでいる人です．
 b. この方は画家です．（＝134）
 c. ∴この方はこの村に住んでいる画家です．

ということは，(135)は(134)の発話の明意ではなくコンテクスト的含意なのである．一方，自由補強はあくまで明意を構築するための操作であるから，(136)のような推論を聞き手がするからといって，明意の構築過程で(135)の[　]の情報を自由補強によって拡充していると考える必要はない．

このことは，(134)のかわりにその否定文を考えれば一層はっきりするであろう．今，村長の花子が，来客に，その村に住んでいるピアニスト，画家，陶芸家，書家など多くの芸術家を紹介しているという同じ状況で次の会話がおこなわれたと仮定しよう．

(137) a. 来客：あの方は画家ですか．
 b. 村長：あの方は画家ではありません．

(137b)の発話が表す明意は(138a)ではなくて(138b)であることは明らかである．

(138) a. 《あの方は[この村に住んでいる]画家ではありません》
 b. 《あの方はこの村に住んでいるが，画家ではありません》

村長による(137b)の発話を誰も(138a)のように[　]の要素を自由補強して解釈することはしないであろう．もちろん，語用論の原理(認知的関連性原理)が働いているだけだとすれば(138a)の解釈も十分可能なのであるが，実際は誰もそう解釈せず，(138b)の方の解釈をするのである．ここでも，叙述名詞句「画家」には自由補強が適用されないとする仮説(132a)が正当化されるといえる．

仮説(132)に対する別の可能な反論として次のような議論もあるかもしれない．1964年に開催された東京オリンピック当時のことを話題にしているコンテクストにおいて，ある人が(139)を口にしたとしよう．

(139) 太郎の妻は小学生だった．

(139)の発話を聞いた人は(140)を明意として解釈するのが自然であろう．

(140)《太郎の妻は，[東京オリンピック当時は]小学生だった》

(140)において，[　]の要素[東京オリンピック当時は]が「小学生」を拡充しているので，これはまさに自由補強が叙述名詞句「小学生」に適用されているケースであり，ここに仮説(132a)に対する反例を見ることができる——と．

この議論では，(140)における[東京オリンピック当時は]が叙述名詞句「小学生」を自由補強によって限定して「小学生」の概念を拡充していると見なしているがこれは間違いである．[東京オリンピック当時は]は，「小学生」という概念に付加されているのではなくて，「小学生だった」という動詞句全体に付加されているのである．つまり，[東京オリンピック当時は]は叙述名詞句「小学生」の概念を限定しているのではなく，「小学生」の表す属性概念が主語名詞句「太郎の妻」の指示対象に帰される過程でその時間を限定しているだけなのである．その証拠に，(139)の発話の明意を(140)の代わりに(141)の形で表示しても一向さしつかえないのである．

(141)《東京オリンピック当時は，太郎の妻は小学生だった》

要するに，これは叙述名詞句「小学生」自体に自由補強が適用されたケースではないので，仮説(132a)に対する反例ではないのである．

仮説(132)に対するもう一つ考えられる反論は次のような議論である．今，新宿駅西口で銀行強盗が逮捕され，新宿警察署に連行されたとしよう．その事実は翌朝，新宿警察署に出勤してきた警察官のあいだでも大きな話題になり，警察官同士の会話で，(142)が発話されたとしよう．

(142) おい，見ろ！　あの男ガ銀行強盗だ．

この場合，聞き手は(142)の2番目の発話の明意を(143)のように解釈するのが自然である．

(143)《あの男ガ [昨日, 新宿駅西口で新宿警察署員によって逮捕された] 銀行強盗だ》

(143)において, [ ]の要素が「銀行強盗」を拡充しているので, これはまさに自由補強が叙述名詞句に適用されているケースであるように思われる. したがって, ここに仮説(132a)に対する反例を見ることができる——と.

しかしこの議論も成立しない. なぜなら, (142)の第2文は実は措定文ではなくて指定文だからである. それは, 「AハBだ」ではなくて「AガBだ」となっていることからも明らかである. つまり, (142)の第2文の意味構造は, 概略(144)のようなものである.

(144) あの男ガ　　　　　　銀行強盗だ.
　　　値名詞句　　　　　　変項名詞句

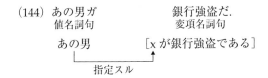

したがって, (142)の第2文における「銀行強盗」は叙述名詞句でなく変項名詞句にほかならない. そして, 仮説(132a)は, 「叙述名詞句を解釈する際, 自由補強は阻止される」と述べており, 仮説(132b)において「変項名詞句を解釈する際, 自由補強は適用可能である」と述べているのである. したがって, (142)の2番目の発話の明意が(143)のように解釈されるとしても, それは, 仮説(132)に対する反例にはならないのである.

6.5.5 対象志向的な概念と自由補強

ではなぜ自由補強は叙述名詞句の解釈において阻止されるのであろうか. この問いに答えるには, 対象志向的な概念と対象志向的でない概念との違いに注意する必要がある.

まず, 指示的名詞句は典型的な対象志向的な概念である. 指示的名詞句の機能は, 話し手が話題にしようとしている対象を選び出すことにある. 話し手は通常, 指示的名詞句を用いる際, 話し手が意図した指示対象を一意的に決定できるような完全な表現を選択する必要はない. むしろ, 聞き手の側の発話解釈能力を前提にして, 話し手が意図した指示対象を聞き手が選び出すのに十分な程度の(不完全な)表現を選択するのである. 話し手が用いる表現は, 聞き手が

指示対象を選び出すための手がかりの一つにすぎないからである．ということは，聞き手側からすれば，話し手が意図した対象を選び出すのに十分な情報を与えるような概念を自分で付加する必要があることを意味する．この場合，「概念を付加する」といっても，対象を選び出すという目的にとっては，与えられた概念をより特定化するような付加でなければならない．これが，自由補強という語用論的操作にほかならない．したがって，自由補強の操作によって，言語的にコード化された概念を狭める (narrowing) ことはあっても，それを緩める (loosening) ことはできないのである．その点，アドホック概念構築は，概念を狭めることも緩めることも可能であるので，自由補強と大きな違いがある．

なお，6.5.4 の最後で述べたように，変項名詞句は非指示的名詞句であるにもかかわらず自由補強は適用可能であった．これは，変項名詞句が，変項の値の充足を通して世界と関わり，その意味で対象志向的な概念であるからである．

一方，叙述名詞句が表す概念は対象志向的な概念ではない．なぜなら，叙述名詞句が表す概念は主語名詞句の指示対象に帰される性質概念として機能するからである．たとえば，(145) における「画家」の意味機能は，「太郎」の指示対象を特徴づけることにあって，聞き手に話し手が意図した対象を選び出させるという役割をもつものではない．

(145) 太郎は画家だ．（= 121a)

つまり，叙述名詞句「画家」が表す概念は，対象志向的なものではない．したがって，叙述名詞句の解釈に際して，聞き手がおこなわなければならないことは，叙述名詞句がいかなる概念を表しているのかを決定することに尽きる．そのためには，聞き手は，叙述名詞句をコード解読し，必要とあらば，言語的制約のもとにある語用論的プロセス——すなわち，曖昧性除去，飽和，アドホック概念構築——を働かせることで十分である．それゆえ，話し手は，(146) のような明意を表すことを意図して，(145) を用いるわけにはいかないのである．

(146) a.《太郎は[この村に住んでいる]画家だ》
    b.《太郎は[花子より上手な]画家だ》
    c.《太郎は[次郎があこがれている]画家だ》

したがって，叙述名詞句の存在が自由補強の適用を阻止するのである．自由補

強は，対象志向性という，表現が命題において果たす意味機能に制約されるという点で，他の三つのタイプの語用論的プロセスとは本質的に異なる性格をもつ．曖昧性除去，飽和，アドホック概念構築は，特定の種類の言語表現や語彙概念が引き金となって，言語的制約のもとで引き起こされる語用論的プロセスである．これに対して，自由補強を駆動するのは，特定の種類の言語表現や語彙概念ではなく，命題の意味構造のなかで規定される，対象志向性という機能を有する概念にほかならない．聞き手は，論理形式上に対象志向性という機能をもつ概念(たとえば，指示的名詞句が表す概念)を見つけ出し，必要に応じてそこに新たな概念を付け加えていくのである．そして，自由補強は，対象志向的な概念を狭めるプロセスとしてのみ働くのである．以上を整理すると次のようになる．

(147) a. 自由補強は，対象志向的な概念に対してのみ適用可能．
    b. 自由補強は，概念を狭めるプロセスである．
    c. 自由補強は，属性概念には適用できない．
(148) a. **指示的名詞句**：聞き手に話し手が意図した対象を選び出させるという機能をもつ対象志向的な概念を表す．話し手が用いる言語表現は，聞き手が指示対象を選び出すための手がかりでしかない．
    b. **変項名詞句**：非指示的名詞句であるが，変項の値の充足を通して世界と関わり，対象志向的な概念を表す．
    c. **叙述名詞句**：主語名詞句の指示対象に帰される性質概念を表し，対象志向的な概念を表さない．聞き手は，叙述名詞句がいかなる概念を表しているかを言語的コントロールのもとに決定する必要がある．

ここで注意すべきは，このように，「自由補強に意味論的制約がある」と主張することは，自由補強という語用論的操作の存在そのものを否定することにはつながらないという点である．もっとも，語用論に対して「文の言語的意味の側からの要請がない限り語用論的操作は働かない」と見なし，自由補強の存在を否定する立場もある．これは**指標主義**(Indexicalism)とよばれ，Stanley (2000, 2002), Stanley and Szabó (2000)らが主張している立場である．この立場からすれば，あらゆる名詞句が隠れた指標(hidden indexicals)をもつのであり，発話の明意の決定に関わる語用論的操作は曖昧性除去と飽和に限るとされる．

それに対して，標準的な関連性理論では，発話の明意の決定に関わる語用論的操作には自由補強が不可欠であるとしている[10]．この立場は，**文脈主義**(Contextualism)とよばれる．筆者は，文脈主義の立場に立つものであるが，標準的な関連性理論において自由補強が言語的にコントロールされていないと見なしている点に異を唱えているわけである．自由補強のプロセスが文の論理形式におけるどのような位置にかかりうるのかということに関して，(147)のような意味論的制約が存在するとすれば，その理論的意味はすこぶる大きい．文中での名詞句の意味機能——つまり，その名詞句が対象志向的な概念を表すか否か——が，明意の導出の方法をコントロールするという点で意味論が語用論に強い制約を課しているからである．

6.5.6　言語的(意味)決定不十分性のテーゼについて

最後に，6.5.5 での考察と，第 3 章 3.1.3 で述べた「言語的(意味)決定不十分性のテーゼ(linguistic underdeterminacy thesis)」との関係について述べておこう．言語的(意味)決定不十分性のテーゼは Carston(2002)によって明確なかたちで提示されたものであるが，その要点は以下のとおりである．

(149) **言語的(意味)決定不十分性のテーゼ**：言語的にコード化された文の意味は，発話の表出命題を十分に決定するものではない．

このテーゼのいわんとするところはこうである．発話で用いられた文の言語的意味表示(論理形式)は，不完全なものであり，発話者の思考を断片的に表示するものにすぎない．文の言語的意味は，発話の表出命題や明意を十分に決定するものではない．人は，文を発話することで，その文が言語的にコード化している情報よりもはるかに多くの思考を伝達することができるのである．

このようなカーストンの主張に反対する理由はどこにもない．ただ，「叙述名詞句の存在が自由補強の適用を阻止する」という 6.5.3 の主張は，言語的(意味)決定不十分性のテーゼが成り立つ範囲に対して文法的な制約が存在することを主張しているのである．現行の関連性理論では，言語的(意味)決定不十分性のテーゼは，文中の指示的な位置の要素であれ，述語的な位置の要素であれ，一様に当てはまると想定されている．たとえば，Carston(2002: 40)は，次のように主張する．

(150) ……自然言語の表現は，それを用いて指示しうる対象を唯一的に決定しないだけでなく，それを用いて対象に述語付けられる属性や関係をも本来的に十分に決定しないと考えられる．

しかしながら，6.5.3 の考察が示すように，言語的(意味)決定不十分性のテーゼの適用可能性に関して，指示的名詞句/変項名詞句と叙述名詞句とのあいだにはコントラストがある．つまり，叙述名詞句は，自由補強を阻止するという意味において，その限りで意味論的に決定した(semantically determinate)概念を表すのである．したがって，措定文は，その文法構造上，純粋に語用論的なプロセス(自由補強)が侵入できない位置を含んでいるわけである．もしわれわれの以上の議論が正しいならば，言語的(意味)決定不十分性のテーゼには，この意味で重要な注釈が付される必要があると言わざるを得ない．

6.6 意味の科学へ向けて

本章では，第 3 章で述べた認知語用論(関連性理論)がその力を十分に発揮するためには，各文に対する言語的意味をきちんと押さえておくことが不可欠だということ，そして，文の言語的意味表示(論理形式)の中身は，その文の発話の明意を考慮することによって逆に明確になるということをいくつかの具体例で見てきた．要するに，認知語用論(関連性理論)を仮定することによってはじめて，文自体の意味表示とはいかなるものかが浮き彫りにされるケースが少なくないのである．6.3 節で論じたウナギ文の意味構造も，また 6.4 節で論じた do so テストの問題点も，また，「…は良い」構文の曖昧性も，現代の認知語用論(関連性理論)の研究成果があったからこそ，「明意を可能にする文の論理形式としていかなる表示を仮定すべきか」という観点から考察が進んだ具体例にほかならない．その意味で現代の認知語用論(関連性理論)の研究が意味論に与えるインパクトは多大なものがある．つまり，妥当な語用理論を背景に備えておくことは，意味論研究にとってもきわめて重要なのである．

それと同時に，6.5.5 で述べたように，従来，「純粋に語用論的なプロセス」と見なされてきた自由補強についても，その駆動には，文中での名詞句の意味機能の観点から強い制約が課せられているという事実は意味論研究が認知語用論(関連性理論)の研究に与える重要な理論的インパクトといえる．さらに，

6.5.6 で述べた認知語用論(関連性理論)におけるもっとも基本的な主張である言語的(意味)決定不十分性のテーゼに対しても，このテーゼが成立する範囲に関して意味論上の制約があるということは，意味理論と語用理論の双方にとって重要であるばかりか，人間のことばに関わる認知能力全体を考える上でもきわめて興味深いことである．しかしながら，このように意味論研究と語用論研究とのあいだに密接な関係があるということは，(151)のような主張にコミットすることをなんら意味しない．

(151) a. 意味論と語用論の区別はもともとはっきりしない．
b. 言語表現の意味をコンテクストにおけるその表現の具体的な使用から独立のものとして規定しようとする試みはナンセンスである．
c. ことばの具体的な使用から切り離したレベルでの言語表現自体の意味なるものは存在しない．

本書は(151)の主張にすべて反対する立場をとる．むしろ，本書のように，意味論と語用論を峻別する立場に立つからこそ，意味論研究と語用論研究とのあいだの関係がより明確になってきたのであり，また本書で述べたような意味論と語用論の接点にかんする興味深い指摘も可能となったのである．そもそも意味理論は言語能力を説明するモデルであり文法の一部である．一方，語用理論は発話解釈能力を説明するモデルであり，「話し手の意図を読む能力」つまり，他人の心を読む能力の特殊ケースについてのモデルにほかならない．両者とも人間の認知能力のモデルではあるが，互いにまったく別のモジュールに属することは明らかであろう．このような異なったモジュールの研究はそれぞれ独自の原理と規則によって支えられており，それぞれの理論研究と実証研究に裏打ちされたものでなければならない．と同時にそれらモジュールのあいだの相互関係も正しく規定され，全体として整合的でなければならない．

本書のタイトルは，「ことばの意味とはなんだろう」である．多くの読者は，「結局，ことばの意味とはなんだろう，よくわからない」といぶかしく思われるかもしれない．6.1節で述べたように，普通，言語表現Sの意味というと，Sが発話されたときの話し手の意味，つまりSの発話が表す明意や暗意を思い浮かべることが少なくない．なぜなら，明意や暗意は具体的なものであり，誰にでもアクセスしやすいし，直観にも訴えやすいからである．そのこと自体は結構である．しかし，もしことばの意味の考察がこのレベルに留まっていたな

らば，意味の科学的研究は先に進まないであろう．発話の明意や暗意といわれているものはそもそも何であろうかという問いを科学的に追究していくならば，必然的に，「S自体の言語的意味」というきわめて抽象的な，目に見えない構造を文の背後に仮定するところまで行き着くのである．というよりも，S自体の言語的意味という抽象的なレベルを仮定しないでは，発話の明意や暗意を科学的に説明できないのである．

　では，そのようなS自体の言語的意味とはいかなるものであろうか．その一端は，第4章において曖昧な語や句を例にして，また第5章および第6章において曖昧な文を例にしてその言語的意味表示(論理形式)として述べたつもりである．しかし，本書で述べたそれらの言語的意味表示(論理形式)はあくまですべて経験的仮説であり，それがどこまで正しいかは，究極的には妥当な意味理論が判定してくれるものであるという点の認識は重要である．したがって，「ことばの意味とはなんだろう」に対する本当の答えは，実は，妥当な意味理論が教えてくれるということになる．

　では，そもそも妥当な意味理論とは何であろうか．それは，たんに意味理論の内部だけで決まるものではなく，語用理論，統語理論，さらには音韻理論との関係で，妥当な言語理論全体のなかで経験的に決まるものなのである．科学的な意味理論は妥当な言語理論における他の下位理論と整合的なものでなければならないからである．ということは，「ことばの意味とはなんだろう」に対する究極の答えは妥当な言語理論が教えてくれるということになる．このことを十分念頭において，ことばの意味を科学的にどこまでも深く追究していく営為こそ，「意味を科学する」ということにほかならない．本書はその営為の一端を紹介したものである．

▶ 注

1) この点について詳しくは，西山(2003: 206-209)を参照されたい．
2) その点で，ここでいう文の言語的意味表示としての論理形式は，生成文法理論でいうLF表示から区別すべきである．生成文法理論でいうLF表示には，たとえば，「指示的名詞句」「叙述名詞句」「変項名詞句」「値名詞句」などの意味機能に関する表示は無縁であるし，名詞の飽和性に関する表示も無縁である．
3) 池上(1981: 36-37)．
4) この点についてさらに詳しい議論はNishiyama and Kajiura(2010)を参照．
5) もちろん，第3章3.1.3.1で述べたように，曖昧な文Sが，あるコンテクストで用いら

れたとき，その曖昧性が除去されることはあるが，それは，Sという文自体がもつ曖昧性が否定されたわけではなく，話し手によるSの発話が当のコンテクストで曖昧でなくなるという意味でしかない．ここでも文の意味と話し手の意味とを区別しなければならない．つまり，聞き手は話し手の発話意図を解釈しようとするから，曖昧な文のどの意味を話し手が意図しているかを，理解しようとする過程で曖昧性が除去されるだけのことであって，文自体の曖昧性がなくなるわけではない．

6) ここで，《φ_iの点で良い》と《φ_jの点で良い》は実質的に同一述語であることに注意しよう．束縛変項 φ が，各々の主語名詞句に付されている[本来の機能：…]とリンクを張っていることを示すために φ_i と φ_j を区別しただけのことである．

7) あらゆる名詞が「椅子」のごとく，その意味のなかに[機能][目的][用途]といった「良い」の基準になる要素を含んでいるわけではない．たとえば「石」のような名詞を主語にした(i)や「これ」を主語にした(ii)の意味はどのようなものであろうか．これらもまた，(90)と同様，曖昧な文なのであろうか．

 (i) この石は良い．
 (ii) これは良い．

この興味深い問題については，Nishiyama and Kajiura(2011)で詳しく論じている．

8) 本節の議論は，西山・峯島(2006)，Nishiyama and Mineshima(2005, 2007a, b, 2010)を基にして全面的に書き改めたものである．
9) 「コンテクスト的含意」の定義については，第3章3.1節の(13)および(14)を参照．
10) この点については，Hall(2007, 2008)を参照．

用語解説

(†はこの用語解説にとりあげられている用語)

曖昧性(ambiguity, polysemy)
ある言語表現(語,句,文)が複数の言語的意味を有していること.

曖昧性除去,一義化(disambiguation)
明意†形成に関わる語用論的操作の一つ.発話で使用された言語形式が複数の意味をもつ場合(すなわち,曖昧な言語表現である場合),話し手が明示的に伝達しようとした特定の意味を選び出す操作.

亜人格性(sub-personality)
人——というよりある一つの体系——が,何らかの入力を「原因」として,自律的・機械的・無意識的に,そしてきわめて迅速に反応した結果起こったことを亜人格的行為という.発話解釈は,無意識的・自律的,かつ迅速におこなわれる.

アドホック概念構築(ad hoc concept construction)
明意†形成に関わる語用論的操作の一つ.発話で使用された文の論理形式†に現れる語彙概念をコンテクストに応じて狭めたり緩めたりすることによって,その場限りの適切な概念に調整していく操作.この操作の結果,コード化されている語彙概念と異なる概念が伝達されうる.「こんな大学,大学ではないよ」の2番目の「大学」に対する解釈がそうである.いわゆるメタファーはアドホック概念構築の特殊なケースと見なされうる.

アブダクション(abduction)
科学にとって必須の推論法.次の形をとる:(i)ある不可解な事実・現象Cがある.(ii)しかしもしAが真であるとすると,Cは少しも不可解でなく,当然のこととなる.(iii)よってAを真と考えるべき理由がある.
　演繹†が必然的な結論をもたらすのに対し,(iii)は必然的結論ではない.しかし演繹はあらかじめ正しいことがわかっている一般原理を前提としなければならない.科学においては特殊から一般原理を発見するのが目的であるため,アブダクションという広義の帰納的推論が必須なのである.

暗意(implicature)
話し手が相手に意図明示的に伝達†している想定(つまり,「話し手の意味」)ではあるが,

明意†と異なり，発話で使用された文の論理形式†の発展形でないという意味で非明示的(implicit)な情報である．発話の表出命題†とコンテクスト情報との両方から語用論的に推論される命題．

一義化(disambiguation)
→「曖昧性除去」を見よ．

意図明示的伝達(ostensive communication)
情報的意図†と伝達的意図†の両方に基づいておこなわれる伝達．

意味素性(semantic features)
単語の意味を「若さ」「性別」等の素性の±によって記述しようとした試みの単位(たとえば bachelor は[＋human, ＋adult, ＋male, －married]として「定義」される)だが，この方式による意味記述はきわめて限られた範囲の単語を区別できるのみである．

演繹(deduction)と帰納(induction)
演繹とは，「人間は必ず死ぬ．ソクラテスは人間である．よってソクラテスはいつか必ず死ぬ」に例を見るように，前提が正しいとするかぎり結論は必ず正しいというタイプの推論である．帰納は「大阪出身の太郎は納豆が嫌いだ．神戸出身の花子は納豆が嫌いだ．奈良出身の正夫は納豆が嫌いだ．京都出身の洋子は納豆が嫌いだ．だから，関西出身の人は納豆が嫌いだ」などのように，いくつかの個別的知識から，一般法則を導き出す推論を指す．

解釈論(hermeneutics, Verstehen method)
人間のおこなうことは，すべて人々の意思・意欲に基づくものであるから，これを説明するということは，そうした意思・意欲を明らかにすることである，とする方法論．

関連性(relevance)
「関連性がある/をもつ」(relevant)とは，ある刺激，たとえば，ある情報が人の認知環境を改善する力をもつこと，つまり，認知効果(cognitive effect)をもつことをいう．そのような認知効果には，(i)その情報がその人の既成の想定を廃棄させる，(ii)その情報がその人の既成の想定を確信させる，(iii)その情報とコンテクスト情報との両方を前提とした推論によって初めて得られる想定(「コンテクスト的含意†」とよばれる)が存在する，の三つのケースがある．認知効果を得るためにはコスト(処理労力)がかかるが，認知効果が大きければ大きいほど関連性は上がり，コストが大きければ大きいほど関連性は下がる．

関連性原理 I (principle of relevance I)
人間の認知は，関連性†を最大にするように働く性質をもつ，とする原理．この原理は「認知的関連性原理」ともよばれる．

関連性原理 II (principle of relevance II)
すべての意図明示的伝達†行為は,それ自身が最適な関連性†をもつことを当然視している旨を伝達している,とする原理.この原理は「伝達的関連性原理」ともよばれる.

協調の原理 (cooperative principle)
グライスの発話理論の根底にある,「会話における自分の貢献を,それが生ずる場面において自分が参加している話のやり取りの中で合意されている目的や方向から要求されるものにせよ」とする原理.

言語的(意味)決定不十分性のテーゼ (linguistic underdeterminacy thesis / semantic underdeterminacy thesis)
コード主義†を否定する立場.すなわち,言語的意味は,伝達される意味を(多くの場合はるかに)下回るとする考え.これは関連性理論にとって前提的立場である.

恒真 (tautology) と矛盾 (contradiction)
$p \vee \neg p$(pであるか,またはpでない)のようにつねに正しい命題を恒真とよぶ.また,$p \wedge \neg p$(pであり,かつpでない)のようにつねに誤っている命題は矛盾である.

心の理論 (theory of mind)
他人の心,つまり他人の認知環境を読みとる能力をいう.自閉症者やある種の老人性認知症,ウィリアムズ症候群の人たちは,心の理論に欠陥をもつため,伝達能力が健常者のそれに比べて著しく低くなる.

コード主義 (code model (of communication))
発話の意味は,それを構成している言語形式を「コード解き」しさえすれば得られる,とする,成立しえない考え.

コンテクスト的含意 (contextual implication)
聞き手がもっているコンテクストだけからも,また相手の発話だけからも得られず,コンテクストと相手の発話を前提とした推論から初めて得られる想定.

指示的名詞句 (referential noun phrase)
現実世界であれ,可能世界であれ,対象を指示する機能をもつ名詞句

自由変項 (free variable)
文の論理形式†における変項(空所)であるが,コンテクストから適切な値の補充が不可欠である.たとえば,「奥さんが倒れた」の論理形式《[αの奥さん]が倒れた》におけるαは自由変項である.自由変項を含む論理形式は意味論的に完結しておらず,語用論的操作「飽和†」によって値を適切に埋める必要がある.論理学でいう「自由変項」とは別の概念.

自由補強 (free enrichment)
明意†形成に関わる語用論的操作の一つ．言語的な要請ではなく，純粋に語用論的な要請から，発話で使用された文の論理形式†に新たな概念をつけ加える操作．「雨が降ってきた」を《[ウィンブルドンのセンターコートで]雨が降ってきた》や，「町に出たが，誰にも会わなかった」を《町に出たが，[知っている人には]誰にも会わなかった》のように[　]の要素を付加する操作をいう．

述語名詞句 (predicate noun phrase)
主語名詞句に対立する統語論上の術語．「A は/が B だ」(A is B)における述語 B の位置に登場する名詞句をいう．統語論上の概念である述語名詞句を，意味機能上の概念である叙述名詞句†と混同すべきではない．「放火が火事の原因だ」や「犯人はあの男だ」における下線部は述語名詞句ではあるが叙述名詞句ではない．

譲渡可能名詞 (alienable noun)
譲渡不可能名詞†以外の飽和名詞†．

譲渡不可能名詞 (inalienable noun)
その語の意味記述を完結するためには，[X を構築する部分]といった意味要素が不可欠であるタイプの飽和名詞†．X を譲渡不可能名詞の「基体」とよぶ．身体部位の名詞(「頭」「足」「手」「肩」など)や，家，車，本，論文などの構築部分を表す名詞(「玄関」「天井」「窓」「ハンドル」「ブレーキ」「表紙」「目次」「序文」など)がその典型である．

情報的意図 (informative intention)
情報を他人に知らせたいという意図．より正確には「ある想定の集合 I を，聞き手にとって顕在的に，あるいはより顕在的にすること」．

叙述名詞句 (predicate nominal)
名詞句の意味機能上の概念．非指示的名詞句†の一つ．典型的には「彼は画家だ」(He is a painter)における「画家」(a painter)のように，主語の指示対象のもつ属性を表す機能を有する名詞句．また，「病気の兄」における「病気」も叙述名詞句である．日本語では，叙述名詞句が連言で結ばれるとき，「彼は画家で政治家だ」や「画家で政治家の太郎」のごとく，「と」ではなく「で」が現れる．

真理条件的意味論 (truth-conditional semantics)
文の意味とは，その文の真理条件(truth-condition)である，とする理論．成立しない．なお，ある文の真理条件とは，その文を真とよべるために世界が満たさなければならない条件をいう．

生成語彙論 (Generative Lexicon Theory)
パステジョフスキーによる，語の基本的意味が多様なコンテクストに応じて多様な意味

を帯びる過程に形式的な説明を与えることを試みた論であるが，成功したとは言えない．

束縛変項(bound variable)
文の論理形式†における変項(空所)であるが，自由変項†と異なり，文中の他の要素とリンクを張っている．この緊張関係を「その変項は他の要素に束縛されている」という．たとえば，「太郎は奥さんが政治家だ」の論理形式の一部に[αの奥さん]があるが，このαは「太郎」に束縛されている束縛変項である．束縛変項を含む論理形式は意味論的に完結しており，語用論的操作「飽和†」は適用されない．論理学でいう「束縛変項」とは別の概念．

措定文(predicational sentence)
「AはBだ」(A is B)という形式を有するコピュラ文の一つ．Aは指示的名詞句†，Bは叙述名詞句†であり，Bで表された属性をAの指示対象に帰すという意味構造をもつ．「太郎は画家だ」「あいつは天才だ」がその典型であるが，「花子は可愛い」「正夫は勤勉だ」のように，Bが形容詞や形容動詞であってもBが属性を表し，その属性をAの指示対象に帰している場合は広義の措定文といえる．英語では John is a teacher., That guy is sick., Mary is tall. などがその典型である．

多義性(ambiguity, polysemy)，多義的(ambiguous, polysemous)
→「曖昧性」を見よ．

伝達的意図(communicative intention)
情報的意図†をもっていることを相手に伝えようとする意図．

倒置指定文(inverted specificational sentence)
「AはBだ」(A is B)という形式を有するコピュラ文の一つ．Aは指示的名詞句†ではなく，命題関数を表す変項名詞句†であり，Bは変項の値を指定している値名詞句である．「銀行強盗はあいつだ」(The bank robber is that guy)がその典型で，《銀行強盗は誰かといえば，あいつがそうだ》という意味を表す．同じ意味を「あいつが銀行強盗だ」(That guy is the bank robber)で表現することもできる．一般に，倒置指定文「AはBだ」(A is B)は，「BがAだ」(B is A)で言い換えることができるが，後者のタイプを「指定文」とよぶ．

認知言語学(cognitive linguistics)
レイコフ，ラネカーらの創始した学派であり，次のような立場に立つ．「言語は，人間，つまり認知の主体が外的世界をどのように認識するか，を基盤として生まれたものである．言語の構造・形式も自律的・領域特定的な体系をなすものではなく，人間の一般的認知方法によって動機づけられている．したがって言語研究は，認知一般のあり方との関連においておこなわれなければならない」．要は経験論的理論であり，生得的な言語的モジュールの存在を認めていない．

認知効果 (cognitive effect)
→「関連性」を見よ.

発話解釈の手順 (comprehension strategy)
a. 明意†を得るための推論と,暗意†を得るための推論を,接近可能な順序でおこなう(つまり,認知効果†を計算する上の努力が最小になるような道をたどり),
b. 予測された関連性†のレベルに達したら解釈を打ち切る.

発話行為理論 (Speech Act Theory)
発話(伝達のための言語形式の使用)とは,それ自身がある種の行為を遂行しているのであると見る,オースティンの理論.

反証可能性 (falsifiability)
科学においては理論間の正否,優劣が試されなければならない.そのため,科学理論は,実験,演算が可能な形式を備えていなければならない.反証可能性は科学理論の備えるべき最低限の条件である.

非指示的名詞句 (non-referential noun phrase)
対象を指示する機能をもたない名詞句.叙述名詞句†や変項名詞句†がその典型である.

非飽和名詞 (unsaturated noun)
「先輩」「妹」「好物」などのように,語の意味に「αの先輩」「αの妹」「αの好物」のごとく,パラメータαを含んでおり,パラメータの値が具体的に定まらないかぎり,それ単独では外延(extension)を定めることができず,意味的に充足していない名詞.また,「理由」「罰」「おつり」などは,「αの理由」「αの罰」「αのおつり」のようにパラメータαを含む非飽和名詞であるが,これらは,「[花子が離婚した]理由」「[太郎がカンニングした]罰」「[客がタバコを買った]おつり」のごとく,パラメータの値として節を要求するタイプの非飽和名詞である.

表出命題 (the proposition expressed)
発話で使用された文の論理形式†を基礎にしてそれを語用論的に発展させたもの.真理値の担い手であるという意味で命題の形をしている.ただし,表出命題がつねに話し手によって意図明示的に伝達†されているわけではない.

不明瞭性 (vagueness)
「太郎は花子を蹴った」に対する複数の解釈《①右足で蹴った,②左足で蹴った,③両足で蹴った,④強く蹴った,⑤軽く蹴った》のように,ある言語表現(語,句,文)がもつ意味レベルでの曖昧性†ではないが,複数の異なった解釈を許すこと.

変項名詞句 (noun phrase involving a variable)
名詞句の意味機能上の概念．非指示的名詞句†の一つ．対象を指示せず，命題関数［…x…］を表す名詞句．変項 x の値を充足することによって指定文の基本的意味構造を形成する．倒置指定文†「犯人はあいつだ」の主語名詞句や指定文「あいつが犯人だ」の述語名詞句がその典型である．また，「あなたより美しい人はいない」のような絶対存在文，「君の誕生日を教えて」のような潜伏疑問文，「結婚式の日取りが変わった」のような入れ替わり読みの変化文の下線部も変項名詞句である．

飽和 (saturation)
明意†形成に関わる語用論的操作の一つ．たとえば，「花子は若すぎる」の論理形式†には，《花子は x にとって若すぎる》のように，空所 x が隠れているが，この x に適切な値をコンテクストから埋める操作．「昨日，ここで，あいつに会った」のような下線部に指示対象を付与する操作 (reference assignment) も飽和の一種である．このように，飽和は，あくまで言語的要素によって要求される空所を補う操作である．

飽和名詞 (saturated noun)
「リンゴ」「自転車」「机」「公園」「学校」「作家」「女の子」のごとく，パラメータを含まず，意味的に充足している名詞．これらは，その語単独で外延 (extension) を定めることができる．

明意 (explicature)
発話で使用された文の論理形式†の発展形である表出命題†のうち，話し手によって意図明示的に伝達†されている命題．すべての表出命題が自動的に明意になるわけではない．明意は，「話し手の意味」の一種であるが，論理形式の発展形という意味で明示的 (explicit) な情報であり，その点で暗意†に対立する．

論理形式 (logical form)
文という言語形式にコード化されている概念表示．概念的意味 (conceptual meaning) に関するかぎり，論理形式は「文の言語的意味」を明確に表示したものと見なすことができる．論理形式には自由変項が登場している場合があるため，そのままでは命題 (真理値の担い手) にならない．ここでいう「論理形式」は，論理学でいう「論理形式」や生成文法でいう LF (logical form) とは別の概念であることに注意されたい．

論理語 (＝論理記号) (logical symbol)
∧ (かつ)，∨ (または)，¬ (～でない)，→ (左辺が正しければ右辺も正しい)，≡ (左辺と右辺は同値である) のような結合記号，および，∀ (すべての…について)，∃ (いずれかの…について) のような量化記号の計 7 種をさす．

参考文献

Akmajian, Adrian (1979) *Aspects of the Grammar of Focus in English*, Garland.

Akmajian, Adrian and Frank Heny (1975) *An Introduction to the Principles of Transformational Syntax*, MIT Press.

Baker, Carl Lee (1968) *Indirect Questions in English*, Ph. D. dissertation, University of Illinois.

Blakemore, Diane (1987) *Semantic Constraints on Relevance*, Basil Blackwell.

Carston, Robyn (2000) "Explicature and semantics," *UCL Working Papers in Linguistics* 12: 1-44.

Carston, Robyn (2002) *Thoughts and Utterances: The Pragmatics of Explicit Communication*, Blackwell.(内田聖二ほか訳(2008)『思考と発話——明示的伝達の語用論』研究社)

Chomsky, Noam (1957) *Syntactic Structures*, Mouton.(勇康雄訳(1963)『文法の構造』研究社出版)

Chomsky, Noam (1972) "Remarks on nominalization," *Studies on Semantics in Generative Grammar*, Mouton, pp. 11-61.(安井稔訳(1976)『生成文法の意味論研究』研究社出版に所収)

Chomsky, Noam (1975) *The Logical Structure of Linguistic Theory*, Plenum.(Introductionは福井直樹編訳(2012)『チョムスキー 言語基礎論集』岩波書店に所収)

Chomsky, Noam (1995) "Language and nature," *Mind* 104(413): 1-61.(福井直樹編訳(2012)『チョムスキー 言語基礎論集』岩波書店に所収)

Declerck, Renaat (1988) *Studies on Copular Sentences, Clefts and Pseudo-clefts*, Leuven University Press.

Donnellan, Keith S. (1966) "Reference and definite description," *Philosophical Review* 75: 271-304.

Falkum, Ingrid L. (2007) "Generativity, relevance and the problem of polysemy," *UCL Working Papers in Linguistics* 19: 205-234.

Fauconnier, Gilles (1985/1994²) *Mental Spaces: Aspects of Meaning Construction in Natural Language*, MIT Press.(Rev. ed. Cambridge University Press, 1994.)(坂原茂ほか訳(1987/1996²)『メンタル・スペース——自然言語理解の認知インターフェイス』白水社)

Glucksberg, Sam (2001) *Understanding Figurative Language: From Metaphors to Idioms*, Oxford University Press.

Gundel, Jeanette K. (1977) "Where do cleft sentences come from?" *Language* 53: 543-559.

Hall, Alison (2007) "Unarticulated constituents or hidden indexicals?" Paper presented

at the 10th International Pragmatics Conference, Göteborg, Sweden.
Hall, Alison (2008) "Free enrichment or hidden indexicals?" *Mind and Language* 23: 426-456.
畠山雄二・本田謙介・田中江扶(2009)「「太郎は花子のように英語ができない」の曖昧性をめぐって」『日本語文法』9(1): 88-98.
Heim, Irene R. (1979) "Concealed questions," in R. Bäuerle, U. Egli and A. von Stechow (eds.), *Semantics from Different Points of View*, Springer-Verlag, pp. 51-60.
Higgins, Francis R. (1979) *The Pseudo-cleft Construction in English*, Garland.
Huddleston, Rodney and Geoffrey K. Pullum (2002) *The Cambridge Grammar of the English Language*, Cambridge University Press.
池上嘉彦(1981)『「する」と「なる」の言語学──言語と文化のタイポロジーへの試論』大修館書店.
今井邦彦(2001a)「真の語用論──関連性理論の斬れ味」『語用論研究』4: 55-68.
今井邦彦(2001b)「生成意味論 vs. 解釈意味論」『月刊言語』30(3): 203.
Jespersen, Otto (1924) *The Philosophy of Grammar*, Allen and Unwin. (安藤貞雄訳(2006)『文法の原理』全3巻(岩波文庫), 岩波書店)
影山太郎(編)(2011)『日英対照 名詞の意味と構文』大修館書店.
神尾昭雄(1983)「名詞句の構造」井上和子(編)『日本語の基本構造』(講座現代の言語1), 三省堂, pp. 77-126.
上林洋二(1988)「指定文と措定文──ハとガの一面」『筑波大学文藝言語研究・言語編』14: 57-74.
上林洋二(1994)「条件表現各論──カラ/ノデ」『日本語学』13(8): 74-80.
北原保雄(1981)『日本語の文法』(日本語の世界6), 中央公論社.
金水敏(2006)『日本語存在表現の歴史』ひつじ書房.
熊本千明(2005)「存在文と指定文の接点をめぐって」『九州英文学研究』22: 1-14.
久野暲(1973)『日本文法研究』大修館書店.
Kuno, Susumu (1974) "Lexical and contextual meaning," *Linguistic Inquiry* 5(3): 469-477.
久野暲・高見健一(2007)『謎解きの英文法──否定』くろしお出版.
Lakatos, Imre (1978) *The Methodology of Scientific Research Programmes*, Cambridge University Press. (村上陽一郎ほか訳(1986)『方法の擁護──科学的研究プログラムの方法論』新曜社)
Lakoff, George P. (1970) "A note on vagueness and ambiguity," *Linguistic Inquiry* 1(3): 357-359.
峯島宏次(2009)「「ないものはない」の意味論と変項名詞句の階層」(第9回慶應意味論・語用論研究会発表資料).
峯島宏次(2011)「「変項名詞句の階層」再考」(第29回慶應意味論・語用論研究会発表資料).
三宅知宏(1995)「日本語の複合名詞句の構造──制限的/非制限的連体修飾節をめぐって」『現代日本語研究』(大阪大学日本語学講座)2: 49-66.

三宅知宏(2000)「名詞の『飽和性』について」『国文鶴見』35: 79-89.

Moore, Terence and Christine Carling (1982) *Understanding Language: Towards a Post-Chomskyan Linguistics*, Macmillan.

西川賢哉(2008)「非飽和名詞を含む文の意味解釈――「奥さんをぶった」の曖昧性をめぐって」(未公刊ノート).

西川賢哉(2009a)「「X は Y が Z(だ)」構文の意味構造――「象は鼻が長い」を中心に(補)」(第2回慶應意味論・語用論研究会発表資料).

西川賢哉(2009b)「非飽和名詞・譲渡可能名詞・譲渡不可能名詞の意味的・語用論的解釈について」(第3回慶應意味論・語用論研究会発表資料).

西川賢哉(2009c)「コピュラ文・「NP1 の NP2」・束縛」(第7回慶應意味論・語用論研究会発表資料).

西川賢哉(2010a)「「太郎が知らない理由」の曖昧性をめぐって」(第10回慶應意味論・語用論研究会発表資料).

西川賢哉(2010b)「日本語名詞句「NP1 の NP2」の意味と名詞の意味特性――非飽和名詞,譲渡不可能名詞,譲渡可能名詞」(第13回慶應意味論・語用論研究会発表資料).

西山佑司(1985)「措定文・指定文・同定文の区別をめぐって」『慶應義塾大学言語文化研究所紀要』17: 135-165.

西山佑司(1988)「指示的名詞句と非指示的名詞句」『慶應義塾大学言語文化研究所紀要』20: 115-136.

西山佑司(1990a)「コピュラ文における名詞句の解釈をめぐって」『文法と意味の間――国広哲弥教授還暦退官記念論文集』くろしお出版,pp. 133-148.

西山佑司(1990b)「『カキ料理は広島が本場だ』構文について――飽和名詞句と非飽和名詞句」『慶應義塾大学言語文化研究所紀要』22: 169-188.

西山佑司(1992)「役割関数と変項名詞句――コピュラ文の分析をめぐって」『慶應義塾大学言語文化研究所紀要』24: 193-216.

西山佑司(1994)「日本語の存在文と変項名詞句」『慶應義塾大学言語文化研究所紀要』26: 115-148.

西山佑司(1995)「コピュラ文の意味と変化文の曖昧性について」『慶應義塾大学言語文化研究所紀要』27: 133-157.

西山佑司(1996)「「A が増える」構文と変項名詞句」『慶應義塾大学言語文化研究所紀要』28: 49-85.

Nishiyama, Yuji (1997) "Attributive use and non-referential NPs," in M. Ukaji, T. Nakao, M. Kajita and S. Chiba (eds.), *Studies in English Linguistics: A Festschrift for Akira Ota on the Occasion of His Eightieth Birthday*, Taishukan Publishing Company, pp. 752-767.

西山佑司(2003)『日本語名詞句の意味論と語用論――指示的名詞句と非指示的名詞句』ひつじ書房.

西山佑司(2004)「名詞句の意味と連体修飾」『日本語学』23(3): 18-27.

西山佑司(2005a)「絶対存在文と帰属存在文の解釈をめぐって」『慶應義塾大学言語文化研究所紀要』36: 161-178.

西山佑司(2005b)「コピュラ文の分析に集合概念は有効であるか」『日本語文法』5(2): 74-91.
西山佑司(2007)「名詞句の意味機能について」『日本語文法』7(2): 3-19.
Nishiyama, Yuji (2008) "Non-referentiality in certain noun phrases," in T. Sano, M. Endo, M. Isobe, K. Otaki, K. Sugisaki and T. Suzuki (eds.), *An Enterprise in the Cognitive Science of Language: A Festschrift for Yukio Otsu*, Hituzi Syobo, pp. 13-25.
西山佑司(2009)「コピュラ文, 存在文, 所有文――名詞句解釈の観点から」『月刊言語』38(4): 78-86.
西山佑司(2010)「擬似分裂文の意味解釈について」『明海大学外国語学部論集』22: 77-87.
西山佑司(2011)「曖昧表現からことばの科学を垣間見る」大津由紀雄(編)『ことばワークショップ――言語を再発見する』開拓社, pp. 133-180.
Nishiyama, Yuji and Kyohei Kajiura (2010) "Ambiguity test and context," *Proceedings of the 3rd One-Day Workshop on Pragmatics at Fuji Women's University*, pp. 8-12.
Nishiyama, Yuji and Kyohei Kajiura (2011) "Ambiguity, explicature and 'sloppy readings'," Paper presented at the 12th International Pragmatics Conference, Manchester.
Nishiyama, Yuji and Koji Mineshima (2005) "Semantic constraints on free enrichment," Paper presented at the 9th International Pragmatics Conference, Riva del Garda, Italy.
西山佑司・峯島宏次(2006)「叙述名詞句と語用論的解釈――自由補強プロセスにたいする意味論的制約をめぐって」飯田隆(編)『西洋精神史における言語と言語観――継承と創造』慶應義塾大学言語文化研究所, pp. 21-50.
Nishiyama, Yuji and Koji Mineshima (2007a) "Property expressions and the semantics-pragmatics interface," in P. Cap and J. Nijakowska (eds.), *Current Trends in Pragmatics*, Cambridge Scholars Publishing, pp. 130-151.
Nishiyama, Yuji and Koji Mineshima (2007b) "Contextualism and indexicalism: the pragmatics of predicate nominals," Paper presented at the 10th International Pragmatics Conference, Göteborg, Sweden.
Nishiyama, Yuji and Koji Mineshima (2010) "Free enrichment and the over-generation problem," in E. Wałaszewska, M. Kisielewska-Krysiuk and A. Piskorska (eds.), *In the Mind and Across Minds: A Relevance-Theoretic Perspective on Communication and Translation*, Cambridge Scholars Publishing, pp. 22-42.
丹羽哲也(2004)「名詞句の定・不定と「存否の題目語」」『国語学』55(2): 1-15.
Northrop, Filmer S. C. (1959) *The Logic of the Sciences and the Humanities*, Collins.
小野尚之(2009)「日本語連体修飾節への語彙意味論的アプローチ」由本陽子・岸本秀樹(編)『語彙の意味と文法』くろしお出版, pp. 253-272.
大島資生(2010)『日本語連体修飾節構造の研究』ひつじ書房.
大津由紀雄(2004)『英文法の疑問――恥ずかしくてずっと聞けなかったこと』(生活人新書), 日本放送出版協会.

Pustejovsky, James (1995) *The Generative Lexicon*, MIT Press.
Ruwet, Nicolas (1982) "Les Phrases Copulatives," *Grammaire des Insultes et Autres Études*, Seuil, pp. 207-238.
坂本百大・坂井秀寿 (1968)『現代論理学』東海大学出版会.
佐野真樹 (1997)「ダケとデ，および場所格の具現化について」『日本語学』16 (3): 64-77.
Smith, Neil and Ianthi-Maria Tsimpli (1995) *The Mind of a Savant: Language Learning and Modularity*, Blackwell.(毛塚恵美子ほか訳 (1999)『ある言語天才の頭脳——言語学習と心のモジュール性』新曜社)
Sperber, Dan and Deirdre Wilson (1986/1995^2) *Relevance: Communication and Cognition*, Blackwell.(内田聖二ほか訳 (1993/1999^2)『関連性理論——伝達と認知』研究社出版)
Sperber, Dan and Deirdre Wilson (1998) "The mapping between the mental and public lexicon," in P. Carruthers and J. Boucher (eds.), *Language and Thought: Interdisciplinary Themes*, Cambridge University Press, pp. 184-200.
Stanley, Jason (2000) "Context and logical form," *Linguistics and Philosophy* 23: 391-434.
Stanley, Jason (2002) "Making it articulated," *Mind and Language* 17: 149-168.
Stanley, Jason and Zoltan G. Szabó (2000) "On quantifier domain restriction," *Mind and Language* 15: 219-261.
田窪行則 (編) (1994)『日本語の名詞修飾表現——言語学，日本語教育，機械翻訳の接点』くろしお出版.
寺村秀夫 (1977/1992)「連体修飾のシンタクスと意味 その2」『寺村秀夫論文集I』くろしお出版, pp. 209-260.
山泉実 (2010)『節による非飽和名詞 (句) のパラメータの補充』東京大学博士論文.
安井稔 (1995)『納得のゆく英文解釈』開拓社.
Zwicky, Arnold M. and Jerrold M. Sadock (1975) "Ambiguity tests and how to fail them," in J. P. Kimball (ed.), *Syntax and Semantics* 4, Academic Press, pp. 1-36.

索　引

（見出し語について解説のあるページを太字で示した）

英　字

because 構文
　　因果関係の——　213-217
　　推論の——　213-217
do so テスト　247-270

あ　行

曖昧(性)　89,90-143,**145**,146-230,247-270,288
曖昧性除去（一義化）　24,64,117,236,237,265,270,273,282,283
アイロニー　73,77-81
亜人格性，亜人格的　82,83
値名詞句　166,**167**,177,179-181,223-228,236,243,245,246,275,281,287
アドホック概念構築　65,142,236,237,270-273,282,283
アブダクション　41,47,48,49
暗意　63,**70**,233,235,286,287
　　——された結論　70,71
　　——された前提　70,71
一義化（曖昧性除去）　23,64,117,236,237,265,270,273,282,283
一連の理論　50
一般法則　46
意図明示的（伝達）　61,84
意味
　　意味論的——　2,3,7
　　語用論的——　2,3,7,8
　　文字通りでない——　23,25
　　文字通りの——　26
意味素性　32
意味論　2
　　真理条件的——　4,180
　　生成——　29
入れ替わり読みの変化文　203,204,206

言われたこと　23,69
因果関係の because 構文　213-217
内の関係　107,113,123,126-129,130,134,201
ウナギ文　238-247
ウナギ読み　239,240-242,245-247
演繹　43,44
演繹法則的説明法　40,46,47-53
小澤の不等式　42
愚かな反証主義　50

か　行

回帰的　21
下位語　35
解釈の手順　81
解釈論　40
乖離　84
会話の含意　22
　　一般的——　25
　　特殊化された——　25
格関係　135
格率　22
　　——違反　25
　　関係の——　22,23
　　質の——　22,23
　　様態の——　22,23
　　量の——　22
隠れている要素　65
影の項　35
仮説演繹法　49
可能世界　4,5,6
含意　24,72
　　——されたこと　23
　　——する　87
　　規約的——　24
　　コンテクスト的——　56-58,279,288
非規約的——　24

非自明的に―― 87
感覚描写節 110, 112, 127
関係名詞 104
綴叙法 66
関連性 55, 56
関連性原理 I（認知的関連性原理） 59, 273, 279
関連性原理 II（伝達的関連性原理） 62
関連性理論（認知語用論） 55, 56-81, 231, 238, 242, 255, 267, 270, 276, 284-286
記号論理学 11, 12-20
擬似分裂文 155, 183, 186, 187, 191, 229
帰属存在文 198
　――の読み 197
帰属的用法 169
基礎明意 75
帰納 43, 44, 45
基本要素 21
規約の含意 24
共構成 36, 37
協調の原理 22
クオリア構造 34, 35, 38
グライス理論 22-27, 39
経験論 29, 39
研究プログラム 50
言語形式からの自由 67
言語的（意味）決定不十分性のテーゼ 63, 284, 286
堅固な核 52
言語表現 1
顕在的 60
原子的概念 84
厳密な同一性読み 263, 265
限量的存在文 230
語彙階層構造 34, 35
語彙語用論 84-86
行為名詞 103
高級な反証主義 50
後件 14
後件肯定式 17
項構造 34
交差的解釈 248-251, 253-261
高次明意 72, 74
恒真 14
構成素 148
構造的ホモニム 153, 154
合理論 29, 39

心の理論 83
誇張表現 66
固定階層 36
コード主義 62
コピュラ文 97, 100, 117, 170, 171-190, 193, 199, 202, 203, 205, 274
　二重―― 243
語用論 2
　語彙―― 84-86
　認知――（関連性理論） 55, 56-81, 231, 238, 242, 255, 267, 270, 276, 284-286
コンテクスト 2, 57
　――的含意 56-58, 279, 288

さ 行

最適の関連性 84
　――の当然視 61
サブ・モジュール 83
作用域 145, 157, 158-166
志向性, 志向的 28
指示対象付与 23, 271
指示的透明性 217-222
指示的に透明な解釈 220-222
指示的に不透明な解釈 220-222
指示的不透明性 145, 217-222
指示的名詞句 96, 97, 145, 166, 167, 168, 169-171, 173, 174, 178, 179, 182, 188, 190-192, 194, 196, 197, 199-205, 207, 221, 229, 236, 283, 285
事象構造 34, 35
自然言語 20
指定文 174, 175, 190, 191, 229, 275
指標主義 283
指標的 64
自由関係節 155, 183, 185, 187, 229
自由間接話法 76, 79
集合 86
修辞の表現 66
自由変項 209, 210-213, 238, 264-267
　――の読み 145, 207-213, 267
自由補強 67, 236, 237, 270, 272-285
述語論理 18-20
述定表現 108, 109, 132, 134
上位語 35
譲渡不可能名詞 103, 104, 105, 121, 122, 143

使用範囲　5
情報的意図　59,60
所在文　189
叙述名詞句　97,100,116,166,167,**170**,
　172-177,179-181,183,191,221,236,246,
　274,275,277,278,280-285,287
真項　34
信念文　221,222
真理条件　3,4,5,6
真理条件的意味論　4,180
真理値　12,220
　——表　13
推意(暗意)　72
遂行分析　7
推論　3
　——の because 構文　213-217
数量詞遊離　140
数量数量詞　114,139-141
スクランブリング　156
生成意味論　29
生成語彙論　33-39
生成的な操作　34
生成文法　27,28
生成メカニズム　36
生得的　29
絶対存在文　192,193,195-198,230
説明項　46
選言　12
　排反的——　13
　両立的——　13
前件　14
前件肯定式　17,43
先行条件　46
全称記号　18
全体否定　159
選択束縛　36,37,38
潜伏疑問(文)　145,167,188,198-202,207,
　223-228
相互並行調節　81
相対名詞　104,143
装定表現　108,109,132,134
属性数量詞　114-116,139-142
束縛変項　209,210,212,213,244,264,267
　——読み　145,**207-213**,267
措定文　97,100,142,**171**,172,177-179,
　182-188,190,229,232,240,243,246,274
　広義の——　171

外の関係　109,113,128,129
存在記号　19
存在文　191-198,207,230
　帰属——　198
　限量的——　230
　絶対——　192,193,195-198,230
　場所——　191,192,194-196,198

　　　　　た　行

対偶の法則　17
タイプ強制　36,38
多義(性),多義的　1,19,34,90,91
地動説　48
中間子説　48
直示的　64
ディフォルト項　35
転嫁(帰すこと)　75-77
伝達　59
　意図明示的——　61
伝達の意図　60
伝達的関連性原理(関連性原理 II)　62
天動説　48
同一指示的名詞句　217-222
同音異義(性)　34,90,91
投射階層　36
同値　15
倒置指定文　97,142,173,174-179,181-
　185,189,190,193,223-228,230,232,243,
　274,275
　広義の——　186,187
同定文　97,142
独立関係節(自由関係節)　229

　　　　　な　行

内容節　110,112,113,127
二重コピュラ文　243
二重否定　16
ニュートリノ　42
認知　59
認知環境　58
認知言語学　28-30,40
認知効果　58
認知語用論(関連性理論)　55,56-81,231,
　238,242,255,267,270,276,284-286
認知的関連性原理(関連性原理 I)　59,

273,279

は 行

排反的選言　13
場所辞　192,194,195,230
場所存在文　191,192,194-196,198
発語行為　20,21
発語内行為　20,21
発語内効力　21
発語媒介行為　20,21
発展　68
発話　8
　——によって表出された命題(表出命題)　68
発話行為理論　20,21,39
パラメータ　101,102,103,105,110-113,117,118,120,121,127,208-211,213,230,244,266
パラメータ節　111,112,113,127
反証可能性　49,50-52
反復(的)　79,80
非規約的含意　24
非指示的名詞句　168,**170**,174,221,274,282
非自明的に含意する　87
被説明項　46
必要十分条件　16
非平叙文　7
非飽和名詞(句)　101,102,104,105,110-112,117-119,121,127,143,208,211,228,230,244,266
表意(明意)　72
表出命題(発話によって表出された命題)　68,236
非容認的　80
不確定性原理　42
複合的概念　84
複合命題　12
部分否定　159
普遍文法　29,53
不明瞭(性)　91,92,94,99,228,232,247-270
フロジストン説　50
プロトタイプ　33
文脈主義　284
分裂文　183,185,229

並行的解釈　248,249,252,254-256,258,261
変化文　**202-207**
　入れ替わり読みの——　203,204,206
　変貌読みの——　202,204,206
変項名詞句　145,166-168,170,**174**,175,179-183,188,192-199,201-203,205-207,221,223-228,230,236,244,274,275,281-283,285,287
変貌読みの変化文　202,204,206
飽和　64,87,93,99,125,126,142,226,236-238,254,265,266,270-273,282,283
飽和名詞　101,102,104,119,120,143,208,229

ま 行

無主要部関係節(自由関係節)　229
矛盾　14
　——律　17
明意　63,69,93,128,232,233,235-237,242,258,261,262,264,266-268,270,278-280,285-287
　基礎——　75
　高次——　72,74
明意の同一性条件　255,256-270
名詞的関係節(自由関係節)　229
命題　11
命題態度　74
命題論理　11-17
メタファー　30,66
メンタル・スペース理論　30-32
文字通りでない意味　23,25
文字通りの意味　26
モジュール　29,83,84,286
　——性の否定　29

や 行

ゆるやかな同一性読み　264,265,269

ら 行

領域限定辞　194
領域特定的　29
両立的選言　13
連結語　24

連言　12
論点先取の虚偽　33
論理形式　236, 287
論理的内容　85
論理法則　16, 17

わ行

和集合　87
話題化　156

■岩波オンデマンドブックス■

ことばの意味とはなんだろう
――意味論と語用論の役割

	2012年10月26日　第1刷発行
	2015年9月4日　第2刷発行
	2019年10月10日　オンデマンド版発行
著　者	今井邦彦　西山佑司
発行者	岡本　厚
発行所	株式会社 岩波書店
	〒101-8002　東京都千代田区一ツ橋2-5-5
	電話案内　03-5210-4000
	https://www.iwanami.co.jp/

印刷／製本・法令印刷

© Kunihiko Imai, Yuji Nishiyama 2019
ISBN 978-4-00-730941-0　Printed in Japan